실전! 의료 한국어 통번역 1

Korean for Specific Purposes
Hands-On Korean for
Medical Professionals

실전!
의료 한국어
통번역 1
Korean for Specific Purposes
Hands-On Korean for
Medical Professionals

지은이	임형재, 신윤경, 유소영, 허은혜
발행인	공경용
책임 편집	이유진, 김소영, 김현희, 최지연
감수	박현우
번역	Mennatallah Alrefaey, Soo Jung Sung
마케팅	김세훈, 신영선, Flavia Pana, 윤성호
디자인	유어텍스트, 서은아
일러스트	셔터스톡

발행처	공앤박 주식회사
주소	05116 서울시 광진구 광나루로56길 85
전화	02-565-1531
팩스	02-6499-1801
전자우편	info@kongnpark.com
홈페이지	www.kongnpark.com

초판 1쇄 인쇄   2025년 6월 20일
초판 1쇄 발행   2025년 7월 1일

ISBN 978-89-97134-66-3 (14700)
ISBN 978-89-97134-61-8 (세트)

Publisher's Cataloging-in-Publication data

Names:	Lim, Hyung Jae. | Shin, Yoon Kyeong. | Yoo, So Young. | Heo, Eun Hye.
Title:	전문가 양성을 위한 실전! 의료 한국어 통번역 1 Korean for Specific Purposes Hands-On Korean for Medical Professionals 1 / Hyung Jae Lim, Yoon Kyeong Shin, So Young Yoo, Eun Hye Heo.
Description:	Seoul, Republic of Korea: KONG & PARK, INC., 2025.
Identifiers:	ISBN 9788997134663 (print)
Subjects:	LCSH: Translating and interpreting--Korea. | Language and languages--Study and teaching. | Korean language--Translating. | Medicine, Korean. | Medicine, Korean—Textbooks.
Classification:	LCC P306.8 .K6 I44 2025 | DDC 495.7802—dc23

실전! 의료 한국어 통번역

박현우(단국대학교병원 국제진료센터장, 정형외과 교수) 감수
임형재 · 신윤경 · 유소영 · 허은혜 지음

**Korean for Specific Purposes
Hands-On Korean for
Medical Professionals**

1

KONG & PARK

날로 빈번해지는 국제적 교류에 따라 한국은 결혼 이민자 및 외국인 근로자, 외국인 유학생들이 증가하면서 민족과 인종 등이 다양한 다문화 사회로 나아가고 있습니다. 이러한 변화에 발맞추어 한국 의료계는 다수의 병원에서 외국인 환자에게 특화된 국제 진료 센터를 설치·운영하며, 국내에 거주하거나 한국을 여행하는 외국인들이 의사소통상 불편함 없이 국제적 수준의 의료 서비스를 받도록 대응하고 있습니다.

이 책은 한국 사회와 한국 문화에 대한 깊은 이해를 갖춘 통번역 학습자로서, 의료 전문 어휘와 지식을 기반으로 '전문 의료 통번역사'를 목표로 하는 학습자에게 적합하도록 구성되었습니다. 그리고 예비 한국어 통번역사를 '전문 의료 통번역사'로 양성하려는 교사들에게 권할 만한 교재입니다.

첫째, 이 책은 의료 현장에서 일어날 수 있는 실제 상황을 생동감 있게 펼치고 있습니다. 그리하여 일상적 질환에서부터 환자의 생명을 좌우할 수 있는 응급 상황에 이르기까지, 다양한 가상 시나리오를 기반으로 의료 현장에서의 다양한 통번역 상황을 충분히 훈련할 수 있습니다. 둘째, 이 책은 각 과별로 다양한 영역의 질환과 더불어 다양한 증상과 상황별 진단 과정 및 치료 방법, 그리고 일상적 주의 사항까지 상세하게 다루고 있습니다. 이 때문에 변수가 많은 의료 현장에서 의사의 지시와 환자의 요구, 상황의 변화에 따라 신속하게 대응해야 하는 '전문 의료 통번역사'로서의 전문성을 갖출 수 있습니다. 셋째, 이 책은 양방향 디지털 교재로 구성되어 시공간을 넘어 다양한 언어권의 학습자와 다양한 교육 환경의 교사가 쉽게 접근할 수 있습니다. 뿐만 아니라, 반복적인 훈련을 통해 다양한 의료 상황에 놓인 환자와 의사의 원활한 소통에 대응할 수 있게 설계되어 있습니다. 특히 양방향 디지털 교재는 실제 통번역 상황에 맞추어 두 언어를 전환할 수 있도록 설계되어 한국어·영어·중국어·일본어·베트남어·러시아어 등 다양한 언어의 통번역 훈련에 적합합니다. 이로써 다문화 사회로 나아가고 있는 한국에서 외국인 환자들을 상대하는 전문 의료 통번역사를 준비하는 데 최적화된 교재입니다.

독자 여러분께서 이 책을 통해 전문적 지식을 함양하시길, 나아가 환자의 생명과 정보를 다루는 의료인의 한 가족으로서 사명감을 갖고 의료 현장에서 함께할 전문 의료 통번역사의 꿈을 키우시길 소망합니다.

2025년 7월,
단국대학교병원 국제진료센터장, 정형외과 교수
박현우 씀.

21세기 들어 한국 사회는 다문화가 가속화하고 글로벌 의료 수요가 비약적으로 증가함에 따라 의료 현장에서의 언어 소통 문제가 점점 더 중요한 사회적 과제로 주목받고 있다. 특히 외국인 환자와 의료인 간의 의사소통 문제는 단순한 불편을 넘어, 환자의 건강과 인권에 직결되는 중대한 이슈로 떠오르고 있다. 이에 따라 의료 통역과 번역의 중요성은 단순한 언어 중재를 넘어 의료 시스템의 핵심 요소로 자리 잡고 있으며, 전문 의료 통번역 인력의 양성은 국가적·사회적 차원의 전략 과제로 부상하고 있다.

이러한 배경 속에서 국제한국어통번역학회와 출판사 공앤박(주), 케이아이티랩(주)은 의료 통번역 교육의 전문화와 체계화를 위한 새로운 실습 교재의 필요성에 공감하고, '의료 통번역 실습 교재'를 공동으로 기획하고 집필하게 되었다. 이 교재는 국내외 의료 통번역 교육의 현황과 학문적 축적을 반영하여, 실용성과 교육적 타당성을 모두 갖춘 통합형 실습 교재로 개발되었다. 특히 외국어로서의 한국어 학습자 및 이중 언어 구사자를 주요 대상으로 설정하고, 실제 의료 현장에서의 통번역 상황을 바탕으로 체계적인 실습 구조를 제공한다는 점에서 큰 실효성을 기대한다.

이 교재는 총 2권으로 구성되며, 각 권은 다음과 같은 교육 목표와 실습 구성 요소를 포함한다.

첫째, 병원 진료 절차에 따른 단계별 언어 상황을 실제 대화 예시와 함께 제시함으로써, 학습자가 실질적인 진료 흐름을 파악하고 그 안에서 통번역 실습을 자연스럽게 경험할 수 있도록 한다.

둘째, 환자-의료인-통번역사 간의 삼자 의사소통 구조를 기반으로, 통번역 전략과 윤리적 판단 상황을 시뮬레이션하는 역할극과 문제 해결 훈련을 통해 비판적 사고력과 전문성을 함께 함양할 수 있도록 설계했다.

셋째, 의학 용어와 진료 관련 어휘 및 문화적 차이에 따른 언어적 고려 요소들을 목록화하여, 의료 분야에서 요구되는 어휘력과 문화 간 중재 능력을 동시에 향상시킬 수 있도록 하였다.

넷째, 각 단원은 '학습 목표 → 전문 용어 학습 → 역할극 → 배경지식 확장 → 자기 점검'이라는 5단계 훈련 모형을 기반으로 구성했으며, 이는 국제표준화기구(ISO)가 정한 의료 통역 서비스에 대한 국제 표준인 ISO 21998:2020에서 제시하는 의료 통역사의 핵심 역량과 교육 요건을 충실히 반영한 것이다.

이 교재의 개발은 단순한 통번역 실습 자료의 보급을 넘어, 의료 통번역 교육의 표준화와 전문성 강화를 위한 거시적인 비전을 품고 있다. ISO 21998:2020 국제 표준은 의료 통역사의 자격 요건·통역 프로세스·윤리·지속 교육 등을 명확히 규정함으로써, 의료 통역 서비스를 하나의 전문적 시스템으로 발전시키고자 하는 국제 사회의 노력을 반영하고 있다. 이 교재는 이러한 국제 표준에 부합하는 통역의 실습 내용과 교육 지침, 그리고 번역에 대한 연습과 더불어 국제 의료 문화를 포괄함으로써 향후 한국 의료 통번역 교육 체계가 국제적인 품질 기준에 맞춰 발전할 수 있는 기반을 제공하고자 한다.

또한 이 교재는 통번역 교육이 단순한 언어 훈련을 넘어, 인간 중심의 인문학적 소양과 직업 윤리를 함양하는 통합적 훈련 모형이어야 한다는 인본주의적 철학에 기반하고 있다. 환자의 존엄과 생명을 보호하는 의료 통번역사의 역할은 단지 의사소통을 전달하는 기술자로서의 능력뿐 아니라, 긴장되고 감정적으로 복잡한 의료 상황 속에서 중립성과 공감을 실천하는 의사소통 전문가로서의 품격을 요구한다. 이에 이 교재에서는 통번역 현장에서 마주할 수 있는 윤리적 딜레마와 문화적 충돌을 사례 중심으로 다루며, 학습자가 실천적인 지혜와 공감 능력을 함께 기를 수 있도록 안내하고 있다.

무엇보다도 이 교재는 현장 실습 기반 교육의 필요성을 절감하고 있는 국내 의료 기관과 교육 기관, 그리고 통번역사를 꿈꾸는 예비 전문가들의 요구를 반영하여 집필되었다. 병원 국제 진료 센터, 한국보건복지인재원(KOHI) 의료 통역 전문 과정, 다문화 지원 센터, 지방 자치 단체의 의료 통번역 지원 프로그램 등 다양한 의료 통번역 교육 프로그램들과의 연계를 염두에 두었으며, 각 기관이 이 교재를 활용하여 좀 더 체계적인 실습 교육을 시행할 수 있기를 기대한다.

끝으로 이 교재의 기획과 집필에 참여해 주신 연구자, 실무 전문가와 통번역사, 그리고 의료 현장의 내용을 감수해 주신 단국대학교병원 국제진료센터장 박현우 교수님께 깊은 감사를 전한다. 이 교재가 한국 의료 통번역 교육의 새로운 변화의 방향을 제시하고, 전문성과 윤리성 및 국제성과 지역성을 아우르는 교육 콘텐츠로서 널리 활용되기를 바란다. 아울러 이 교재를 통해 배출될 수많은 예비 의료 통번역 인재들이 언어적 다리이자 문화적 중재자로서의 사명을 품고 각자의 자리에서 소중한 생명을 지키는 소통 전문가로 성장하기를 진심으로 기원한다.

2025년 7월,
국제한국어통번역학회
임형재·신윤경·유소영·허은혜 씀.

교재의 구성 Scope and Sequence

단원	어휘와 표현
Lesson 1 **진료 절차** Medical Procedure	• **전문 어휘** 간병인, 건강 보험, 원무과, 의사 소견서, 진료비 영수증 등 • **한국의 의료 전달 체계와 진료 절차** 한국의 의료 전달 체계 1) 1차 병원, 2) 2차 병원, 3) 3차 병원 진료 절차 1) 예약, 2) 접수, 3) 진찰, 4) 수납, 5) 약국, 입원, 6) 해외 거주 외국인 환자
Lesson 2 **건강 검진** Medical Checkup	• **전문 어휘** 문진, 예방 접종, 조직 검사, 채혈, 혈압 등 • **검사의 종류** 1) 혈액 검사, 2) X-ray 검사, 3) 내시경 검사, 4) 초음파 검사, 5) 유전자 검사
Lesson 3 **소화기 내과** Gastroenterology	• **전문 어휘** 구토, 복통, 식중독, 위경련, 췌장염 등 • **질환의 종류** 1) 과민 대장 증후군, 2) 대장 용종, 3) 위염, 4) 위장관 출혈, 5) 지방간
Lesson 4 **호흡기 내과** Pulmonology and Critical Care Medicine	• **전문 어휘** 가래, 알레르기 검사, 오한, 인후통, 호흡 곤란 등 • **질환의 종류** 1) 과다 호흡 증후군, 2) 기관지 확장증, 3) 만성 폐쇄 폐 질환, 4) 수면 무호흡 증후군, 5) 폐렴
Lesson 5 **내분비 대사 내과** Endocrinology and Metabolism	• **전문 어휘** 갑상샘 호르몬제, 뇌하수체 종양, 방사성 요오드, 인슐린 저항성, 저혈당증 등 • **질환의 종류** 1) 갑상샘 저하증, 2) 갑상샘 항진증, 3) 말단 비대증, 4) 부신 부전, 5) 성조숙증
Lesson 6 **감염 내과** Division of Infectious Diseases	• **전문 어휘** 면역 체계, 법정 전염병, 잠복기, 항바이러스제, 항체 등 • **질환의 종류** 1) 말라리아, 2) 에이즈, 3) 코로나-19, 4) 파상풍, 5) 패혈증
Lesson 7 **일반 외과** General Surgery	• **전문 어휘** 복벽, 심전도 검사, 천공, 치핵 절제술, 항응고제 등 • **수술 및 질환의 종류** 1) 개복 수술, 2) 복강경 수술, 3) 이식 수술, 4) 중증 외상, 5) 탈장
Lesson 8 **정형외과** Orthopedic Surgery	• **전문 어휘** 강직성 척추염, 근육, 방사통, 선천 고관절 탈구, 인대 등 • **질환의 종류** 1) 고관절염, 2) 골절, 3) 류머티즘성 관절염, 4) 손목굴 증후군, 5) 염좌
Lesson 9 **재활 의학과** Rehabilitation Medicine	• **전문 어휘** 로봇 보조 보행 치료, 마비, 심리 치료, 연하 장애, 자율 신경 반사 기능 장애 등 • **재활 치료의 종류** 1) 도수 치료, 2) 물리 치료, 3) 수중 치료, 4) 인지 치료, 5) 작업 치료
Lesson 10 **성형외과: 재건 성형** Plastic and Reconstructive Surgery	• **전문 어휘** 구축, 선천성 기형, 안와 골절, 자가 조직, 흉터 절제술 등 • **질환의 종류** 1) 다지증과 합지증, 2) 돌출 귀, 3) 악성 흑색종, 4) 안면 골절, 5) 혈관종
Lesson 11 **소아 청소년과** Pediatrics	• **전문 어휘** BCG 백신, 신경 전달 물질, 유행성 이하선염, 인지 행동 치료, 항구토제 등 • **질환의 종류** 1) 발달 장애, 2) 백일해, 3) 소아 비만, 4) 척추 옆굽음증, 5) 홍역
Lesson 12 **정신 건강 의학과** Psychiatry	• **전문 어휘** 불면증, 불안 장애, 신경성 식욕 부진증, 우울증, 정신 치료 등 • **질환의 종류** 1) 강박 장애, 2) 과대망상증, 3) 난독증, 4) 인터넷 중독, 5) 조현병

대화 통역 연습	기본	문장 구역 연습 1	문장 구역 연습 2	대화 통역 연습	실전 국제 의료 문화
국제 진료 센터	입원 안내	입원 생활	퇴원 안내
건강 검진 절차	종양 표지자 검사, CT·MRI 검사	대장 내시경 검사	건강 검진 결과 한국 병원의 원무 관리
기능성 소화 불량	역류 식도염	위궤양	A형 간염
독감	천식	흉막염	급성 기관지염 보건 의료 체계
대사 증후군	당뇨병	골다공증	고지질 혈증
장티푸스	결핵	뎅기열	쓰쓰가무시병 한국의 건강 보험 제도
상처 봉합	충수염	치질	담낭 용종
손목 골절	퇴행성 관절염	오십견	허리 디스크 영국·미국·캐나다·호주의 의료 문화
무릎 수술	거북목 증후군과 목 디스크	족저 근막염	뇌졸중
화상 흉터	구순 구개열	유방 절제 후 유방 재건	안검 하수 러시아의 의료 문화
예방 접종	ADHD	수족구병	장염
공황 장애	외상 후 스트레스 장애	대인 공포증	치매 아랍의 의료 문화

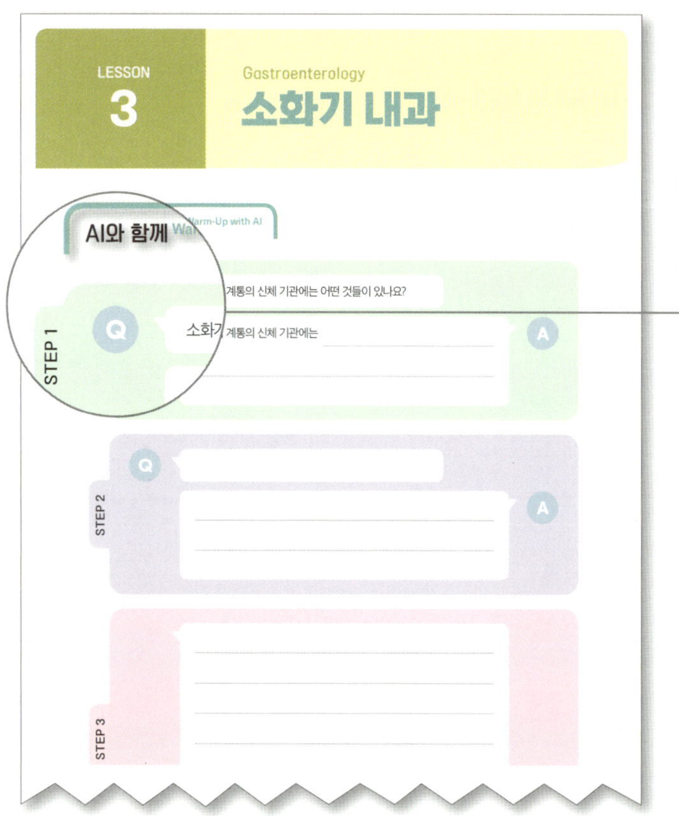

과별 의료 한국어 통번역 과정을 학습하기 이전에 AI를 활용하여 관련 전문 지식에 접근함으로써 스키마를 활성화합니다. 이는 수업 전 활동으로 수행하도록 지도합니다.

[STEP 1] 인공 지능 플랫폼에 접속하여 주어진 질문을 입력합니다. AI가 제공하는 답변을 요약 후 정리합니다.
[STEP 2] 학생 스스로 궁금한 내용을 추가로 질문합니다. AI가 제공하는 답변을 요약 후 정리합니다.
[STEP 3] STEP 1과 STEP 2로 정리한 내용을 간단하게 요약 후 통번역합니다.

This pre-class activity allows learners to access specialized medical knowledge through AI, helping activate their prior knowledge before each lesson in the medical Korean interpretation and translation course.

[STEP 1] Log into the AI platform and enter the question provided in the text. Then, organize and summarize the AI's responses.
[STEP 2] Ask additional questions based on your curiosity. Then, organize and summarize the AI's responses.
[STEP 3] Using the content from STEP 1 and STEP 2, summarize and translate the information.

각 과의 학습 목표를 확인합니다.
Learners can understand the learning objectives for each lesson.

각 과에 해당하는 그림 자료를 통해 의료 상황이나 신체 기관과 관련한 의료 전문 어휘를 두 언어로 전환할 수 있도록 훈련합니다.
Learners can practice translating specialized medical terminology, accompanied by illustrations depicting medical scenarios or anatomical structures, into two distinct languages.

각 과별 제재와 관련한 개괄적인 설명을 읽고, AI와 함께 요약한 내용과 비교해 봅니다.
Learners can read a brief description of each lesson's topic and compare it with their AI-generated summary.

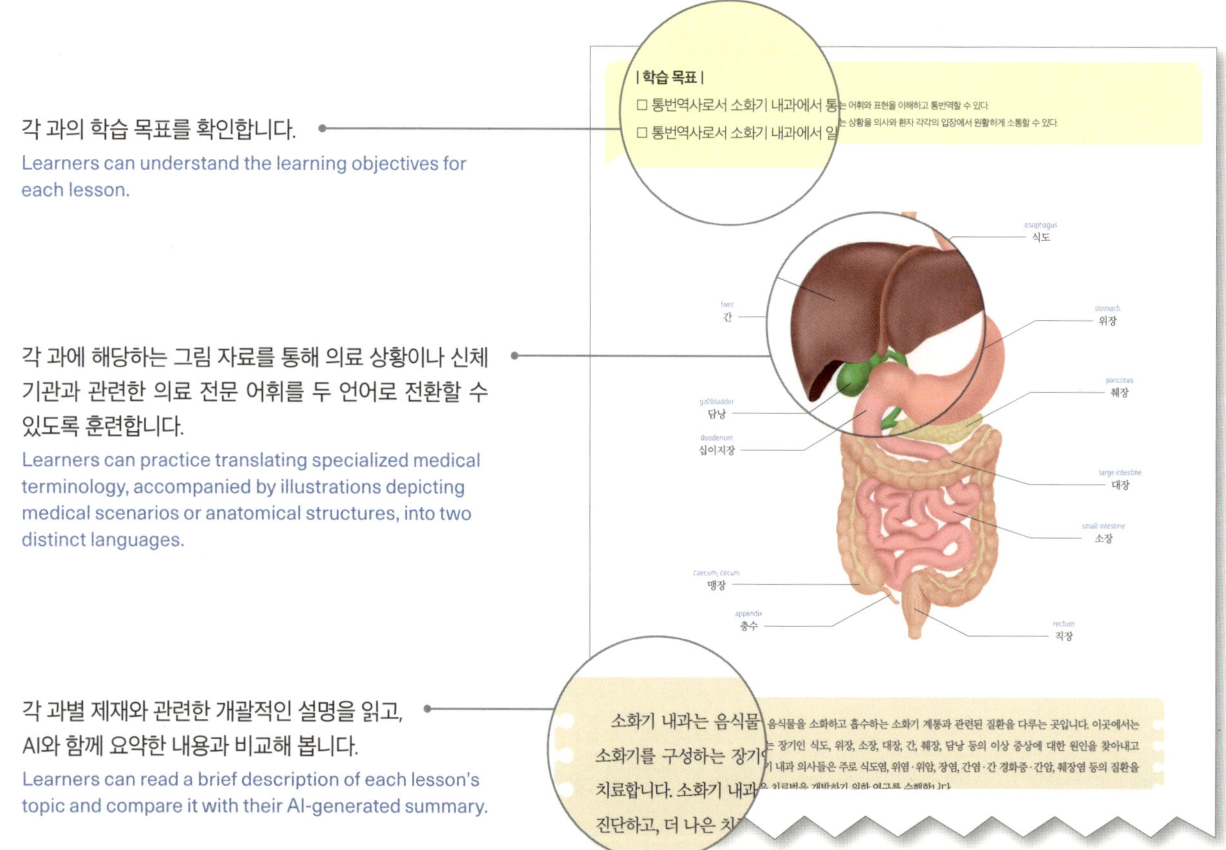

의료 통번역사로서 해당 과에서 반드시 알아야 할 의료 전문 어휘군을 두 언어로 훈련합니다.

Learners can practice the medical terminologies that should be acquired in each lesson, in two distinct languages.

본문의 통번역 과제 중 활용 빈도가 높은 표현들을 중심으로 두 언어로 훈련합니다.

Learners can practice medical expressions that are frequently used in the translation tasks of the main text, in two distinct languages.

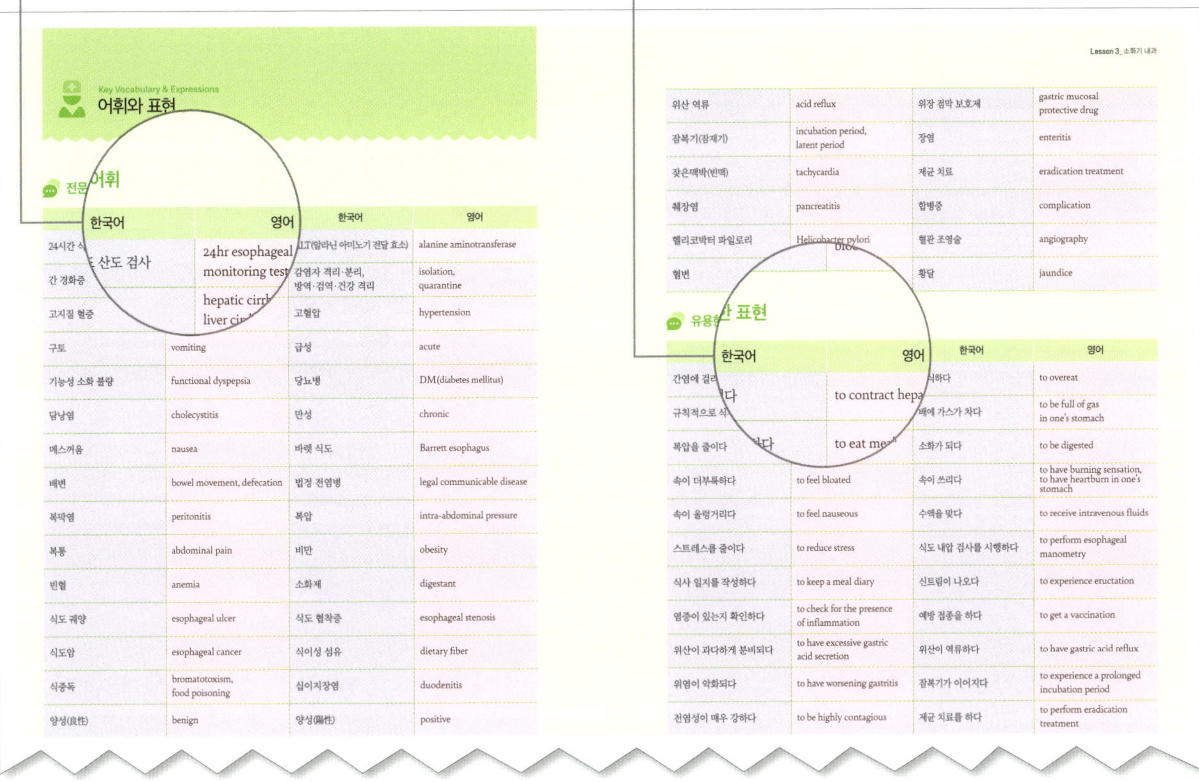

요약해 제시한 각 과별 의료 지식을 상황과 여러 질환(정의-증상-치료 등)을 통해 익히고 번역합니다. 앞서 학습한 전문 어휘를 반드시 활용하도록 지도합니다.

Learners can study medical content, including the definitions, symptoms, and treatments of specific medical conditions or diseases, and practice translation using previously learned medical terminologies and expressions.

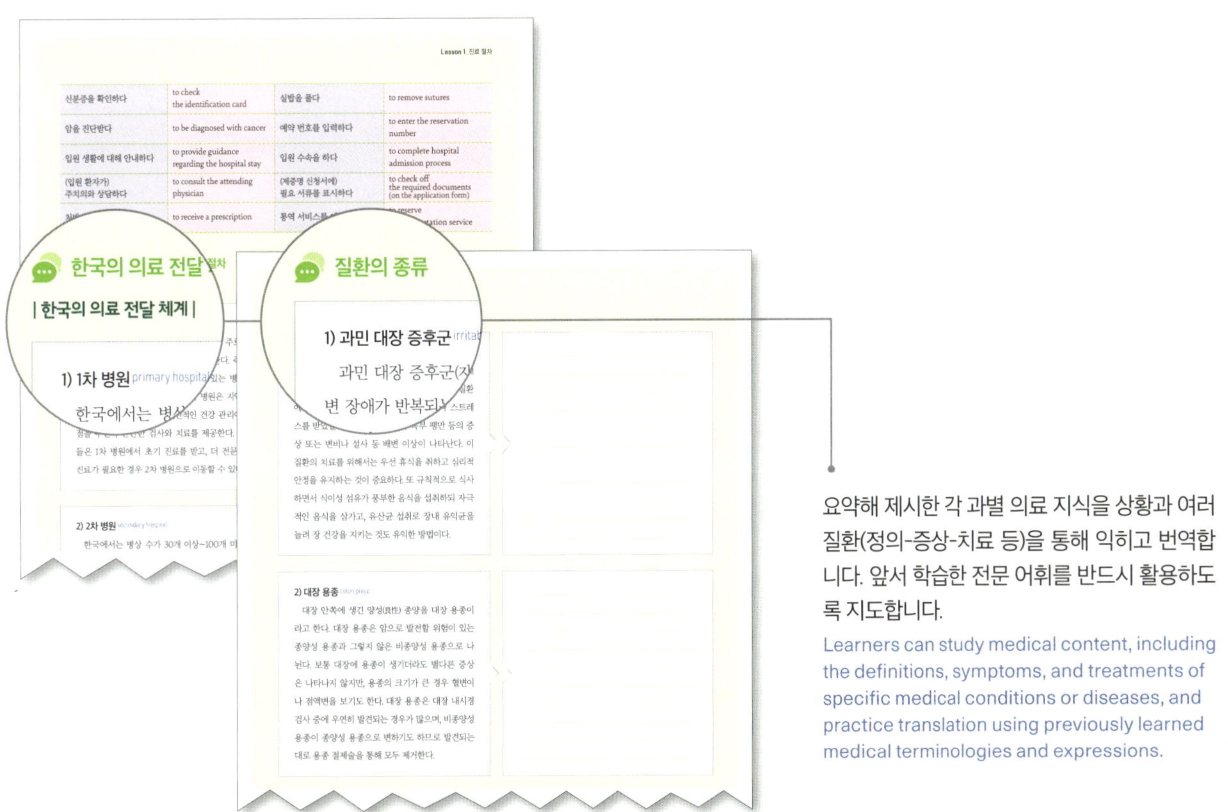

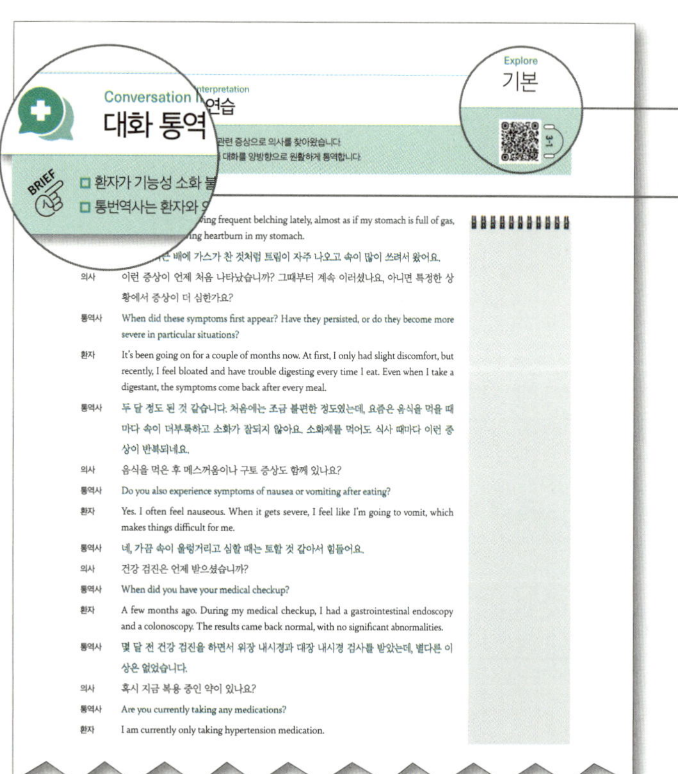

... frequent belching lately, almost as if my stomach is full of gas, ... heartburn in my stomach.

	...은 배에 가스가 찬 것처럼 트림이 자주 나오고 속이 많이 쓰려서 왔어요.
의사	이런 증상이 언제 처음 나타났습니까? 그때부터 계속 이러셨나요, 아니면 특정한 상황에서 증상이 더 심한가요?
통역사	When did these symptoms first appear? Have they persisted, or do they become more severe in particular situations?
환자	It's been going on for a couple of months now. At first, I only had slight discomfort, but recently, I feel bloated and have trouble digesting every time I eat. Even when I take a digestant, the symptoms come back after every meal.
통역사	두 달 정도 된 것 같습니다. 처음에는 조금 불편한 정도였는데, 요즘은 음식을 먹을 때마다 속이 더부룩하고 소화가 잘되지 않아요. 소화제를 먹어도 식사 때마다 이런 증상이 반복되네요.
의사	음식을 먹은 후 메스꺼움이나 구토 증상도 함께 있나요?
통역사	Do you also experience symptoms of nausea or vomiting after eating?
환자	Yes. I often feel nauseous. When it gets severe, I feel like I'm going to vomit, which makes things difficult for me.
통역사	네, 가끔 속이 울렁거리고 심할 때는 토할 것 같아서 힘들어요.
의사	건강 검진은 언제 받으셨습니까?
통역사	When did you have your medical checkup?
환자	A few months ago. During my medical checkup, I had a gastrointestinal endoscopy and a colonoscopy. The results came back normal, with no significant abnormalities.
통역사	몇 달 전 건강 검진을 하면서 위장 내시경과 대장 내시경 검사를 받았는데, 별다른 이상은 없었습니다.
의사	혹시 지금 복용 중인 약이 있나요?
통역사	Are you currently taking any medications?
환자	I am currently only taking hypertension medication.

각 과별 대표적인 상황 및 질환과 관련하여 소통하는 방법을 이해하고 순차 통역을 훈련합니다. 이하 본문은 질환별 '증상-검사법-치료법-예방법'을 전반적으로 다루어 의료 현장을 간접 경험하도록 유도합니다. 녹음을 들으며 제시된 통역을 훈련하도록 지도합니다.

Learners can develop an understanding of how to communicate in specific medical situations and discussions of diseases in each lesson, while practicing consecutive interpreting. This section introduces the symptoms, examinations, treatments, and preventive measures for each disease, enabling learners to engage with medical scenarios indirectly. Additionally, learners can enhance their interpretation skills by listening to audio recordings of the texts.

대표 질환에 대한 시각적 정보를 즉시 통역해 보는 훈련입니다. 환자가 자신의 질환과 전문 의료 과정을 이해하고 의료인과 원활하게 소통할 수 있도록 책임감을 갖고 통역합니다.

Learners can quickly interpret written information about the key disease covered in each lesson. This section helps learners interpret for patients, allowing them to better understand their condition and medical procedures, so they can communicate effectively with medical professionals.

대표 질환에 대한 환자의 질문과 이에 대한 의료인의 답변을 두 언어로 교차 통역해 보는 문장 구역 연습입니다. 환자의 증상 호소와 의사의 진단 예측을 정확하게 구역하도록 지도합니다.

Learners can cross-interpret a patient's questions and a medical professional's responses regarding the key disease covered in each lesson into two distinct languages. This section emphasizes distinguishing between the patient's symptom descriptions and the doctor's diagnostic assessments.

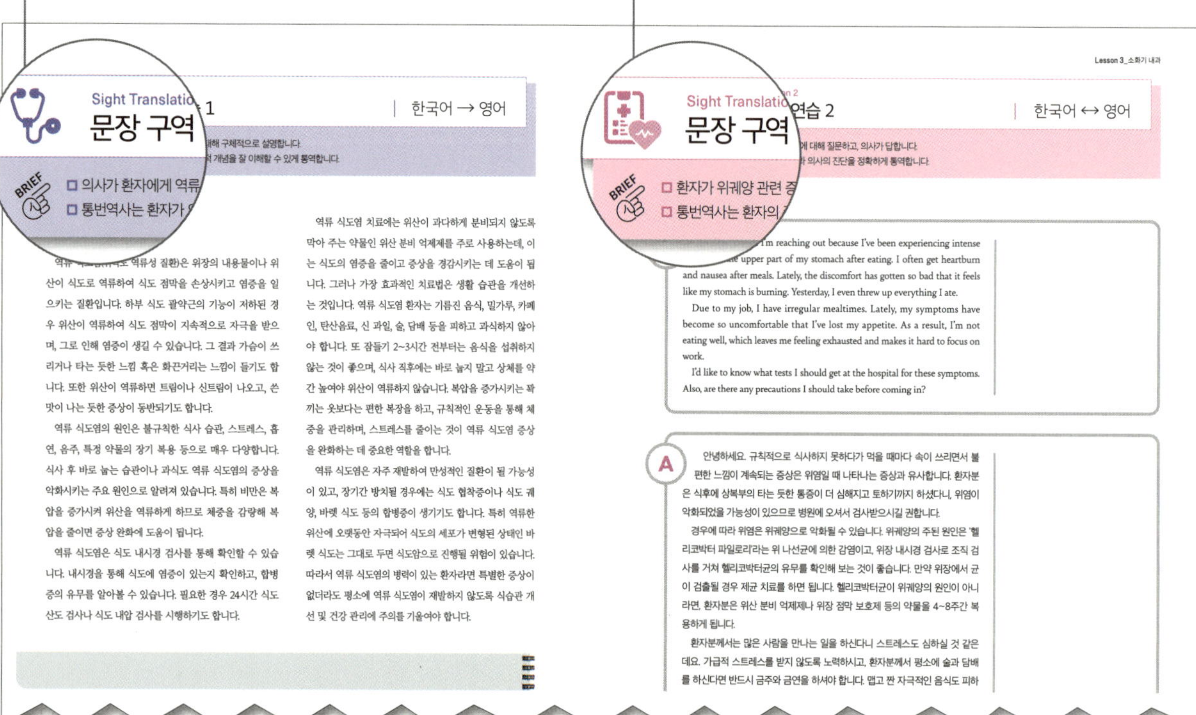

역류 식도염(또는 역류성 질환)은 위장의 내용물이나 위산이 식도로 역류하여 식도 점막을 손상시키고 염증을 일으키는 질환입니다. 하부 식도 괄약근의 기능이 저하된 경우 위산이 역류하여 식도 점막이 지속적으로 자극을 받으며, 그로 인해 염증이 생길 수 있습니다. 그 결과 가슴이 쓰리거나 타는 듯한 느낌 혹은 화끈거리는 느낌이 들기도 합니다. 또한 위산이 역류하면 트림이나 신트림이 나오고, 쓴맛이 나는 듯한 증상이 동반되기도 합니다.

역류 식도염의 원인은 불규칙한 식사 습관, 스트레스, 흡연, 음주, 특정 약물의 장기 복용 등으로 매우 다양합니다. 식사 후 바로 눕는 습관이나 과식도 역류 식도염의 증상을 악화시키는 주요 원인으로 알려져 있습니다. 특히 비만은 복압을 증가시켜 위산을 역류하게 하므로 체중을 감량해 복압을 줄이면 증상 완화에 도움이 됩니다.

역류 식도염은 식도 내시경 검사를 통해 확인할 수 있습니다. 내시경을 통해 식도에 염증이 있는지 확인하고, 합병증의 유무를 알아볼 수 있습니다. 필요한 경우 24시간 식도 산도 검사나 식도 내압 검사를 시행하기도 합니다.

역류 식도염 치료에는 위산이 과다하게 분비되지 않도록 막아 주는 약물인 위산 분비 억제제를 주로 사용하는데, 이는 식도의 염증을 줄이고 증상을 경감시키는 데 도움이 됩니다. 그러나 가장 효과적인 치료법은 생활 습관을 개선하는 것입니다. 역류 식도염 환자는 기름진 음식, 밀가루, 카페인, 탄산음료, 신 과일, 술, 담배 등을 피하고 과식하지 않아야 합니다. 또 잠들기 2~3시간 전부터는 음식을 섭취하지 않는 것이 좋으며, 식사 직후에는 바로 눕지 말고 상체를 약간 높여야 위산이 역류하지 않습니다. 복압을 증가시키는 꽉 끼는 옷보다는 편한 복장을 하고, 규칙적인 운동을 통해 체중을 관리하며, 스트레스를 줄이는 것이 역류 식도염 증상을 완화하는 데 중요한 역할을 합니다.

역류 식도염은 자주 재발하여 만성적인 질환이 될 가능성이 있고, 장기간 방치될 경우에는 식도 협착증이나 식도 궤양, 바렛 식도 등의 합병증이 생기기도 합니다. 특히 역류한 위산에 오랫동안 자극되어 식도의 세포가 변형된 상태인 바렛 식도는 그대로 두면 식도암으로 진행될 위험이 있습니다. 따라서 역류 식도염의 병력이 있는 환자라면 특별한 증상이 없더라도 평소에 역류 식도염이 재발하지 않도록 식습관 개선 및 건강 관리에 주의를 기울여야 합니다.

... I'm reaching out because I've been experiencing intense ... the upper part of my stomach after eating. I often get heartburn and nausea after meals. Lately, the discomfort has gotten so bad that it feels like my stomach is burning. Yesterday, I even threw up everything I ate.

Due to my job, I have irregular mealtimes. Lately, my symptoms have become so uncomfortable that I've lost my appetite. As a result, I'm not eating well, which leaves me feeling exhausted and makes it hard to focus on work.

I'd like to know what tests I should get at the hospital for these symptoms. Also, are there any precautions I should take before coming in?

A 안녕하세요. 규칙적으로 식사하지 못하다가 먹을 때마다 속이 쓰리면서 불편한 느낌이 계속되는 증상은 위염일 때 나타나는 증상과 유사합니다. 환자분은 식후에 상복부의 타는 듯한 통증이 더 심해지고 토하기까지 하셨다니, 위염이 악화되었을 가능성이 있으므로 병원에 오셔서 검사받으시길 권합니다.

경우에 따라 위염은 위궤양으로 악화될 수 있습니다. 위궤양의 주된 원인은 '헬리코박터 파일로리'라는 위 나선균에 의한 감염이고, 위장 내시경 검사로 조직 검사를 거쳐 헬리코박터균의 유무를 확인해 보는 것이 좋습니다. 만약 위장에서 균이 검출될 경우 제균 치료를 하면 됩니다. 헬리코박터균이 위궤양의 원인이 아니라면, 환자분은 위산 분비 억제제나 위장 점막 보호제 등의 약물을 4~8주간 복용하게 됩니다.

환자분께서는 많은 사람을 만나는 일을 하신다니 스트레스도 심하실 것 같은데요. 가급적 스트레스를 받지 않도록 노력하시고, 환자분께서 평소에 술과 담배를 하신다면 반드시 금주와 금연을 하셔야 합니다. 맵고 짠 자극적인 음식도 피하

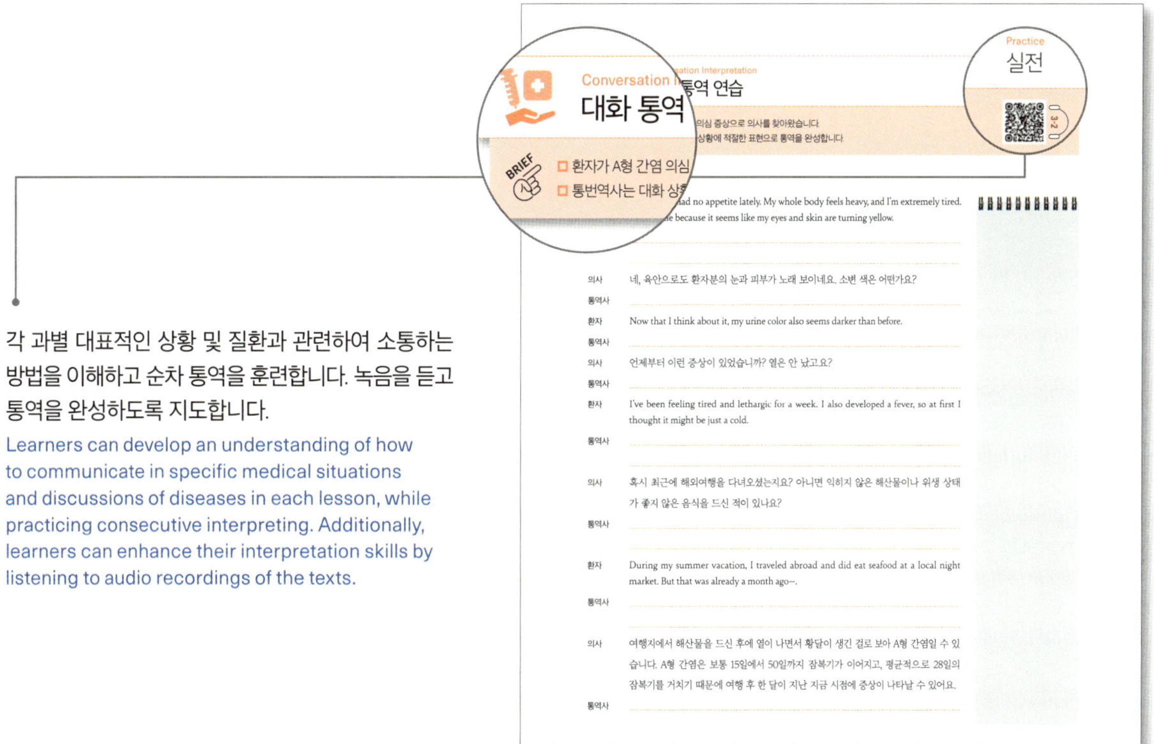

각 과별 대표적인 상황 및 질환과 관련하여 소통하는 방법을 이해하고 순차 통역을 훈련합니다. 녹음을 듣고 통역을 완성하도록 지도합니다.

Learners can develop an understanding of how to communicate in specific medical situations and discussions of diseases in each lesson, while practicing consecutive interpreting. Additionally, learners can enhance their interpretation skills by listening to audio recordings of the texts.

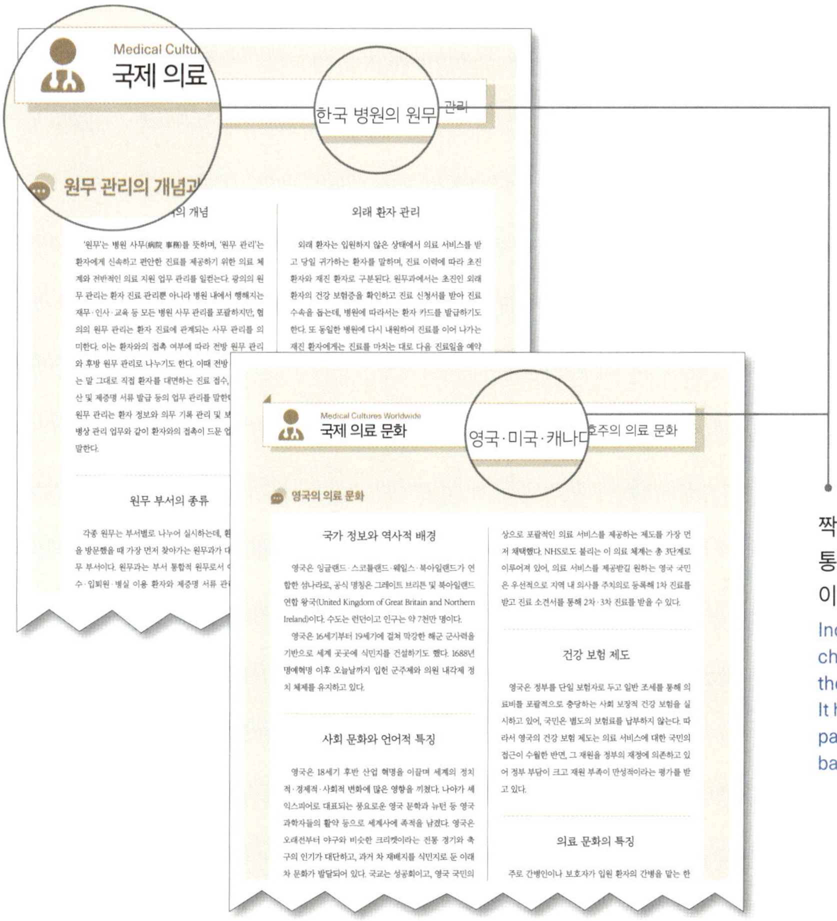

짝수 과마다 국제 의료 문화를 소개합니다. 이를 통해 한국 병원을 찾는 외국인 환자들의 특성을 이해하고 통번역할 수 있도록 지도합니다.

Included at the end of each even-numbered chapter, this section provides an overview of the medical culture of various countries. It helps learners understand foreign patients' medical situations and their cultural backgrounds, and practice translation.

차례 Contents

감수의 글 · 5
머리말 · 6
교재의 구성 · 8
교재의 활용 · 10

Lesson 1

진료 절차
Medical Procedure

AI와 함께 · 18
어휘와 표현 · 20
대화 통역 연습 | 기본 국제 진료 센터 · 24
문장 구역 연습 1 입원 안내 · 26
문장 구역 연습 2 입원 생활 · 27
대화 통역 연습 | 실전 퇴원 안내 · 28

Lesson 2

건강 검진
Medical Checkup

AI와 함께 · 30
어휘와 표현 · 32
대화 통역 연습 | 기본 건강 검진 절차 · 36
문장 구역 연습 1 종양 표지자 검사, CT·MRI 검사 · 40
문장 구역 연습 2 대장 내시경 검사 · 41
대화 통역 연습 | 실전 건강 검진 결과 · 42
국제 의료 문화 한국 병원의 원무 관리 · 44

Lesson 3

소화기 내과
Gastroenterology

AI와 함께 · 46
어휘와 표현 · 48
대화 통역 연습 | 기본 기능성 소화 불량 · 52
문장 구역 연습 1 역류 식도염 · 54
문장 구역 연습 2 위궤양 · 55
대화 통역 연습 | 실전 A형 간염 · 56

Lesson 4

호흡기 내과
Pulmonology and
Critical Care
Medicine

AI와 함께 58
어휘와 표현 60
대화 통역 연습 | 기본 독감 64
문장 구역 연습 1 천식 66
문장 구역 연습 2 흉막염 67
대화 통역 연습 | 실전 급성 기관지염 68
국제 의료 문화 보건 의료 체계 70

Lesson 5

내분비 대사 내과
Endocrinology and
Metabolism

AI와 함께 72
어휘와 표현 74
대화 통역 연습 | 기본 대사 증후군 78
문장 구역 연습 1 당뇨병 80
문장 구역 연습 2 골다공증 81
대화 통역 연습 | 실전 고지질 혈증 82

Lesson 6

감염 내과
Division of
Infectious Diseases

AI와 함께 84
어휘와 표현 86
대화 통역 연습 | 기본 장티푸스 90
문장 구역 연습 1 결핵 92
문장 구역 연습 2 뎅기열 93
대화 통역 연습 | 실전 쓰쓰가무시병 94
국제 의료 문화 한국의 건강 보험 제도 96

Lesson 7

일반 외과
General Surgery

AI와 함께 98
어휘와 표현 100
대화 통역 연습 | 기본 상처 봉합 104
문장 구역 연습 1 충수염 106
문장 구역 연습 2 치질 107
대화 통역 연습 | 실전 담낭 용종 108

Lesson 8

정형외과
Orthopedic Surgery

AI와 함께   110

어휘와 표현   112

대화 통역 연습 | 기본   손목 골절   116

문장 구역 연습 1   퇴행성 관절염   118

문장 구역 연습 2   오십견   119

대화 통역 연습 | 실전   허리 디스크   120

국제 의료 문화   영국·미국·캐나다·호주의 의료 문화   122

Lesson 9

재활 의학과
Rehabilitation Medicine

AI와 함께   126

어휘와 표현   128

대화 통역 연습 | 기본   무릎 수술   132

문장 구역 연습 1   거북목 증후군과 목 디스크   134

문장 구역 연습 2   족저 근막염   135

대화 통역 연습 | 실전   뇌졸중   136

Lesson 10

성형외과: 재건 성형
Plastic and Reconstructive Surgery

AI와 함께   138

어휘와 표현   140

대화 통역 연습 | 기본   화상 흉터   144

문장 구역 연습 1   구순 구개열   146

문장 구역 연습 2   유방 절제 후 유방 재건   147

대화 통역 연습 | 실전   안검 하수   148

국제 의료 문화   러시아의 의료 문화   150

Lesson 11

소아 청소년과
Pediatrics

AI와 함께   152

어휘와 표현   154

대화 통역 연습 | 기본   예방 접종   158

문장 구역 연습 1   ADHD   160

문장 구역 연습 2   수족구병   161

대화 통역 연습 | 실전   장염   162

Lesson 12

정신 건강 의학과
Psychiatry

AI와 함께	164
어휘와 표현	166
대화 통역 연습 ┃ 기본 공황 장애	170
문장 구역 연습 1 외상 후 스트레스 장애	172
문장 구역 연습 2 대인 공포증	173
대화 통역 연습 ┃ 실전 치매	174
국제 의료 문화 아랍의 의료 문화	176
색인	180

2권 차례

Lesson 13	안과	Ophthalmology
Lesson 14	이비인후과	ENT, Otolaryngology
Lesson 15	치과	Dentistry
Lesson 16	피부과	Dermatology
Lesson 17	흉부외과	Thoracic and Cardiovascular Surgery
Lesson 18	신경과	Neurology
Lesson 19	비뇨 의학과	Urology
Lesson 20	산부인과	Obstetrics and Gynecology
Lesson 21	성형외과: 미용 성형	Plastic and Reconstructive Surgery
Lesson 22	암 센터	Cancer Center
Lesson 23	응급 의료 센터	Emergency Center
Lesson 24	의료 통역 실무	Medical Interpretation Practice

Medical Procedure

진료 절차

AI와 함께 Warm-Up with AI

STEP 1

Q 한국에서는 병원 진료를 받으려면 어떤 순서나 방법을 거쳐야 하나요?

A 한국에서는

STEP 2

Q

A

STEP 3

한국의 병원은 의료 서비스의 범위와 전문성에 따라 1차·2차·3차 병원으로 구분되고, 단계별 병원마다 예약-접수-진찰-수납의 진료 절차를 거칩니다. 환자의 상태에 따라 약국에서 약을 처방받거나, 병원에 입원하여 치료를 계속하기도 합니다. 병원에서 진료를 받기 위해서는 먼저 병원의 원무과로 가야 합니다. 이곳에서는 외래 진료뿐 아니라 입원·퇴원, 보험 처리를 위한 증명서 발급 등 환자와 관련된 업무 전반을 관리합니다.

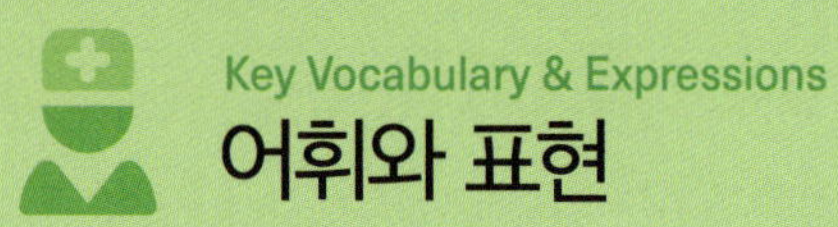

어휘와 표현

💬 전문 어휘

한국어	영어	한국어	영어
간병인	caregiver	건강 보험	health insurance
국제 진료 센터	international healthcare center	내원	visit to a hospital
동의서	consent form	면회	visit, visitation
비상 벨	emergency bell	수술 확인서	confirmation of surgery
예약 확인서	appointment confirmation	예진	preliminary medical examination
외래 진료	outpatient treatment	원무과	department of administration
의사 소견서	medical opinion	제증명 신청서	application form
주치의 (외래 환자 주치의, 입원 환자 주치의)	doctor, physician (primary care ~, attending ~)	진단서	medical note
진료비 영수증	medical bill receipt	처방전	Rx(prescription)
퇴원	discharge	회진	rounds

💬 유용한 표현

한국어	영어	한국어	영어
간병 서비스를 신청하다	to apply for caregiving services	감염 위험이 있다	to be at risk of infection
긴급 상황이 발생하다	to be in a medical emergency	동의서를 받다	to receive the consent form
드레싱을 하다	to perform dressing	병원 안내 책자를 참고하다	to refer to the hospital guidebook
본인 확인을 하다	to verify one's identity	비상 벨을 누르다	to press the emergency bell
상처가 아물다	to have a healed wound	수술을 받다	to undergo operation, to undergo surgery

신분증을 확인하다	to check the identification card	실밥을 풀다	to remove sutures
암을 진단받다	to be diagnosed with cancer	예약 번호를 입력하다	to enter the reservation number
입원 생활에 대해 안내하다	to provide guidance regarding the hospital stay	입원 수속을 하다	to complete hospital admission process
(입원 환자가) 주치의와 상담하다	to consult the attending physician	(제증명 신청서에) 필요 서류를 표시하다	to check off the required documents (on the application form)
처방전을 받다	to receive a prescription	통역 서비스를 예약하다	to reserve an interpretation service

💬 한국의 의료 전달 체계와 진료 절차

| 한국의 의료 전달 체계 |

1) 1차 병원 primary hospital

한국에서는 병상 수가 30개 미만이고, 주로 외래 진료를 보는 병원을 1차 병원이라고 한다. 즉, 내과·소아과·치과 등 하나의 의학과만 있는 병원과 한의원 및 보건소 등을 말한다. 1차 병원은 지역 사회 내에서 접근성이 좋아, 일반적인 건강 관리에 중점을 두면서 간단한 검사와 치료를 제공한다. 환자들은 1차 병원에서 초기 진료를 받고, 더 전문적인 진료가 필요한 경우 2차 병원으로 이동할 수 있다.

2) 2차 병원 secondary hospital

한국에서는 병상 수가 30개 이상~100개 미만인 일반 병원과 한방 병원, 병상 수가 300개 이하이면서 7개 이상의 필수 진료 과목을 개설한 종합 병원 등을 2차 병원이라고 한다. 2차 병원은 의학과마다 전문의가 있고 고급 의료 장비를 갖추어, 1차 병원보다 정밀한 진단을 할 수 있다. 2차 병원은 외과·심장 의학과·영상 의학과 등 특정 분야의 전문적인 진료를 제공하며, 필요에 따라 3차 병원으로 환자의 치료를 의뢰하기도 한다.

3) 3차 병원 tertiary hospital

한국에서는 병상 수가 500개 이상이면서 9개 이상의 필수 진료 과목을 포함한 20개 이상의 진료 과목을 갖추고, 모든 진료 과목에 전문의가 상주하는 대학 병원이나 상급 종합 병원을 3차 병원이라고 한다. 고도의 전문 의료 서비스를 제공하는 3차 병원은 종합적인 진단 및 치료와 함께 희귀 질환의 치료, 1차·2차 병원에서 하기 힘든 수술 등을 시행하며 연구와 교육에도 힘쓴다.

| 진료 절차 |

1) 예약 appointment

신체에 이상 증상이 나타나서 진료를 받고 싶다면 관련 의학과가 있는 병원을 살펴, 전화나 인터넷 등으로 진료 예약을 한 후 방문하는 것이 바람직하다. 한국어가 서툰 외국인 환자는 국제 진료 센터가 있는 병원을 찾아 통역 코디네이터(의료 통역사)와 상담 후 관련 의학과 및 통역 서비스를 예약하면 된다. 국제 진료 센터는 다양한 언어로 통역 서비스를 제공하지만, 건강 보험증이 없는 외국인 환자만을 대상으로 하거나 건강 보험에 가입한 외국인 환자일지라도 가정 의학과에서 먼저 진료를 받아야 하는 등 병원마다 운영 원칙이 다르므로 미리 정보를 확인해야 한다.

2) 접수 registration

진료 당일에는 병원의 원무과 내 진료 접수 창구에서 접수부터 진행해야 한다. 여권 등의 신분증과 예약 확인서를 준비하고, 건강 보험증이 있다면 가져간다. 접수 후 해당 의학과의 대기실에서 기다리면 안내 화면과 방송을 통해 자신의 차례를 확인할 수 있다.

3) 진찰 examination

의사에게 증상을 설명하고 진찰을 받는다. 정확한 진단을 위해 혈액 검사나 영상 촬영 등 다양한 검사들을 진행할 수 있다. 검사 결과가 나오면 의사와 상담하여 치료 방법을 결정한다.

4) 수납 payment

진찰 및 치료 과정이 끝나면 원무과의 수납 창구로 가서 진료비를 내고, 약물 치료가 있다면 처방전을 받아 둔다. 이때 병원에서의 진료 비용은 건강 보험 가입 여부에 따라 다름에 유의한다. 필요하다면 다음 진료 날짜를 예약한다.

5) 약국 pharmacy, 입원 hospitalization

처방전을 받은 경우 보통 개인 병원은 3~7일, 종합 병원은 1~2주 내에 약국에 가서 약품을 받아야 한다. 먹는 약이나 바르는 연고 등 질환에 따라 처방되는 약품이 다양하며, 복용법이나 사용법에 대해서는 약사에게 설명을 듣도록 한다. 한편 입원 치료가 필요한 경우 원무과의 입퇴원 수속 창구로 가서 안내에 따라 병실에 입원하게 된다.

6) 해외 거주 외국인 환자 foreign patients residing abroad

다른 나라에 살고 있는 외국인 환자가 한국 병원을 이용할 경우 본국에서 발급받은 의사 소견서를 지참하는 게 낫다. 이를 통해 해외 거주 외국인 환자는 진료의 연속성을 보장받고 불필요한 중복 검사도 줄일 수 있다.

□ 환자가 진료를 받기 위해 종합 병원의 국제 진료 센터를 찾아왔습니다.
□ 통번역사는 환자와 상대방의 대화를 양방향으로 원활하게 통역합니다.

【 안내 데스크 】

직원	안녕하세요? 무엇을 도와드릴까요?
환자	Hello. (휴대폰으로 진료 및 통역 서비스를 예약한 화면을 보여 준다.)
직원	Wait a minute. (전화로 통역사를 호출하여 통역사가 도착한다.)
통역사	Hello. I'm Mr. Brown, the interpreter in charge of interpretation service today.
환자	It's nice to meet you. I requested interpretation services because I'm not fluent in Korean.
통역사	Yes, Great! This is your first visit to our hospital, right? First, please enter the reservation number from your confirmation into the ticket dispenser at the medical administration department to get your registration waiting ticket. Once you have your ticket, just wait a moment until your number appears on the screen at the reception window. Then, we'll proceed together to complete your registration.

【 원무과 접수 창구 】

직원	어서 오세요. 예약 번호 123번 스미스 씨 본인이시지요? 신분증을 확인하겠습니다. 건강 보험증이 있다면 그것도 보여 주십시오.
통역사	Welcome, Mr. Smith with reservation number 123, right? Let me check your identification card. If you have your health insurance card, please show it as well.
환자	Yes, that's right. Here it is.
통역사	네, 맞습니다. 여기 있어요.
직원	처음 진료받는 초진 환자분께서는 기본 정보를 입력해 주셔야 해요.
통역사	If this is your first consultation, please fill out your basic information.
환자	Where should I fill out my basic information?
통역사	기본 정보는 어디에 입력하나요?
직원	외국어 지원이 되는 접수용 테블릿을 사용하여 먼저 환자분이 원하시는 언어를 선택해 주세요. 그리고 예약 번호를 입력하면 예약 때 입력했던 환자분의 기본적인 정보 화면이 나타납니다. 본인의 정보를 살핀 후 '확인' 버튼을 누르시면 다음 화면으로 이동할 거예요. 그 화면에 나오는 건강 상태에 관한 질문에 사실대로 답해 주시면 됩니다. (환자가 입력 완료 후) 감사합니다. 등록이 완료되었습니다. 저희 병원에서는 관련 의학과로 가시기 전에 간단한 사전 진료가 진행됩니다. 예진실 앞에서 잠시 기다려 주세요. 예진이 끝나는 대로 관련 의학과로 안내해 드리겠습니다.

| 통역사 | Please select your preferred language first on the registration tablet, which supports multiple languages. After entering your reservation number, your basic information will appear on the screen. Please review your details, then press the 'Confirm' button to proceed. Next, you will be asked to answer questions about your health status. Please answer as accurately as possible. (After the patient has completed the input) Thank you. Your registration is complete. At this hospital, a brief preliminary examination is conducted before you proceed to the relevant medical department. Please wait in front of the preliminary examination room for a moment. Once the examination is finished, you will be directed to the appropriate medical department. |

【 예진실 】

| 의사 | 안녕하세요. 저는 예진 담당 의사입니다. 제가 드리는 몇 가지 질문에 편하게 대답해 주세요. 먼저 환자분께 기저 질환이 있는지 확인하겠습니다. 뇌졸중, 심장병, 고혈압, 당뇨병, 폐결핵, 암을 진단받았거나 현재 약물 치료 중이십니까? |

| 통역사 | Hello, I am the doctor in charge of the preliminary medical examination. Please feel free to answer the following questions. First, I'd like to check if you have any underlying conditions. Have you ever been diagnosed with or are you currently on medication for stroke, heart disease, hypertension, diabetes, pulmonary tuberculosis, or cancer? |

| 환자 | No, I do not have any other illnesses. |

| 통역사 | 아니요, 앓고 있는 다른 병은 없습니다. |

| 의사 | 부모나 형제자매 중에 특정 질환으로 치료를 받았거나 사망한 경우가 있습니까? |

| 통역사 | Have any of your parents or siblings been treated for or passed away due to any specific diseases? |

| 환자 | My mother is suffering from diabetes. |

| 통역사 | 어머니께서 당뇨병을 앓고 있습니다. |

| 의사 | 환자분께서는 담배를 피우십니까? 피우신다면 하루 평균 흡연량은 몇 개비입니까? 그리고 1주일에 평균 며칠 정도 술을 마시며, 한 번 마실 때 그 양이 얼마나 되나요? |

| 통역사 | Do you smoke? If you do, on average, how many cigarettes do you smoke per day? Also, on average, how many days per week do you drink, and how much do you drink each time? |

| 환자 | I have never smoked cigarettes. I drink alcohol once or twice a week, typically having one 500ml can of beer. |

| 통역사 | 담배는 한 번도 피운 적이 없고, 술은 1주일에 하루나 이틀 정도 마시는데 맥주 500ml 한 캔을 마십니다. |

| 의사 | 네, 알겠습니다. 그럼 오늘 어디가 불편해서 오셨는지 말씀을 들은 후에 관련 의학과 로 안내해 드리겠습니다. |

| 통역사 | I understand. After hearing about the areas where you're feeling discomfort today, I will direct you to the appropriate department. |

문장 구역 연습 1

한국어 → 영어

□ 간호사가 환자와 보호자에게 입원 안내를 합니다.
□ 통번역사는 환자와 보호자가 한국에서의 병원 입원 때 주의 사항을 잘 이해할 수 있도록 통역합니다.

입원 안내

안녕하세요, 저는 ○○○호 병실의 담당 간호사입니다. 환자분과 보호자분께 병실 입원 생활에 대해 안내해 드리겠습니다.

비누·칫솔·치약·수건과 같은 세면도구와 실내화·물통 등 개인 물품은 개별적으로 준비하시고, 미처 준비하지 못했으나 급하게 필요한 물품이 있다면 병원 내 편의점에서 구입하셔도 됩니다. 각종 개인 물품은 침대 옆 개인 수납장에 보관하시되, 특히 중요한 물품은 수납장에 비밀번호를 설정해서 검사 등으로 자리를 비울 때 분실하지 않도록 유의하시기 바랍니다. 감염 위험이 있는 가습기, 화재 위험이 있는 커피 포트와 난방 기구는 안전을 위해 반입할 수 없음을 미리 말씀드립니다. 침대 시트와 환자복은 매일 교체해 드립니다. 이때 추가로 요청하시는 관련 물품은 말씀하시면 바로 제공됩니다.

병실에는 보호자 한 분만 상주하실 수 있으며, 간이침대 외 보호자용 침구류는 개별적으로 준비하셔야 합니다. 무엇보다 환자분은 지금 채워 드리는 환자 인식 팔찌를 항상 착용해 주세요. 이후 검사·투약·수술 등 모든 의료 행위 때마다 팔찌로 본인 확인을 하고, 병동 출입 시에도 사용되기 때문입니다. 이는 환자 안전을 위해 꼭 필요한 과정이니 여러 번 확인해도 협조해 주시기 바랍니다.

환자분의 아침 식사 배식은 오전 7시부터 시작하며, 12시와 18시에 점심과 저녁 식사를 각각 가져다 드립니다. 필요하다면 보호자 식사도 신청하실 수 있으며, 식사 후 식판은 퇴식 카트에 반납하시면 됩니다.

하루 1회, 오전 8시에서 9시 사이 주치의 선생님의 회진이 이루어집니다. 이때 환자분은 중요한 상태 변화나 치료 계획에 대해 주치의 선생님과 직접 상의하실 수 있으며, 입원 기간 동안 환자분이 드실 모든 약은 간호사가 정해진 시간에 가져다 드립니다. 치료에 영향을 줄 수 있으므로 환자분은 가져오신 약을 절대 임의로 복용하시면 안 되고, 평소에 복용하시는 약이 있다면 간호사에게 모두 주세요. 주치의께서 복용 여부를 결정하여 원내 처방 약으로 대체한 후 간호사가 시간에 맞춰 제공하겠습니다.

병실에서 긴급 상황이 발생하거나 통증이 갑자기 심해질 경우 언제든지 침대 머리맡에 있는 비상 벨을 눌러 주세요. 이 벨은 간호사실로 바로 연결되어, 24시간 대기 중인 간호사들이 곧바로 도움을 드릴 것입니다. 비상 벨은 화장실에도 마련되어 있습니다.

기타 병실용 와이파이 로그인 정보는 침대 옆 안내문에 적혀 있으니 참고해 주세요. 병실에서 TV를 보시거나 인터넷을 하실 때에는 주위 사람들을 위해 개인용 이어폰을 사용하시거나 휴게실을 이용하시되, 입원실 전등이 꺼지는 22시 이후로는 삼가 주시기 바랍니다.

말씀드린 사항들은 입원 생활 안내서에 모두 기재되어 있으니 잘 읽어 보시고, 더 궁금하신 부분은 언제든지 말씀해 주세요. 감사합니다.

Sight Translation 2
문장 구역 연습 2

| 한국어 ↔ 영어

☐ 환자가 입원 생활에 대해 추가 질문하고, 간호사가 답합니다.
☐ 통번역사는 환자의 질문과 간호사의 답변을 정확하게 통역합니다.

Q

I am a patient scheduled for surgery and hospitalization next week. While I understand that I will receive detailed guidance on the day of admission regarding the hospitalization process, I have a few questions that I would like to clarify in advance to assist with my preparations.

As a foreigner living alone in Korea, I would like to know if I can apply for caregiving service during my hospital stay. Additionally, if my friends visit me, could you please inform me of the visiting hours and any time restrictions? I am also curious about whether it's possible to leave the hospital or have overnight leave during my recovery, and if so, under what conditions? Furthermore, I would like to get the information on parking, public transportation options, and any other facilities available to inpatients within the hospital.

A

안녕하세요? 저는 입원 안내를 담당하고 있는 간호사입니다.

먼저 간병 서비스 신청에 대해 설명드립니다. 환자분 혼자 입원하시는 경우 저희 병원의 간호·간병 통합 병동을 추천합니다. 이는 보호자나 간병인이 안 계셔도 전문적인 간호 팀의 서비스를 24시간 받으실 수 있는 병동으로, 개인 간병인을 원하시면 통역이 가능한 간병인도 있으니 입원 전 간호사실로 신청해 주세요.

병원 입원 때 면회는 1명씩 30분만 가능하며, 평일에는 10시부터 12시까지와 17시부터 21시까지이고 주말에는 10시부터 20시까지입니다. 감기 등 호흡기 및 감염성 질환의 전파가 우려되는 사람, 노약자나 아동 및 단체의 면회는 제한될 수 있습니다. 수술 직후 1주일 동안은 감염 위험이 있어서 외출이나 외박이 불가하고, 장기 입원 환자의 외출이나 외박은 주치의와 상담하셔야 합니다.

입원과 퇴원 당일에 한해 차량 1대는 무료로 주차할 수 있습니다. 입원 기간에는 1일당 주차비가 산정되니 할인 주차권을 주차 관제실에서 구입하시는 것이 좋습니다. 대중교통을 이용할 때에는 지하철역에서 10분 간격으로 병원을 오가는 셔틀버스를 활용하시면 더욱 편리합니다.

병원 편의 시설로는 층마다 마련된 공동 휴게실, 정수기와 전자레인지 등이 구비된 간이 주방 등이 있습니다. 기타 식당과 카페, 편의점, 세탁실, 종교 시설 등도 있으니 자세한 위치와 운영 시간은 병원 안내 책자를 참고해 주세요.

□ 간호사와 주치의가 환자에게 퇴원 안내를 합니다.
□ 통번역사는 대화 상황에 적절한 표현으로 통역을 완성합니다.

【 간호사와의 대화 】

간호사 안녕하세요? 수술 부위에 드레싱을 하겠습니다. 불편한 부분이 있으면 말씀해 주세요.

통역사 ____

환자 Other than feeling a bit stiff when I move, I'm doing okay. But when will I be discharged?

통역사 ____

간호사 퇴원에 대해서는 회진 시간에 주치의 선생님께서 하루나 이틀 전에 알려 주실 거예요.

통역사 ____

【 주치의와의 대화 】

의사 안녕하세요? 어제 회진 때 통증이 많이 가라앉았다고 하셨는데, 오늘은 좀 어떠세요?

통역사 ____

환자 I'm feeling better than yesterday. Doctor, when will I be discharged?

통역사 ____

의사 수술을 받으신 부위를 다시 한번 볼까요? (환자복을 조금 걷어 수술한 부위와 주변부를 살짝 눌러 보며 자세히 살핀 후) 눌렀을 때 통증이 거의 없다는 거지요? 수술 부위도 잘 아물고 있으니, 내일 하루만 더 지켜보고 경과가 계속 좋으면 그다음 날에 퇴원하셔도 되겠습니다.

통역사 ____
____
____
____

환자 Really? Thank you.

통역사 ____

의사 개인차가 있지만 보통 수술하고 7~10일 정도 후에 봉합 부분의 실밥을 풀면 되니 다음 주 목요일에 다시 내원해 주세요. 상처가 잘 아물게 하려면 집에서도 수술 부위에 물이 닿지 않게 주의해야 합니다.

통역사 ____
____
____

【 퇴원 하루 전 간호사와의 대화 】

간호사   내일 퇴원하신다니 준비하실 퇴원 관련 서류들을 알려 드리겠습니다. 이것은 제증명 신청서인데요. 여기에 진단서나 의무 기록 사본, 수술 확인서, 보험금 청구용 진료비 영수증 등 필요 서류를 표시하세요. 이때 진단서, 의무 기록 사본, 수술 확인서는 발급 비용이 있습니다. 퇴원 당일인 내일은 퇴원 동의서를 받아 읽으신 후 서명하시면 됩니다.

통역사

환자   Yes, I understand. Then, what should I do on the day of discharge?

통역사

간호사   입원 수속을 하셨듯이 퇴원 수속 역시 원무과의 입퇴원 창구로 가시면 됩니다. 퇴원 당일 오전에 원무과의 입퇴원 창구에서 진료비를 수납하시고, 처방전을 받으면 병원 내 약국이나 병원 근처 약국에 제출 후 약을 받으세요. 필요하신 신청 서류와 영상 파일은 신분증을 챙겨 1층 의무 기록 영상 복사 창구로 가면 수령하실 수 있습니다.

통역사

환사   Yes, I will do that. When should I come back to the hospital?

통역사

간호사   실밥을 제거하고 회복이 잘되고 있는지도 검사해야 하니 주치의 선생님께서 말씀하셨던 대로 다음 주 목요일에 내원하세요. 수술 부위가 아직 다 아물지 않았으니 퇴원 후에 당분간은 무리하지 마시고, 산책 정도의 가벼운 운동을 권합니다.

통역사

환자   Yes, then at what time should I be discharged?

통역사

간호사   정규 퇴원 수속 시간은 오전 11시까지입니다. 내일 퇴원하시기 전까지 간호사들이 계속해서 환자분의 상태를 확인할 거예요. 더 궁금하신 점들은 그때그때 간호사에게 문의해 주세요. 비치되어 있는 병원 안내 책자를 참고하셔도 됩니다.

통역사

Medical Checkup

건강 검진

AI와 함께 Warm-Up with AI

STEP 1

Q 한국 병원에서는 건강 검진 때 어떤 항목을 검사하나요?

A 한국 병원에서는 ____________________

____

STEP 2

Q

A

STEP 3

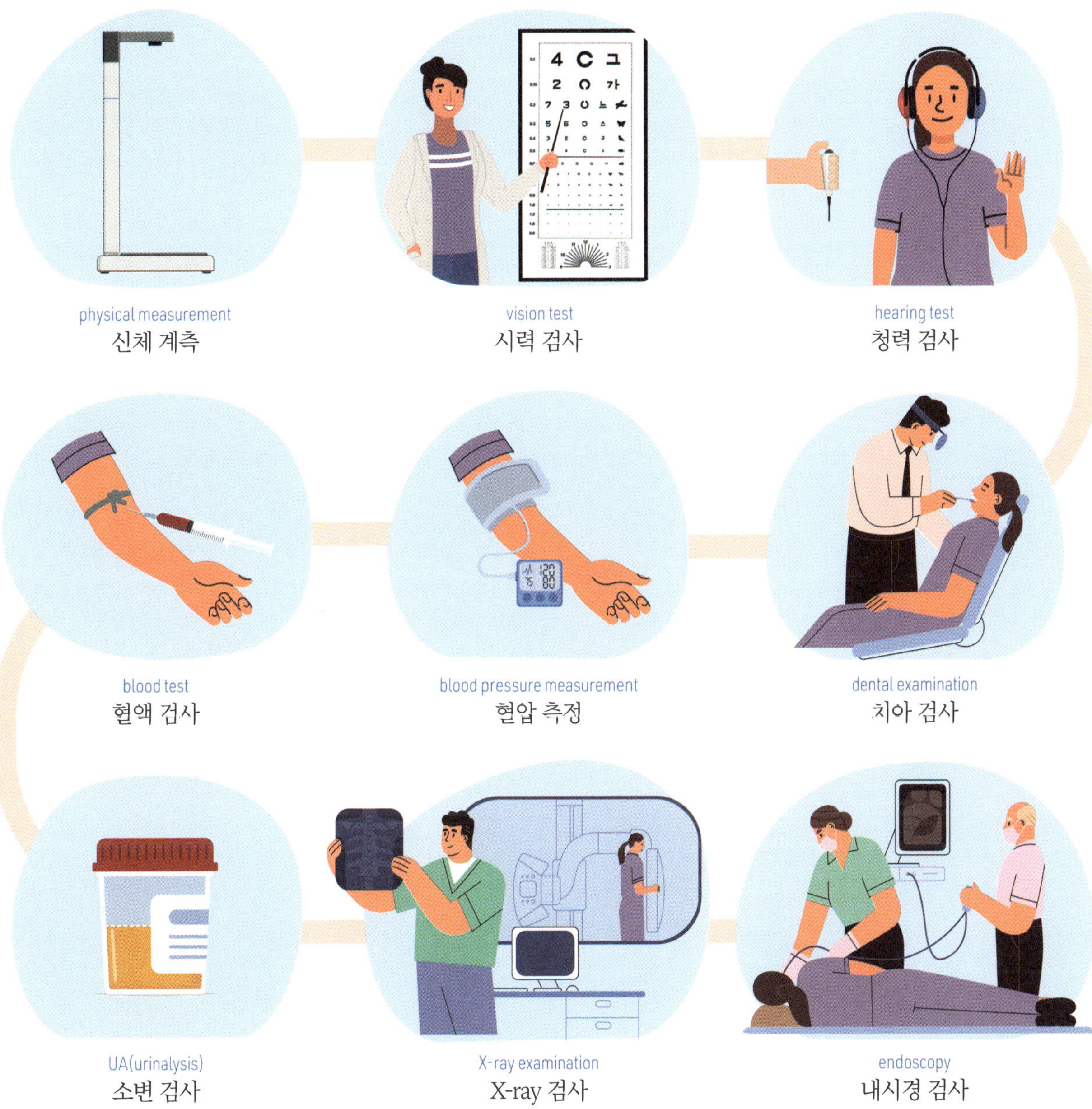

건강 검진이란 개인의 건강 상태를 확인하여 질병을 조기에 발견하거나 예방하기 위해 정기적으로 실시하는 여러 가지 의학적 검사 절차를 말합니다. 기본적으로 신체 계측과 시력·청력·치아 검사 및 혈압 측정, 혈액·소변 검사와 X-ray 검사를 진행합니다. 내시경·초음파 검사 등을 추가할 수 있으며, 이상 소견이 발견되면 관련 증상에 대한 세밀한 검사를 받게 됩니다.

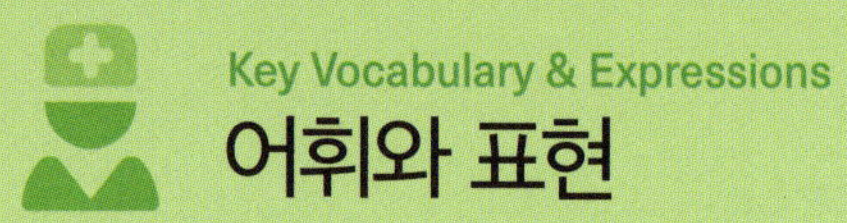

어휘와 표현

💬 전문 어휘

한국어	영어	한국어	영어
AFP(알파 태아 단백질)	alpha-fetoprotein	CEA(암 배아 항원)	carcinoembryonic antigen
CT(컴퓨터 단층 촬영) 검사	CT(computerized tomography) scan	MRI(핵자기 공명 장치) 검사	MRI(magnetic resonance imaging) scan
PSA(전립샘 특이 항원)	prostate-specific antigen	간암	liver cancer
간염	hepatitis	골절	fracture
궤양	ulcer	금식	NPO(nil per os / non per os)
기포 제거제	antifoaming agent	당뇨병	DM(diabetes mellitus)
대장	large intestine	마취	anesthesia
면역력	immunity	문진	inquiry
변비	constipation	부기(부종)	swelling
설사	diarrhea	식이 요법	diet therapy
악성	malignant	연조직	soft tissue
염색체 이상	chromosomal aberration	염증	inflammation
예방 접종	vaccination	위장관	gastrointestinal
유방암	breast cancer	유산소 운동	aerobic exercise
장 세척제	bowel preparation drug	재발	recurrence
정맥 혈액	venous blood	조영제	contrast agent
조직 검사(생검)	biopsy	종양	tumor

한국어	영어	한국어	영어
종양 표지자 검사	tumor marker test	진정제	sedative
채혈	blood collection	척수	spinal cord
천공	perforation	출혈	bleeding, hemorrhage
치석	tartar	치아우식증(충치)	cavity, dental caries
폐암	lung cancer	항체	antibody
혈당	blood sugar	혈압	BP(blood pressure)

💬 유용한 표현

한국어	영어	한국어	영어
8시간 이상 금식하다	to fast for more than eight hours	건강 검진 결과를 확인하다	to review the medical checkup results
건강 검진을 받다	to undergo a medical checkup	검사복으로 갈아입다	to change into the examination gown
관리와 운동을 병행하다	to combine exercise with the treatment	문진표를 작성하다	to fill out the medical questionnaire
부기가 생기다	to have swelling	숨을 들이마시다	to inhale, to take a breath
숨을 잠깐 멈추다	to hold one's breath for a moment	암의 진행 상태를 관찰하다	to observe the progression of the cancer
재발 여부를 알아보다	to determine whether there is recurrence	적정 체중을 유지하다	to maintain a healthy body weight
조영제를 사용하다	to use a contrast agent	조직 검사를 실시하다	to perform a biopsy
종양 표지자의 수치가 높아지다	to show an increase in tumor marker levels	주먹을 쥐었다 폈다 하다	to clench and open one's fist
질병을 조기에 발견하다	to detect the disease early	체액을 통해 전염되다	to be transmitted through bodily fluids
출혈이 발생하다	to have bleeding	치료 계획을 세우다	to establish a treatment plan
항체 생성 여부를 확인하다	to check whether antibody production has occurred	허리둘레를 재다	to measure one's waist circumference
혈당을 관리하다	to manage blood sugar level	혈압을 측정하다	to check one's blood pressure
회복실로 이동되다	to be moved to the recovery room	흉부를 촬영하다	to perform a chest X-ray

1) 혈액 검사 blood test

혈액은 몸 안의 혈관을 돌며 산소와 영양분을 공급하고 노폐물을 간과 신장 등으로 운반하여 처리되도록 돕는 역할을 한다. 혈액 검사는 소량의 혈액을 채취하여 적혈구·백혈구·혈소판 수치, 호르몬이나 대사 물질 수치 등을 측정해 신체 기관의 기능과 면역 상태 등을 알아보는 가장 기본적인 검사 방법이다. 이 검사는 간단하고 신속하면서도 신체 전반의 건강 상태를 확인하고 질병을 조기에 발견하는 데 중요한 역할을 하기 때문에 건강 검진 때 필수적으로 시행한다. 단, 혈액 검사 전 8시간 이상 금식해야 한다.

2) X-ray 검사 X-ray examination

X-ray는 눈으로 볼 수 없는 물체 내부를 X선을 이용하여 찍는 사진으로, X-ray 검사를 통해 신체 내부의 뼈·장기·조직 등의 상태를 확인할 수 있다. 이 검사는 X선이 신체를 통과하면서 밀도 차이에 따라 영상이 생성되는 원리를 이용함으로써 신체 내부의 형태와 이상 여부를 파악할 수 있다. 이는 골절·폐 질환·치아 문제 등 다양한 질환을 진단하는 목적으로 사용되며, 필요한 경우 다른 검사들과 병행하여 실시한다.

3) 내시경 검사 endoscopy

내시경 검사는 길고 유연한 튜브형 카메라를 몸 안에 넣어 신체 내부를 직접 관찰하는 검사 방법이다. 주로 식도·위장·대장 등 소화 기관의 상태를 확인하며, 염증이나 궤양·종양 등의 질환을 진단한다. 내시경 검사 중에 필요하다면 내시경 끝에 달린 집

게로 조직 검사를 위한 샘플을 채취할 수 있고, 일부 암의 경우 암 조직을 떼어 내는 치료도 가능하다. 내시경 검사 전 환자는 8시간 이상 금식해야 하고, 의료인은 입이나 항문을 통해 삽입하는 내시경 검사를 진행하는 동안 환자의 불편함을 줄이기 위해 진정제나 마취제를 사용할 수 있다.

4) 초음파 검사 ultrasonography

초음파 검사는 검사 부위에 초음파 기구를 천천히 문지르면서 고주파수의 음파를 보낸 다음 되돌아오는 음파를 영상화하여 신체 내부의 이상 여부를 판별하는 검사 방법이다. 이 검사는 신체에 해로운 방사선을 사용하지 않아 안전하고 수술을 하지 않는 비침습적인 방법이어서 진단 때 종종 쓰인다. 특히 임신 중 태아의 상태 확인과 신체 연조직 검사에 적합하고, 간·신장·심장 등 신체 내 장기의 상태를 진단하는 데도 자주 사용된다.

5) 유전자 검사 genetic test

유전자 검사는 DNA를 분석하는 검사로, 주로 유전 질환이나 특정 질병의 발병 가능성을 예측하거나 가계의 혈연관계를 확인할 때 사용한다. 이 검사는 혈액, 타액(침), 조직 샘플을 통해 유전자 변이나 염색체 이상을 검사하여 질병의 조기 발견과 맞춤형 치료 계획에 도움을 주기 때문에 예방 의학과 정밀 의학에서 중요한 역할을 한다. 검사 과정은 간단하지만, 검사 결과 해석을 위해서는 전문의와 상담해야 한다.

대화 통역 연습

- □ 환자가 건강 검진 절차에 따라 검사를 받습니다.
- □ 통번역사는 환자와 상대방의 대화를 양방향으로 원활하게 통역합니다.

【 건강 검진 접수 】

직원 안녕하세요. 성함은 스미스 님이시고, 생년월일은 1985년 10월 8일이 맞으시지요? 오늘 건강 검진은 의사 선생님의 진찰을 시작으로 신장·체중·허리둘레를 재는 신체 계측, 시력 검사와 청력 검사, 치아 검사, 혈압 측정, 혈액 검사와 소변 검사 후 흉부 X-ray 검사를 실시할 예정입니다. 위장 내시경 검사는 수면으로 미리 선택하셨는데, 미리 말씀드린 대로 어젯밤부터 금식하고 오셨지요?

통역사 Hello. Your name is Ms. Smith, and your date of birth is October 8, 1985, correct? Today's medical checkup will begin with a consultation with the physician, followed by physical measurements of height, weight, and waist circumference. You will also undergo vision and hearing tests, a dental examination, blood pressure measurement, blood test, urinalysis, and a chest X-ray. For the gastrointestinal endoscopy, you have selected the sedation option, and as mentioned earlier, you have fasted since last night, correct?

환자 Yes, that's correct. I've been fasting since last night.

통역사 네, 맞습니다. 금식은 어젯밤부터 했어요.

직원 그럼 먼저 문진표를 작성하시고, 대기실 화면에 성함이 보이면 진찰실로 들어가세요. 진찰이 끝나면 탈의실에서 검사복으로 갈아입으신 후에 건강 검진을 진행하겠습니다.

통역사 First, please fill out the medical questionnaire. Once your name appears on the screen in the waiting room, please head to the consultation room. After the consultation, please change into the examination gown in the dressing room. Once you're ready, the next step of your medical checkup will begin.

【 진찰 】

의사 안녕하세요. 오늘 건강 검진을 받으시죠? 우선 문진표를 보면서 진찰 후 검사를 시작하겠습니다. 문진표를 보니 기저 질환이나 평소에 복용하시는 약은 없네요. 흡연은 안 하시고, 술은 가끔 드시고요. 그런데 운동 시간이 많이 부족하네요. 최근에 불편한 증상이나 특별히 걱정되는 건강 문제가 있으신가요?

통역사 Hello. You're here today for a medical checkup, right? I will first review the medical questionnaire, then move on to the examination and tests. From the medical questionnaire, it looks like you don't have any underlying conditions or take any regular medications. You don't smoke, and you drink alcohol occasionally. However, it seems you're not getting enough exercise. Have you experienced any discomfort or any

symptoms of health concerns recently?

환자   I don't have any specific symptoms, and I eat well. However, due to my heavy workload, I haven't been getting enough sleep lately. That has left me feeling really fatigued.

통역사   특별한 증상은 없고 밥도 잘 먹어요. 그런데 요즘 일이 많아 잠을 충분히 못 자서 피로감이 심한 것 같아요.

의사   충분히 주무셔야 피로감이 없어지고 면역력도 높아져서 전반적인 건강 상태가 좋아져요. 일단 오늘 검진을 통해 건강 상태를 전체적으로 확인해 보겠습니다. 간호사의 안내에 따라 검사를 진행해 주세요.

통역사   You need to make sure you're getting enough sleep so that your fatigue can be relieved, your immunity gets stronger, and your overall health improves. Today, I'll check your overall health through the examination. Please follow the nurse's instructions for the tests.

【 신체 계측 】

간호사   안녕하세요, 스미스 님. 생년월일이 1985년 10월 8일이시지요? 키와 몸무게부터 측정하겠습니다. 여기 신장·체중 자동 측정기에 올라가서 허리를 펴고 똑바로 서 주세요. (신장과 체중 측정 후) 다음으로 허리둘레를 재겠습니다. 팔을 들어 주세요.

통역사   Hello, Ms. Smith. Your date of birth is October 8, 1985, right? I will start by measuring your height and weight. Please step onto the automatic weight and height measuring device, stand up straight, and keep your posture upright. (After measuring height and weight) Next, I'll measure your waist circumference. Please raise your arms.

【 시력 검사와 청력 검사 】

간호사   먼저 시력 검사기 앞에 서서 눈가리개로 왼쪽 눈을 가리신 후, 화면에 보이는 글자나 숫자를 읽어 주시면 됩니다. 그다음은 오른쪽 눈을 가리고 해 보겠습니다.

통역사   First, please stand in front of the vision tester and cover your left eye with the eye patch. Then, read the letters or numbers displayed on the screen. After that, please cover your right eye and repeat the process.

간호사   다음은 청력 검사를 하겠습니다. 방음 부스 안으로 들어가셔서 이어폰을 끼고, 소리가 들리는 쪽의 손을 들어 주세요.

통역사   Next, you'll take a hearing test. Please enter the soundproof booth, put on the earphones, and raise your hand corresponding to the side where you hear the sound.

【 치아 검사 】

의사   안녕하세요. 치아 검사를 하겠습니다. 입을 '아' 하고 크게 벌려 보세요. 충치는 없고, 치석이 조금 있네요. 빠른 시일 내에 치과에 방문하셔서 스케일링하세요.

통역사   Hello. I'll perform a dental examination now. Please open your mouth wide and say 'ah.'

I don't see any cavities, but there is some tartar. I recommend visiting a dental clinic soon for scaling.

【 혈압 측정 】

간호사 혈압을 측정하겠습니다. 의자에 등을 대고 앉아 혈압 측정기 안에 팔을 깊숙이 넣어 주세요. 혈압 측정 중에 말씀하시면 안 돼요. (혈압 측정 후) 혈압은 정상 범위에 있습니다.

통역사 I'll check your blood pressure now. Please sit in the chair with your back against the backrest and place your arm into the blood pressure cuff. Please remain quiet during the measurement. (After blood pressure measurement) Your blood pressure is within the normal range.

【 혈액 검사 】

간호사 혈액 검사를 위해 채혈을 하겠습니다. 채혈하실 팔의 소매를 걷고, 팔을 테이블에 올리신 후 주먹을 쥐었다 폈다 하세요. 조금 따끔합니다.

통역사 I will now take a blood sample for the test. Please roll up your sleeve on the selected arm, place your arm on the table, and clench and open your fist. You may feel a slight pinch.

【 소변 검사 】

간호사 화장실에 가서서 지금 드리는 컵에 소변을 받아 오세요. 처음 나오는 소변 말고 중간 소변을 표시된 선까지 받아, 뚜껑을 닫고 가져다 주시면 됩니다.

통역사 Please go to the restroom and use the provided cup to collect your urine sample. Discard the initial urine stream, then collect the midstream urine up to the marked line. Once done, close the lid and return the sample.

【 흉부 X-ray 검사 】

방사선사 흉부를 촬영하겠습니다. 목걸이나 반지, 시계 같은 금속 물질은 모두 빼셨죠? X-ray 기계에 가슴을 완전히 붙이시고, 양팔은 기계를 안는 것처럼 감아 주세요. 숨을 크게 들이마시고 X-ray를 찍는 동안에는 숨을 잠깐 멈춥니다. 자, 다시 한번 하겠습니다.

통역사 I'll perform a chest X-ray. Have you removed all metal objects, such as necklaces, rings, and watches? Please press your chest completely against the X-ray machine and wrap your arms around it as if hugging the machine. Take a deep breath and hold it briefly while the X-ray is being taken. Now, let's repeat the process one more time.

【 위장 수면 내시경 검사 】

간호사 안녕하세요. 위장 수면 내시경 검사를 하시는 환자분 정보를 확인하겠습니다. 스미스 님이시고, 생년월일이 1985년 10월 8일 맞으시지요? 오늘 보호자와 함께 오셨는지요?

검사 후 직접 운전하여 귀가하시거나 무리한 운동을 하시면 위험하니 주의해 주세요.

통역사　Hello. I will confirm the information for the patient undergoing the gastrointestinal sedation endoscopy. Your name is Ms. Smith, and your date of birth is October 8, 1985, correct? Did you come with a guardian today? Please make sure not to drive yourself home or engage in strenuous activities after the examination, as it can be dangerous.

환자　Yes, my name and date of birth are correct, and I came with a guardian.

통역사　네, 제 이름과 생년월일이 맞습니다. 보호자가 함께 왔어요.

간호사　그러셨군요. 이건 내시경 검사 전에 위장 안의 가스나 기포를 제거하기 위해 드리는 기포 제거제입니다. 지금 빨아 드세요. 검사실 앞에서 대기하다 들어가시면 측면으로 누워 입을 벌린 채 마우스피스를 물고 계셔야 합니다. 수면으로 접수하셨으니 진정제를 놓아 수면 유도 후 검사를 진행합니다. 검사가 끝나면 회복실로 이동되며, 수면에서 깨어나시면 의사 선생님의 설명을 듣고 귀가하시면 됩니다.

통역사　I understand. This is an antifoaming agent that will help remove gas or bubbles from your stomach before the endoscopy. Please drink it now. Once you're waiting outside the examination room and your name is called, you'll need to lie on your side, open your mouth, and place the mouthpiece between your teeth. Based on your request, you'll be given a sedative that will help you relax and fall asleep before the procedure. After the examination, you'll be moved to the recovery room. Once you wake up from the sedation, the doctor will explain the results, and then you'll be able to go home.

【 건강 검진 완료 후 】

간호사　오늘 검사를 모두 마쳤습니다. 고생하셨습니다. 건강 검진 결과는 1주일에서 10일 이후 나오는데, 이메일이나 우편으로 받는 방법과 병원에 내원하여 의사 선생님의 설명을 듣는 방법 중에 선택하실 수 있습니다. 어떻게 하시겠어요?

통역사　All of your examinations have been completed for today. Thank you for your cooperation. Your medical checkup results will be ready in about one week to 10 days. You can choose to receive them by email, by postal mail, or visit the hospital for a doctor's explanation. What would you like to do?

환자　I would like to visit the hospital in person to hear the doctor's explanation. Please let me know as soon as the results are available so that I can make an appointment and visit.

통역사　병원에 직접 와서 의사 선생님의 설명을 듣고 싶어요. 결과가 나오는 대로 알려 주시면 예약 후 방문하겠습니다.

종양 표지자 검사란? CT·MRI 검사란?

종양 표지자란 종양 세포로 인해 특이하게 생성된 물질로, 암을 진단하거나 진단 후 암의 진행 상태를 관찰할 때 지표가 된다. 즉, 암세포가 자라거나 증식할 때 특정 물질들이 더 많이 만들어지기 때문에 종양 표지자는 우리에게 암을 알려 주는 신호가 됩니다. 종양 표지자 검사는 환자에게서 채취한 혈액을 혈청 분리관에 넣어 얻은 정맥 혈청으로 간단히 암의 위험성을 검사할 수 있다는 장점 때문에 암의 조기 발견에 유용합니다. 또 종양 표지자의 수치 변화는 암 치료 중에 치료 효과를 평가하는 데에도 도움이 됩니다. 나아가 종양 표지자 수치의 주기적인 관찰은 암을 치료한 후 재발 가능성을 조기에 감지할 수 있게 합니다.

종양 표지자 수치가 높다고 해서 무조건 암으로 진단하지는 않습니다. 종양 표지자는 암 유발 가능성을 알려 주는 역할을 할 뿐입니다. 사실 종양 표지자는 암뿐만 아니라 염증이나 다른 질환으로 인해 그 수치가 높아질 수도 있기 때문에, 이 검사는 암 진단의 보조 도구로 사용되며 다른 검사와 함께 종합적으로 실시되어야 합니다.

암의 종류에 따라 사용하는 종양 표지자는 다르기 때문에, 특정 암이 의심될 때에는 그에 맞는 적절한 종양 표지자 검사를 진행합니다. 대표적인 종양 표지자 검사로 AFP 검사, PSA 검사, CEA 검사 등이 있습니다. AFP 검사는 간암의 선별 진단에 도움이 되고, PSA 검사는 전립샘 관련 질환의 진단과 재발 여부 등 전립샘 상태를 확인하는 데 도움이 됩니다. CEA 검사는 질환 여부를 선별하는 검사라기보다, 수술 전에 치료 계획을 세우고 수술 후 재발 여부를 알아볼 때 주로 이용하는 검사입니다. 위장관계 암이나 유방암·폐암 등의 경우에 CEA 수치가 높아지고, 신부전 등이 있는 경우에도 이 수치가 높아질 수 있습니다.

종양 표지자 검사를 통해 이상이 발견되면 CT 검사 또는 MRI 검사 등을 추가적으로 진행합니다. 이때 조영제를 사용한다면 8시간 이상 금식해야 합니다.

CT 검사는 X선을 사용하여 신체 내부의 구조를 상세하게 촬영하는 진단 기술입니다. 이 검사는 촬영된 결과를 컴퓨터로 계산하여 신체의 단면을 영상으로 재구성하므로, 5mm 이하의 아주 작은 조직상 밀도 차이도 구별할 수 있습니다. 따라서 CT 검사는 질병의 조기 진단에 유용합니다.

MRI 검사는 강력한 자기장과 라디오파를 사용하여 신체 내부 구조의 상세한 이미지를 생성하는 검사 방법입니다. 뇌·척수·관절·내장 등 다양한 부위의 구조와 기능을 평가하는 데 사용하는 MRI 검사는 장치의 특성상 검사 시 시끄러운 소음이 나지만, 검사로 인한 통증이나 부작용은 거의 없습니다.

Sight Translation 2
문장 구역 연습 2

| 한국어 ↔ 영어

BRIEF
- 환자가 대장 내시경 검사에 대해 질문하고, 의사가 답합니다.
- 통번역사는 환자의 질문과 의사의 답변을 정확하게 통역합니다.

Q

Hello, Doctor. I've been experiencing recurring diarrhea and constipation lately, which has been causing me a lot of concern. People around me have recommended that I undergo a colonoscopy, so I'm reaching out to seek your advice. Since this will be my first colonoscopy, I'm feeling a bit nervous and have some questions.

First, I'd like to know if you recommend proceeding with the procedure. I understand that if any abnormalities are found during the exam, a biopsy may be performed. Could you explain how the tissue sample is processed and how the biopsy results are confirmed? Also, could you let me know what precautions I should take before and after the procedure?

A

안녕하세요. 내시경 검사는 검사 부위에 따라 식도·기관지·위장·대장 내시경 등이 있습니다. 환자분은 설사와 변비가 반복되는 증상이 있으므로 대장 내 상태를 확인하기 위한 대장 내시경 검사를 권합니다.

내시경 검사는 깨어 있는 상태 또는 마취를 통한 수면 상태에서 진행합니다. 환자분께서 선호하는 방식으로 선택하시되, 수면 내시경으로 선택하시는 분들은 위장 내시경 및 대장 내시경 검사를 동시에 진행하는 경우가 많습니다.

내시경 검사 중 이상 부위가 발견되면 그 조직을 채취해 조직 검사를 실시합니다. 채취된 조직은 병리학적으로 분석하여 악성 여부나 염증 상태 등을 확인합니다. 대장 내시경 검사 중에 용종이 발견될 경우 즉시 제거하게 됩니다.

대장 내시경 검사 전에는 식단 조절과 금식이 중요합니다. 검사 3일 전부터 씨가 있는 과일·해조류·잡곡밥·섬유질이 많은 음식은 피하시고, 검사 전날 점심 식사는 미음 같은 음식으로 가볍게 드셔야 하며, 저녁 식사는 금식 후 병원 안내에 따라 장 세척제를 복용하셔야 합니다. 환자분께서는 내시경 검사 전까지 계속 금식하셔야 하며, 검사가 끝나도 죽처럼 부드러운 음식을 드시는 게 좋습니다.

내시경 검사는 비교적 안전한 검사이므로 크게 걱정하지 않으셔도 되지만, 드물게 부작용이 발생할 수 있습니다. 검사 중 장벽에 천공이나 출혈이 발생할 수 있으며, 조직 검사 후 약간의 출혈이 있을 수 있습니다. 또 수면 마취로 인해 알레르기 반응이나 어지러움 등 불편함이 생길 수 있으니, 당일에는 운전이나 무리한 운동은 하지 않는 게 좋습니다.

의사 안녕하세요. 건강 검진 결과를 확인하러 오셨지요? 결과지를 함께 보시죠. 전반적으로 건강 상태가 양호하다고 볼 수 있습니다. 혈압, 콜레스테롤 수치 등은 모두 정상 범위 내에 있습니다. 다만, 혈당 수치가 정상B로 나왔습니다.

통역사

환자 Doctor, what does normal B mean?

통역사

의사 정상A는 완전히 정상인 상태이고, 정상B는 정상 범위 내에 있지만 관리가 필요한 상태를 말합니다. 혈당이 정상B라는 것은 당뇨병 전 단계일 가능성이 있다는 뜻으로, 관리하지 않으면 당뇨병으로 진행될 위험이 있습니다.

통역사

환자 I see. Then what should I do?

통역사

의사 우선 식이 요법과 운동 요법으로 혈당을 관리하는 것이 중요합니다. 고탄수화물·고당분 음식과 가공식품 섭취를 줄이시고, 섬유질이 풍부한 채소와 통곡물, 단백질이 많은 닭 가슴살·소고기·달걀 같은 음식을 드시는 게 좋습니다. 또 걷기·조깅·자전거 타기 같은 유산소 운동을 1주일에 3~5회, 30분 이상 꾸준히 하세요. 체중 관리도 혈당 조절에 중요한 요소이니, 말씀드린 대로 식습관 관리와 운동을 병행하면서 이를 규칙적인 생활 습관으로 만들어 적정 체중을 유지하시기 바랍니다.

통역사

환자 Yes, I will avoid foods that raise my blood sugar and start exercising immediately.

통역사

의사 한 가지 더 말씀드리자면, 검사 결과 A형 간염과 B형 간염 항체가 모두 없는 것으로 확인되었습니다. A형 간염은 오염된 음식이나 물을 통해 전염되고 B형 간염은 혈액이나 체액을 통해 전염되는 염증성 간 질환으로, 항체가 없으면 감염의 위험이 있습니다.

통역사

환자 Didn't I have hepatitis antibodies? I didn't know. Then what should I do?

통역사

의사 A형 간염과 B형 간염 예방 접종을 동시에 하셔도 문제가 없으므로 오늘 두 가지 모두 첫 접종을 하시고, 일정에 맞춰 나머지 접종을 하시면 됩니다. A형 간염 예방 접종은 총 2회로, 1차 접종을 하고 6개월 후에 2차 접종을 합니다. B형 간염은 3회를 접종해야 합니다. 1차 접종을 하고 나서 1개월 후 2차 접종을 하고, 마지막으로 6개월 후에 3차 접종을 합니다. 이렇게 접종하시면 대부분의 경우 항체가 만들어집니다. 접종을 모두 마치고 2~3개월 후에 혈액 검사로 항체 생성 여부를 확인해 볼 수도 있습니다.

통역사

환자 Yes, it would be best to get both vaccinations today.

통역사

의사 잘 생각하셨습니다. 그럼 주의 사항을 말씀드릴게요. 주사를 맞은 직후에는 30분 정도 병원에 머무르시며 이상이 없는지 상태를 지켜보세요. 접종 당일인 오늘은 과하게 운동하지 마시고, 샤워도 하지 않으시는 게 좋습니다. 접종 후 주사를 맞은 부위에 통증이나 약간의 부기가 생길 수 있지만 심각한 부작용은 거의 없으니 너무 걱정하지 마세요. 그리고 지금처럼 건강 검진을 받으시면 질병을 조기에 발견하고 예방할 수 있으니, 앞으로도 정기적으로 건강 검진을 받으시기 바랍니다.

통역사

 원무 관리의 개념과 기능

원무 관리의 개념

'원무'는 병원 사무(病院 事務)를 뜻하며, '원무 관리'는 환자에게 신속하고 편안한 진료를 제공하기 위한 의료 체계와 전반적인 의료 지원 업무 관리를 일컫는다. 광의의 원무 관리는 환자 진료 관리뿐 아니라 병원 내에서 행해지는 재무·인사·교육 등 모든 병원 사무 관리를 포괄하지만, 협의의 원무 관리는 환자 진료에 관계되는 사무 관리를 의미한다. 이는 환자와의 접촉 여부에 따라 전방 원무 관리와 후방 원무 관리로 나누기도 한다. 이때 전방 원무 관리는 말 그대로 직접 환자를 대면하는 진료 접수, 진료비 정산 및 제증명 서류 발급 등의 업무 관리를 말한다. 또 후방 원무 관리는 환자 정보와 의무 기록 관리 및 보험 청구와 병상 관리 업무와 같이 환자와의 접촉이 드문 업무 관리를 말한다.

원무 부서의 종류

각종 원무는 부서별로 나누어 실시하는데, 환자가 병원을 방문했을 때 가장 먼저 찾아가는 원무과가 대표적인 원무 부서이다. 원무과는 부서 통합적 원무로서 예약 및 접수·입퇴원·병실 이용 환자와 제증명 서류 관리·미수금 관리 등의 업무를 맡고 있다. 기타 원무 부서로 환자의 진료 기록부를 비롯한 각종 의무 기록을 관리하는 의무 기록 부서, 진료비 심사와 청구 등에 대한 업무를 하는 심사 부서 등이 있다.

외래 환자 관리

외래 환자는 입원하지 않은 상태에서 의료 서비스를 받고 당일 귀가하는 환자를 말하며, 진료 이력에 따라 초진 환자와 재진 환자로 구분된다. 원무과에서는 초진인 외래 환자의 건강 보험증을 확인하고 진료 신청서를 받아 진료 수속을 돕는데, 병원에 따라서는 환자 카드를 발급하기도 한다. 또 동일한 병원에 다시 내원하여 진료를 이어 나가는 재진 환자에게는 진료를 마치는 대로 다음 진료일을 예약해 주고 처방전 등을 발급해 준다.

입퇴원 환자 관리

입퇴원 환자는 입원하여 병원에 24시간 머물며 치료를 받은 후에 퇴원하는 환자를 말한다. 입원하는 순서는 원칙적으로 내원한 순서에 따르지만 응급 수술이 필요한 환자라면 내원 순서와 상관없이 먼저 입원하며, 환자의 상태·성별·진료 과목·전염성 여부 등에 따라 입원하는 병실이 결정된다. 원무과는 입원 환자에게 입원 약정서를 작성하게 한 후 병실 배정을 하며, 입원 환자의 외출 및 외박은 원칙적으로 제한되지만 주치의와 상담을 거쳐 결정하도록 지원하는 등 입원 환자의 편의를 도모한다.

기타 원무 관리 항목

진료비 청구

원무과는 초진 외래 환자의 진료가 끝난 다음 초진료를 비롯해 검사비나 치료비 등을 정산해 청구한다. 동일한 질환으로 계속해서 진료를 받은 재진 환자에게는 재진료로 산정해 청구한 후 수납이 완료되면 영수증을 발급한다. 원무과는 입퇴원 환자일 경우 중간 진료비를 정산하기도 하는데, 대개 1주일 간격으로 중간 계산해 청구하고 퇴원 때 퇴원 계산 청구서와 영수증을 발급한다.

보험금 청구

의료 기관의 의료 서비스에 대한 비용은 국민 건강 보험에 가입한 환자일 경우 환자가 일부를 부담하고, 그 외 진료비는 국민 건강 보험 공단이 의료 기관에 지급한다. 이를 위해 원무과에서는 환자별 진료 내역과 비용을 입력한 진료비 청구 명세서를 건강 보험 심사 평가원에 전산 송부한 다음 심사를 거친다.

〈국민 건강 보험법〉(시행 2025. 4. 23.) 제87조에 따르면, 공단이나 심사 평가원의 처분에 이의가 있는 경우 관계 기관이나 관계인은 이의 신청을 할 수 있다. 이는 처분이 있음을 안 날로부터 90일 이내에 문서(전자 문서 포함)로 진행하며, 처분이 있은 날로부터 180일이 지나면 제기하지 못한다. 정당한 사유로 그 기간에 이의 신청을 할 수 없었음을 소명한 경우에는 제한 시기가 지나도 이의를 신청할 수 있다.

제증명 서류 관리

원무과는 외래 환자이냐 입퇴원 환자이냐에 따라 제증명 서류를 달리 관리한다. 먼저 외래 환자일 경우, 진료 후 환자가 의사에게 제증명 서류 발급을 요청하면 원무과가 외래 진료비를 수납할 때 요청 서류를 환자에게 제공한다. 한편 입퇴원 환자일 경우, 병동 간호사가 제증명 신청서를 접수하여 의사에게 발급을 요청하면 원무과가 환자의 퇴원 전에 이를 제공한다.

제증명 서류 중 진단서는 건강 진단서·일반 진단서·소견서 등으로 다양한데, 원무과는 공문서의 효력을 가지는 진단서를 목적에 따라 정확하게 발급·관리한다. 특히 진단서는 원칙적으로 환자 본인에게만 발급하므로, 환자 가족 등이 대리 발급을 신청하면 가족 관계임을 증명할 수 있는 서류와 환자 자필 동의서 및 위임장 등을 확인해야 한다.

의료 정보 시스템 관리

한국 병원의 각종 의료 정보들은 대형 종합 병원을 중심으로 전산 시스템화되고 있다. 그 대표적인 의료 정보 시스템으로 환자의 질환명과 검사·수술 내역 및 결과 등을 확인할 수 있는 전자 의무 기록(EMR: Electronic Medical Record)과 환자에게 발급하는 처방전에 대한 정보를 실시간으로 입력하고 확인할 수 있는 처방 전달 시스템(OCS: Order Communication System)을 들 수 있다. 이는 각 병원의 원무과에서 관리하되, 전국적으로 통합 운영되는 전산 시스템이다. 기타 대형 병원의 원무과는 CT 검사나 MRI 검사 같은 영상 검사에 대한 의료 영상 저장 전송 시스템(PACS: Picture Archiving and Communication System) 등도 관리한다.

Gastroenterology

소화기 내과

AI와 함께 Warm-Up with AI

STEP 1

Q 소화기 계통의 신체 기관에는 어떤 것들이 있나요?

A 소화기 계통의 신체 기관에는

STEP 2

Q

A

STEP 3

□ 통번역사로서 소화기 내과에서 통용되는 어휘와 표현을 이해하고 통번역할 수 있다.

□ 통번역사로서 소화기 내과에서 일어나는 상황을 의사와 환자 각각의 입장에서 원활하게 소통할 수 있다.

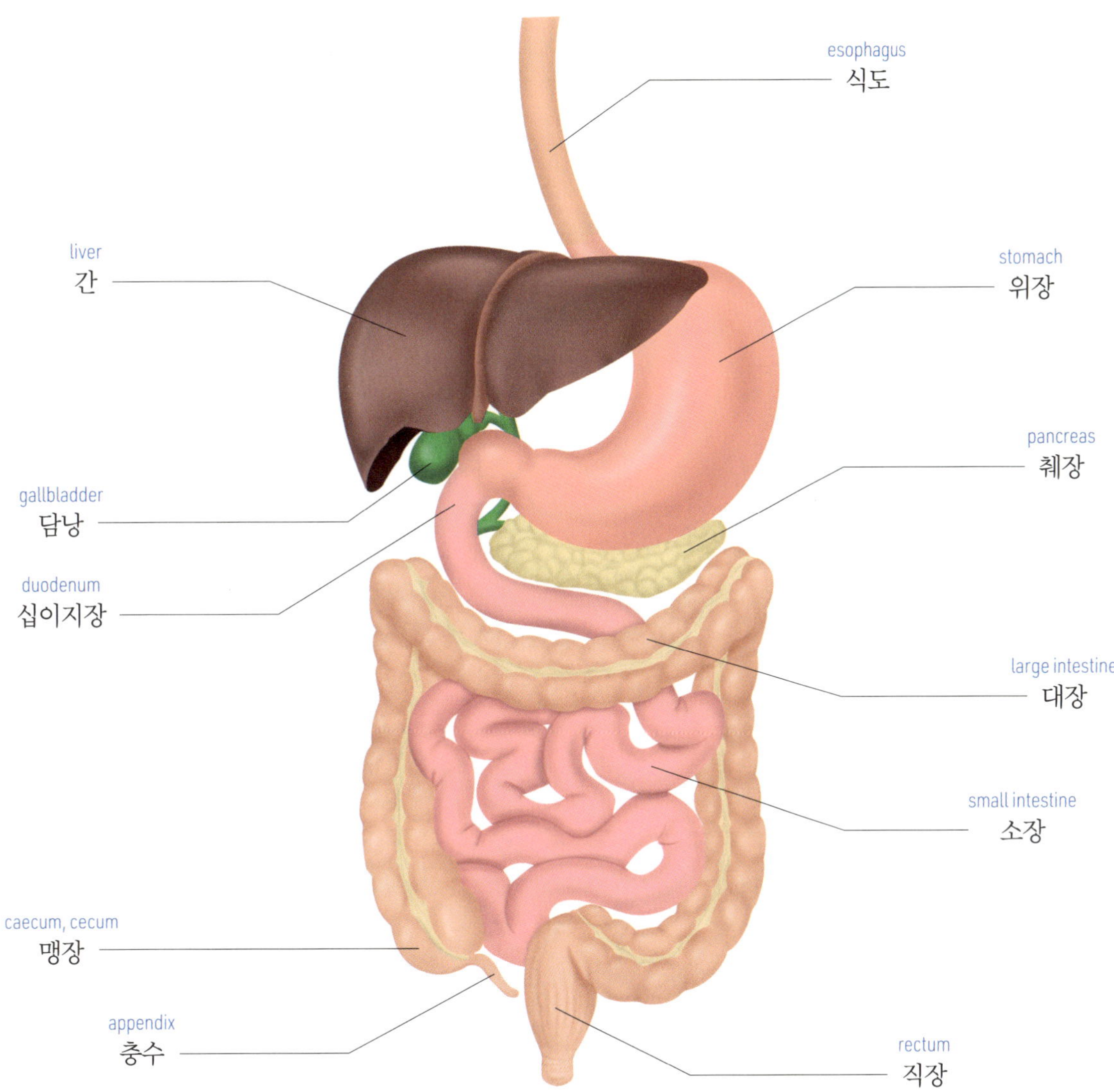

소화기 내과는 음식물을 소화하고 흡수하는 소화기 계통과 관련된 질환을 다루는 곳입니다. 이곳에서는 소화기를 구성하는 장기인 식도, 위장, 소장, 대장, 간, 췌장, 담낭 등의 이상 증상에 대한 원인을 찾아내고 치료합니다. 소화기 내과 의사들은 주로 식도염, 위염·위암, 장염, 간염·간 경화증·간암, 췌장염 등의 질환을 진단하고, 더 나은 치료법을 개발하기 위한 연구를 수행합니다.

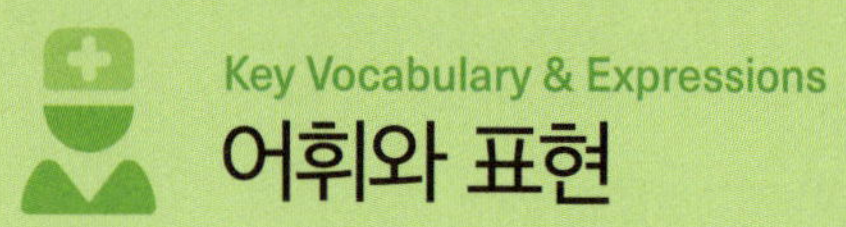

어휘와 표현

전문 어휘

한국어	영어	한국어	영어
24시간 식도 산도 검사	24hr esophageal pH monitoring tests	ALT(알라닌 아미노기 전달 효소)	alanine aminotransferase
간 경화증	hepatic cirrhosis, liver cirrhosis	감염자 격리·분리, 방역·검역·건강 격리	isolation, quarantine
고지질 혈증	hyperlipidemia	고혈압	hypertension
구토	vomiting	급성	acute
기능성 소화 불량	functional dyspepsia	당뇨병	DM(diabetes mellitus)
담낭염	cholecystitis	만성	chronic
메스꺼움	nausea	바렛 식도	Barrett esophagus
배변	bowel movement, defecation	법정 전염병	legal communicable disease
복막염	peritonitis	복압	intra-abdominal pressure
복통	abdominal pain	비만	obesity
빈혈	anemia	소화제	digestant
식도 궤양	esophageal ulcer	식도 협착증	esophageal stenosis
식도암	esophageal cancer	식이성 섬유	dietary fiber
식중독	bromatotoxism, food poisoning	십이지장염	duodenitis
양성(良性)	benign	양성(陽性)	positive
역류 식도염	gastroesophageal reflux disease	위경련	gastric cramp, stomach cramp
위궤양	gastric ulcer	위산 분비 억제제	gastric acid secretion inhibitor

한국어	영어	한국어	영어
위산 역류	acid reflux	위장 점막 보호제	gastric mucosal protective drug
잠복기(잠재기)	incubation period, latent period	장염	enteritis
잦은맥박(빈맥)	tachycardia	제균 치료	eradication treatment
췌장염	pancreatitis	합병증	complication
헬리코박터 파일로리	Helicobacter pylori	혈관 조영술	angiography
혈변	bloody stool	황달	jaundice

💬 유용한 표현

한국어	영어	한국어	영어
간염에 걸리다	to contract hepatitis	과식하다	to overeat
규칙적으로 식사하다	to eat meals regularly	배에 가스가 차다	to be full of gas in one's stomach
복압을 줄이다	to reduce intra-abdominal pressure	소화가 되다	to be digested
속이 더부룩하다	to feel bloated	속이 쓰리다	to have burning sensation, to have heartburn in one's stomach
속이 울렁거리다	to feel nauseous	수액을 맞다	to receive intravenous fluids
스트레스를 줄이다	to reduce stress	식도 내압 검사를 시행하다	to perform esophageal manometry
식사 일지를 작성하다	to keep a meal diary	신트림이 나오다	to experience eructation
염증이 있는지 확인하다	to check for the presence of inflammation	예방 접종을 하다	to get a vaccination
위산이 과다하게 분비되다	to have excessive gastric acid secretion	위산이 역류하다	to have gastric acid reflux
위염이 악화되다	to have worsening gastritis	잠복기가 이어지다	to experience a prolonged incubation period
전염성이 매우 강하다	to be highly contagious	제균 치료를 하다	to perform eradication treatment
토하다	to vomit	합병증의 유무를 알아보다	to check for the presence of complications
헬리코박터균의 유무를 확인하다	to confirm the presence or absence of Helicobacter bacteria	황달이 생기다	to develop jaundice

1) 과민 대장 증후군 irritable bowel syndrome

과민 대장 증후군(자극성 장 증후군)은 복통과 배변 장애가 반복되는 만성 소화기 질환이다. 이 질환에 걸리면 기저 질환이 없더라도 식사 후나 스트레스를 받았을 때 복부 불편감이나 복부 팽만 등의 증상 또는 변비나 설사 등 배변 이상이 나타난다. 이 질환의 치료를 위해서는 우선 휴식을 취하고 심리적 안정을 유지하는 것이 중요하다. 또 규칙적으로 식사하면서 식이성 섬유가 풍부한 음식을 섭취하되 자극적인 음식을 삼가고, 유산균 섭취로 장내 유익균을 늘려 장 건강을 지키는 것도 유익한 방법이다.

2) 대장 용종 colon polyp

대장 안쪽에 생긴 양성(良性) 종양을 대장 용종이라고 한다. 대장 용종은 암으로 발전할 위험이 있는 종양성 용종과 그렇지 않은 비종양성 용종으로 나뉜다. 보통 대장에 용종이 생기더라도 별다른 증상은 나타나지 않지만, 용종의 크기가 큰 경우 혈변이나 점액변을 보기도 한다. 대장 용종은 대장 내시경 검사 중에 우연히 발견되는 경우가 많으며, 비종양성 용종이 종양성 용종으로 변하기도 하므로 발견되는 대로 용종 절제술을 통해 모두 제거한다.

3) 위염 gastritis

위염은 감염이나 자극적인 물질 또는 스트레스 등으로 인해 위 점막이 손상되거나 염증이 생긴 상태를 말하며, 급성 위염과 만성 위염으로 나뉜다. 급성 위염은 명치 부위에 갑작스럽게 통증이 일거나 구역감·구토 등의 증상이 나타나는 반면, 만성 위염은 특별한 증상이 없는 경우도 많다. 위염의 치료는 염증이 심한 정도에 따라 다르지만, 주로 위산 분비 억제제와 위장 점막 보호제를 사용한다. 위염을 예방하고 증상 악화를 방지하기 위해서는 정기적으로 위장 내시경 검사를 하는 것이 좋다.

4) 위장관 출혈 gastrointestinal hemorrhage

위장관 출혈은 상부 위장관(위장, 십이지장)과 하부 위장관(대장, 소장, 직장)에서 출혈이 발생한 것을 말한다. 위장관 출혈이 발생하면 혈변이나 흑색변이 나오고, 현기증이나 만성 빈혈 증상이 나타날 수 있으며, 피로감을 느낄 수 있다. 출혈이 심한 경우 복통·혈압 저하·잦은맥박(빈맥) 등의 증상이 나타나기도 한다. 출혈이 의심되면 혈관 조영술·내시경 검사·CT 검사 등을 통해 출혈이 발생한 위치를 찾아 지혈하고, 필요한 경우 수혈한다. 그러나 시술로 위장관이 지혈되지 않거나, 위장관에서 다시 출혈이 일이날 위험이 있디면 수술헤야 한다.

5) 지방간 fatty liver

정상적인 간에서 지방의 비율은 5% 이내로, 지방이 이보다 더 침착되었을 때 지방간으로 진단한다. 지방간은 대부분 증상이 나타나지 않아, 건강 검진 과정에서 복부 초음파 검사나 혈액 검사 때 지방간으로 판정받는 경우가 많다. 지방간은 과음으로 인한 알코올성, 비만·당뇨병·고지질 혈증 등으로 인한 비알코올성으로 분류한다. 알코올성 지방간이라면 금주가 필수이고, 비만으로 인한 비알코올성 지방간이라면 식이 요법과 운동으로 체중을 조절해야 하며, 당뇨병 등 기타 질환이 그 원인이라면 의사와 상담하여 원인 질환에 대한 치료를 해야 한다.

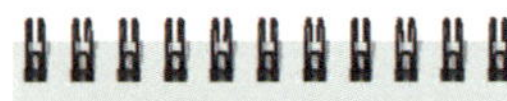

환자	Doctor, I've been having frequent belching lately, almost as if my stomach is full of gas, and I've been having heartburn in my stomach.
통역사	선생님, 최근 배에 가스가 찬 것처럼 트림이 자주 나오고 속이 많이 쓰려서 왔어요.
의사	이런 증상이 언제 처음 나타났습니까? 그때부터 계속 이러셨나요, 아니면 특정한 상황에서 증상이 더 심한가요?
통역사	When did these symptoms first appear? Have they persisted, or do they become more severe in particular situations?
환자	It's been going on for a couple of months now. At first, I only had slight discomfort, but recently, I feel bloated and have trouble digesting every time I eat. Even when I take a digestant, the symptoms come back after every meal.
통역사	두 달 정도 된 것 같습니다. 처음에는 조금 불편한 정도였는데, 요즘은 음식을 먹을 때마다 속이 더부룩하고 소화가 잘되지 않아요. 소화제를 먹어도 식사 때마다 이런 증상이 반복되네요.
의사	음식을 먹은 후 메스꺼움이나 구토 증상도 함께 있나요?
통역사	Do you also experience symptoms of nausea or vomiting after eating?
환자	Yes. I often feel nauseous. When it gets severe, I feel like I'm going to vomit, which makes things difficult for me.
통역사	네, 가끔 속이 울렁거리고 심할 때는 토할 것 같아서 힘들어요.
의사	건강 검진은 언제 받으셨습니까?
통역사	When did you have your medical checkup?
환자	A few months ago. During my medical checkup, I had a gastrointestinal endoscopy and a colonoscopy. The results came back normal, with no significant abnormalities.
통역사	몇 달 전 건강 검진을 하면서 위장 내시경과 대장 내시경 검사를 받았는데, 별다른 이상은 없었습니다.
의사	혹시 지금 복용 중인 약이 있나요?
통역사	Are you currently taking any medications?
환자	I am currently only taking hypertension medication.
통역사	현재는 고혈압 약만 먹고 있어요.
의사	건강 검진 결과 특별한 이상이 없는데도 2개월 이상 배에 불편한 증상이 지속되었다면 기능성 소화 불량일 가능성이 있습니다. 약을 처방해 드릴 테니 복용 후 증상이 호

전되는지 확인해 보세요. 소화 불량 증상은 식습관과 밀접한 관련이 있으므로, 약을 드시는 동안에 식사 일지를 작성하여 어떤 음식이 증상을 유발하는지 확인하시기 바랍니다.

통역사 Even if a medical checkup shows no specific abnormalities, persistent abdominal discomfort for more than two months may indicate functional dyspepsia. I will prescribe medication, so please check if your symptoms improve after taking it. Since dyspepsia symptoms are closely related to eating habits, I recommend keeping a meal diary while taking the medication to identify which foods may be triggering your symptoms.

환자 Yes, I'll try to keep a meal diary.

통역사 네, 식사 일지를 한번 작성해 보겠습니다.

의사 규칙적으로 식사하고, 소화 기관에 무리가 가지 않도록 음식을 적은 분량으로 나누어 자주 드시는 것도 좋습니다. 자극적인 음식과 카페인, 술, 담배는 증상을 악화시킬 수 있으니 피하시고요. 주기적으로 운동하고 잠을 잘 자는 것도 중요합니다. 무엇보다도 스트레스가 쌓이지 않도록 마음을 편안히 가지세요.

통역사 Try to eat regular meals. If possible, have smaller, more frequent meals to avoid putting too much strain on your digestive system. Avoid spicy foods, caffeine, alcohol, and smoking, as they can make your symptoms worse. Regular exercise and enough sleep are also important. Most importantly, try to stay relaxed and manage stress, as it can also affect your digestion.

환자 My lifestyle has been pretty irregular, so I need to start taking better care of it.

통역사 생활 방식이 불규칙했는데 잘 관리해야겠어요.

의사 약을 드시면서 생활 습관을 개선하시면 불편한 증상이 줄어들 거예요. 만약 약을 다 복용한 후에도 상태가 호전되지 않거나 새로운 증상이 나타난다면 추가 검사가 필요할 수 있으니 다시 병원에 오시기 바랍니다.

통역사 Taking your medication along with healthier lifestyle habits should help ease your symptoms. But if you still don't feel better after finishing the medication or notice new symptoms, please come back for further tests.

문장 구역 연습 1

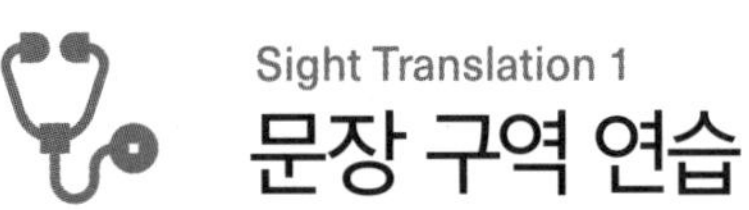

| 한국어 → 영어

역류 식도염이란?

역류 식도염(위식도 역류성 질환)은 위장의 내용물이나 위산이 식도로 역류하여 식도 점막을 손상시키고 염증을 일으키는 질환입니다. 하부 식도 괄약근의 기능이 저하된 경우 위산이 역류하여 식도 점막이 지속적으로 자극을 받으며, 그로 인해 염증이 생길 수 있습니다. 그 결과 가슴이 쓰리거나 타는 듯한 느낌 혹은 화끈거리는 느낌이 들기도 합니다. 또한 위산이 역류하면 트림이나 신트림이 나오고, 쓴맛이 나는 듯한 증상이 동반되기도 합니다.

역류 식도염의 원인은 불규칙한 식사 습관, 스트레스, 흡연, 음주, 특정 약물의 장기 복용 등으로 매우 다양합니다. 식사 후 바로 눕는 습관이나 과식도 역류 식도염의 증상을 악화시키는 주요 원인으로 알려져 있습니다. 특히 비만은 복압을 증가시켜 위산을 역류하게 하므로 체중을 감량해 복압을 줄이면 증상 완화에 도움이 됩니다.

역류 식도염은 식도 내시경 검사를 통해 확인할 수 있습니다. 내시경을 통해 식도에 염증이 있는지 확인하고, 합병증의 유무를 알아볼 수 있습니다. 필요한 경우 24시간 식도 산도 검사나 식도 내압 검사를 시행하기도 합니다.

역류 식도염 치료에는 위산이 과다하게 분비되지 않도록 막아 주는 약물인 위산 분비 억제제를 주로 사용하는데, 이는 식도의 염증을 줄이고 증상을 경감시키는 데 도움이 됩니다. 그러나 가장 효과적인 치료법은 생활 습관을 개선하는 것입니다. 역류 식도염 환자는 기름진 음식, 밀가루, 카페인, 탄산음료, 신 과일, 술, 담배 등을 피하고 과식하지 않아야 합니다. 또 잠들기 2~3시간 전부터는 음식을 섭취하지 않는 것이 좋으며, 식사 직후에는 바로 눕지 말고 상체를 약간 높여야 위산이 역류하지 않습니다. 복압을 증가시키는 꽉 끼는 옷보다는 편한 복장을 하고, 규칙적인 운동을 통해 체중을 관리하며, 스트레스를 줄이는 것이 역류 식도염 증상을 완화하는 데 중요한 역할을 합니다.

역류 식도염은 자주 재발하여 만성적인 질환이 될 가능성이 있고, 장기간 방치될 경우에는 식도 협착증이나 식도 궤양, 바렛 식도 등의 합병증이 생기기도 합니다. 특히 역류한 위산에 오랫동안 자극되어 식도의 세포가 변형된 상태인 바렛 식도는 그대로 두면 식도암으로 진행될 위험이 있습니다. 따라서 역류 식도염의 병력이 있는 환자라면 특별한 증상이 없더라도 평소에 역류 식도염이 재발하지 않도록 식습관 개선 및 건강 관리에 주의를 기울여야 합니다.

Sight Translation 2
문장 구역 연습 2

| 한국어 ↔ 영어

□ 환자가 위궤양 관련 증상에 대해 질문하고, 의사가 답합니다.
□ 통번역사는 환자의 증상과 의사의 진단을 정확하게 통역합니다.

Q

Hello, Doctor. I'm reaching out because I've been experiencing intense pain in the upper part of my stomach after eating. I often get heartburn and nausea after meals. Lately, the discomfort has gotten so bad that it feels like my stomach is burning. Yesterday, I even threw up everything I ate.

Due to my job, I have irregular mealtimes. Lately, my symptoms have become so uncomfortable that I've lost my appetite. As a result, I'm not eating well, which leaves me feeling exhausted and makes it hard to focus on work.

I'd like to know what tests I should get at the hospital for these symptoms. Also, are there any precautions I should take before coming in?

A

안녕하세요. 규칙적으로 식사하지 못하다가 먹을 때마다 속이 쓰리면서 불편한 느낌이 계속되는 증상은 위염일 때 나타나는 증상과 유사합니다. 환자분은 식후에 상복부의 타는 듯힌 통증이 디 심해지고 토히기끼지 히셨다니, 위염이 악화되었을 가능성이 있으므로 병원에 오셔서 검사받으시길 권합니다.

경우에 따라 위염은 위궤양으로 악화될 수 있습니다. 위궤양의 주된 원인은 '헬리코박터 파일로리'라는 위 나선균에 의한 감염이고, 위장 내시경 검사로 조직 검사를 거쳐 헬리코박터균의 유무를 확인해 보는 것이 좋습니다. 만약 위장에서 균이 검출될 경우 제균 치료를 하면 됩니다. 헬리코박터균이 위궤양의 원인이 아니라면, 환자분은 위산 분비 억제제나 위장 점막 보호제 등의 약물을 4~8주간 복용하게 됩니다.

환자분께서는 많은 사람을 만나는 일을 하신다니 스트레스도 심하실 것 같은데요. 가급적 스트레스를 받지 않도록 노력하시고, 환자분께서 평소에 술과 담배를 하신다면 반드시 금주와 금연을 하셔야 합니다. 맵고 짠 자극적인 음식도 피하시고요.

환자분께서 겪고 계시는 증상들이 심한 듯하니 되도록 빠른 시일 내에 병원에 오시기를 바랍니다.

대화 통역 연습

□ 환자가 A형 간염 의심 증상으로 의사를 찾아왔습니다.
□ 통번역사는 대화 상황에 적절한 표현으로 통역을 완성합니다.

환자   Doctor, I've had no appetite lately. My whole body feels heavy, and I'm extremely tired. I also came because it seems like my eyes and skin are turning yellow.

통역사

의사   네, 육안으로도 환자분의 눈과 피부가 노래 보이네요. 소변 색은 어떤가요?

통역사

환자   Now that I think about it, my urine color also seems darker than before.

통역사

의사   언제부터 이런 증상이 있었습니까? 열은 안 났고요?

통역사

환자   I've been feeling tired and lethargic for a week. I also developed a fever, so at first I thought it might be just a cold.

통역사

의사   혹시 최근에 해외여행을 다녀오셨는지요? 아니면 익히지 않은 해산물이나 위생 상태가 좋지 않은 음식을 드신 적이 있나요?

통역사

환자   During my summer vacation, I traveled abroad and did eat seafood at a local night market. But that was already a month ago….

통역사

의사   여행지에서 해산물을 드신 후에 열이 나면서 황달이 생긴 걸로 보아 A형 간염일 수 있습니다. A형 간염은 보통 15일에서 50일까지 잠복기가 이어지고, 평균적으로 28일의 잠복기를 거치기 때문에 여행 후 한 달이 지난 지금 시점에 증상이 나타날 수 있어요.

통역사

환자	Then what should I do?
통역사	

의사	진단을 위해 혈액 검사로 항A형 간염 바이러스 항체와 간 효소 수치를 확인하겠습니다.
통역사	

【 검사 후 】

의사	환자분의 혈액 검사 결과를 보니 항A형 간염 바이러스 항체가 양성(陽性)인 데다가 주로 간에서 발견되는 효소인 알라닌 아미노기 전달 효소, 즉 ALT의 수치가 평균치보다 훨씬 높습니다. 이로 보아 A형 간염에 걸리신 것이 맞습니다. A형 간염은 법정 전염병으로, 격리가 의무는 아니지만 가능하시다면 입원을 권합니다.
통역사	

환자	So it's hepatitis A. What should I do if I've transmitted it to my family?
통역사	

의사	잠복기인 50일 이후까지는 관찰이 필요합니다만, 그전에 가족분들이 A형 간염 항체 검사를 해 보시고 항체가 없다면 가족분들도 예방 접종을 하시길 권장합니다. A형 간염은 오염된 음식이나 물을 통해 전염되므로, 평소에 음식을 완전히 익혀서 드시고 물도 꼭 끓여 드셔야 헤요. 손 씻기도 아주 중요합니다.
통역사	

환자	Well, I'll make sure to explain everything to my family. How long will I need to stay in the hospital?
통역사	

의사	A형 간염은 황달 발생 후 1주일까지 전염성이 매우 강하기 때문에 보통 1주일 정도 입원합니다. 우선 입원하여 안정을 취하면서 수액을 맞으시는 게 좋겠습니다. A형 간염은 특정 치료제가 없고 자연적으로 치유되니 크게 걱정하지 않으셔도 됩니다. 또 한 번 앓게 되면 항체가 생기기 때문에 재감염의 위험도 없어요.
통역사	

Pulmonology and Critical Care Medicine

호흡기 내과

AI와 함께 Warm-Up with AI

STEP 1

Q 호흡기 내과는 어떤 증상이 있을 때 찾아가나요?

A 호흡기 내과는

STEP 2

Q

A

STEP 3

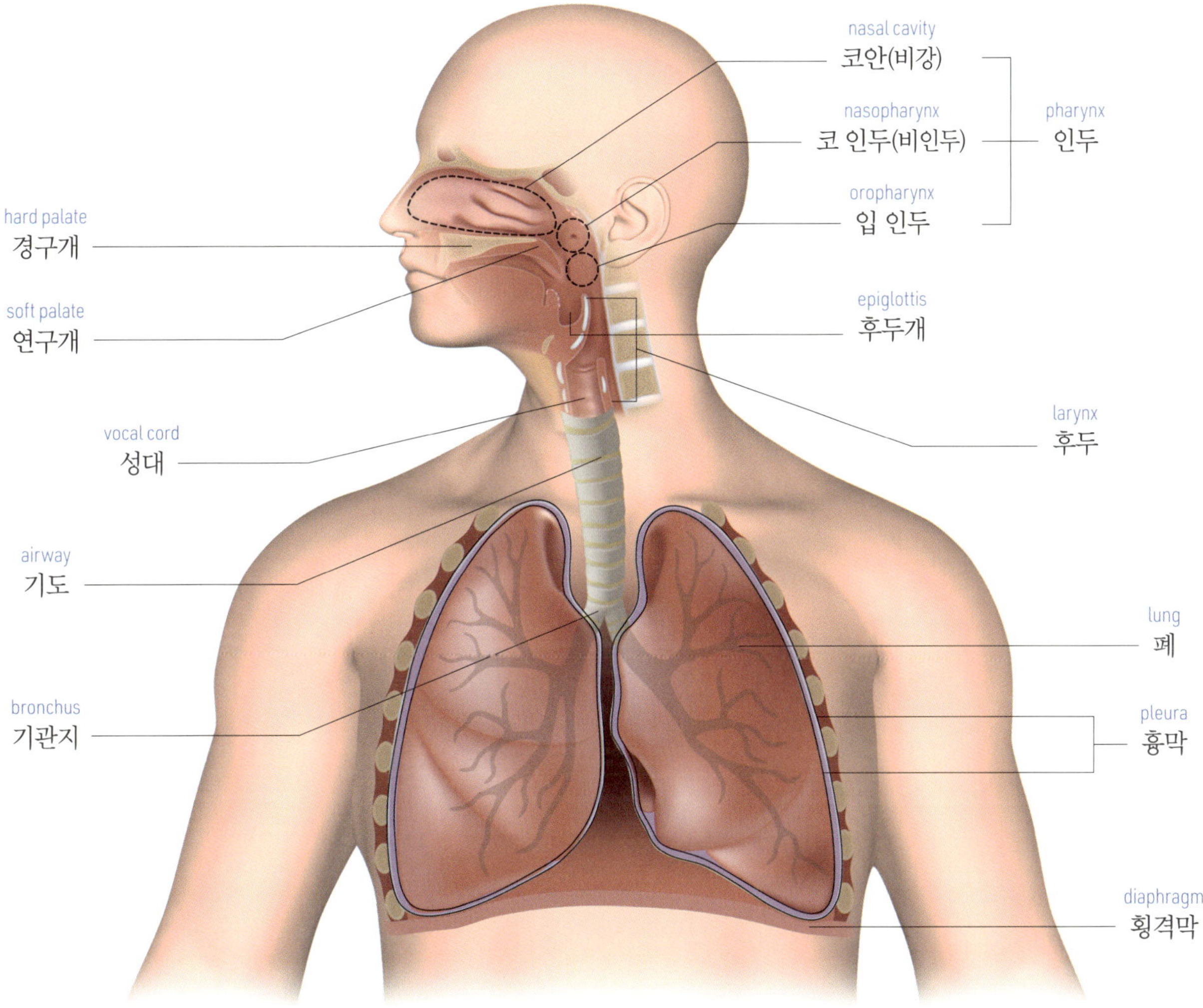

호흡기 내과는 기도, 기관지, 폐, 흉막 등 호흡을 조절하는 기관에서 발생하는 질환을 진단하고 치료하는 곳입니다. 주로 기침, 인후통, 발열, 호흡 곤란 등 호흡기 관련 증상이 나타날 때 찾아갑니다. 호흡기 내과에서 다루는 대표적인 질환은 급성 및 만성 호흡기 질환, 기흉, 만성 폐쇄 폐 질환, 폐렴이나 폐 섬유증, 천식, 흉막염 등이 있습니다.

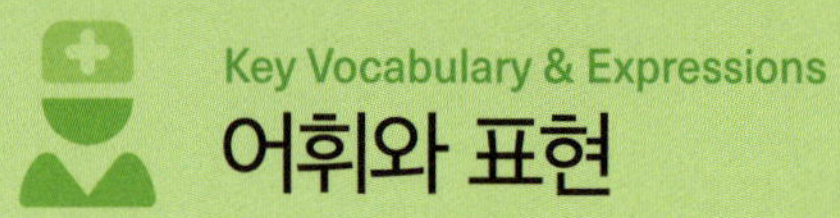

전문 어휘

한국어	영어	한국어	영어
가래	sputum	가족력	family history
객혈	hemoptysis	경련	convulsion
고열	high fever	근육통	muscle pain, myalgia
급성 기관지염	acute bronchitis	기도 폐쇄	airway obstruction
기침	cough	기흉(공기가슴증)	pneumothorax
꽃가루	pollen	뇌경색증	cerebral infarction
독감(인플루엔자)	flu, influenza	두드러기	hives, urticaria
마른기침	dry cough	마비	paralysis
미생물	microorganism	미열	mild fever
발진	rash	부정맥	arrhythmia
비스테로이드 소염제	NSAID(nonsteroidal anti-inflammatory drug)	수포음	crackle, rale
심부전	heart failure	쌕쌕거림(천명)	wheezing
알레르기 검사	allergy test	양압 보조기	positive pressure aid
오한	chill	응급 처치	emergency care, first aid
인후통	sore throat	재채기	sneeze
재활	rehabilitation	저산소증	hypoxia
전염성	contagiousness	전이	metastasis

천식	asthma	폐 공기증(폐기종)	emphysema
폐 기능 검사	PFT(pulmonary function test)	폐 섬유증	pulmonary fibrosis
폐렴 구균 백신	pneumococcal vaccine	폐활량	VC(vital capacity)
항바이러스제	antiviral medication	항생제	antibiotic
호흡 곤란	SOB(shortness of breath)	호흡기 질환	respiratory disease
환각	hallucination	흉막염	pleurisy
흉통	chest pain	흡인기	aspirator

💬 유용한 표현

한국어	영어	한국어	영어
가래 색이 녹색으로 변하다	to have a color change in the sputum to green	가슴이 답답하다	to have heavy feeling in one's chest
근육통을 호소하다	to complain of muscle pain	기관지에 염증이 생기다	to have bronchial inflammation
기도를 넓히다	to widen the airway	기침이 가라앉다	to have a diminishing cough
독감이 유행하다	to be experiencing an influenza epidemic	마른기침이 동반되다	to be accompanied by dry cough
만성 호흡기 질환이 있다	to have chronic respiratory disease	목구멍이 붓다	to have a swollen throat
몸이 으슬으슬하다	to feel chilly	숨쉬기가 힘들어지다	to have difficulty breathing
숨을 들이마시고 내쉬다	to inhale and exhale	알레르기 물질에 노출되다	to be exposed to allergens
열과 오한이 있다	to have a fever and chills	의식이 저하되다	to have an altered level of consciousness
인후통이 있다	to have a sore throat	저산소증이 발생하다	to suffer from hypoxia
증상이 경미하다	to experience mild symptoms	천식 발작이 일어나다	to experience an asthma attack
천식을 유발하다	to induce asthma	폐로 전이되다	to metastasize to the lungs
폐활량을 측정하다	to measure the vital capacity	흉부를 청진하다	to auscultate the chest

1) 과다 호흡 증후군 hyperventilation syndrome

과다 호흡 증후군(과호흡 증후군)은 호흡할 때 이산화탄소가 과다하게 배출되어 혈중 이산화탄소 농도가 비정상적으로 감소함으로써 숨쉬기가 힘들어지는 질환이다. 주요 증상으로 호흡 곤란, 어지러움, 마비 또는 경련, 실신 등이 나타난다. 과다 호흡 증후군은 불안이나 긴장·흥분 등과 같은 정신적 스트레스가 주원인이며, 심장이나 폐 등에 발생한 신체 질환이 원인이 되기도 한다. 갑작스럽게 숨을 쉬기 어려운 증상이 나타나면 환자는 봉지를 열어 입과 코를 대고 봉지 안에 숨을 내쉰 후 들이마시기를 반복해야 한다. 이와 같은 방법으로 환자가 스스로 호흡을 조절하는 동안 혈중 이산화탄소가 보충되어 안정을 되찾을 수 있다. 증상이 심한 경우에는 병원에 가서 항불안제를 투여받는 것이 좋다.

2) 기관지 확장증 bronchiectasis

기관지 확장증은 폐까지 이어지는 기도인 기관지가 손상된 채로 확장되어 영구적으로 회복하기 어려운 상태를 말한다. 주요 증상으로 만성 기침, 가래, 객혈 및 이로 인한 호흡 곤란이 나타난다. 기관지 확장증이 발생하면 기관지의 상태를 본래대로 돌릴 수 없으므로 환자는 2차 세균 감염이 진행되지 않도록 주의해야 하며, 세균에 감염된 경우 항생제로 치료받아야 한다. 기관지 확장증 환자는 특히 가래가 과도하게 많아져 배출해 내기 힘들기 때문에 흡인기를 사용해 가래를 빼고, 호흡 재활 프로그램에 참여함으로써 상태를 호전시킬 수 있다.

3) 만성 폐쇄 폐 질환 COPD(chronic obstructive pulmonary disease)

만성 폐쇄 폐 질환은 유해 물질의 영향으로 폐에 염증이 생기면서 기류가 제한되어 폐 기능이 저하되는 질환이다. 오랫동안 담배를 피운 나이 많은 사람에게 발병할 가능성이 높으며, 주요 증상으로 만성적인 기침·가래·호흡 곤란 등이 나타난다. 치료를 위해 흡인기를 사용하고, 호흡 재활 치료를 실시할 수도 있다. 만성 폐쇄 폐 질환의 진행 속도를 늦추기 위해서는 무엇보다 금연이 필수적이다.

4) 수면 무호흡 증후군 sleep apnea syndrome

수면 무호흡 증후군은 잠잘 때 호흡이 몇 초 또는 몇 분 이상 멈추는 증상으로 인해 수면의 질이 떨어져 피로감을 느끼거나 집중력이 저하되는 질환이다. 수면 무호흡은 잠자는 동안 저산소증을 발생시켜 고혈압, 부정맥, 심부전, 뇌경색증 등과 같은 심폐혈관계 합병증을 유발할 가능성이 있다. 수면 무호흡 증후군 환자는 잘 때 양입 보조기를 착용하거나, 좁은 기도를 확장하는 수술로 치료한다.

5) 폐렴 pneumonia

폐렴은 세균이나 바이러스, 곰팡이 등의 미생물로 인해 폐에 염증이 생기는 감염성 질환이다. 폐렴이 발병하면 기침·호흡 곤란·발열 등과 같은 증상이 나타나며, 특히 노랗고 탁한 색의 가래가 많이 나온다. 세균이나 미생물에 의한 폐렴이라면 그 원인에 따라 적합한 항생제로 치료하고, 바이러스에 의한 폐렴이라면 항바이러스제를 사용하여 치료한다. 폐렴 예방을 위해 폐렴 구균 백신, 독감 백신 등의 예방 접종을 하는 것이 좋다.

☐ 환자가 독감 의심 증상으로 의사를 찾아왔습니다.
☐ 통번역사는 환자와 의사의 대화를 양방향으로 원활하게 통역합니다.

환자	Hello, Doctor. I've been suffering from a fever and feeling chilly for the past two days, and my symptoms seem to be getting worse.
통역사	안녕하세요, 선생님. 이틀 전부터 열이 나고 몸이 으슬으슬하더니 점점 심해지는 것 같아서 왔습니다.
의사	안녕하세요. 열과 오한이 있으시고, 그밖에 평소와 달리 불편하신 점이 무엇인지요?
통역사	Hello. You have a fever and chills. Are you experiencing any other unusual symptoms?
환자	Last night, I felt bad because of muscle pain. Today, my throat is swollen, and even drinking water is difficult.
통역사	어젯밤에는 근육통 때문에 힘들었고, 오늘은 목이 부어서 물을 마시기도 어려웠어요.
의사	그러셨군요. 그럼 먼저 체온을 재 볼게요.
통역사	I see. Let me check your temperature first.
의사	37.6도네요. 이제 입을 크게 벌리고 '아' 소리를 내 보세요.
통역사	Your temperature is 37.6°C. Now, please open your mouth wide and say 'Ah.'
의사	성인은 체온이 38도 이상일 때 고열로 보는데, 환자분은 37.6도라 미열 수준입니다. 그래도 목구멍이 부은 상태로 인후통이 있고 근육통을 호소하시는 걸로 보아 독감일 가능성이 있어요. 지금은 독감이 유행하는 시기이니 검사를 받으시는 게 좋겠습니다.
통역사	In adults, a temperature of 38°C or higher is considered a high fever, but your temperature is 37.6°C, which is a mild fever. However, since there is some swelling in your throat, along with a sore throat and muscle pain, there's a possibility that it could be influenza. Given that currently influenza is epidemic, I recommend getting tested.
환자	Is it possible to get the flu even after receiving the flu vaccine?
통역사	독감 예방 주사를 맞았는데도 독감에 걸릴 수 있나요?
의사	접종을 해도 모든 독감 바이러스가 완벽히 예방되지는 않습니다. 다만 예방 주사를 맞은 경우 독감에 걸려도 증상이 경미하기 때문에 앞으로도 독감 예방 접종은 하시는 게 좋습니다. 우선 검사를 해서 독감이 맞는지 결과를 보도록 하시지요.
통역사	Even with the vaccination, complete protection against all influenza viruses is not guaranteed. However, if you do contract the influenza after being vaccinated, your symptoms are likely to be milder. It's still advisable to continue getting the influenza vaccine in the future. For now, please undergo testing to confirm if it is indeed the influenza, and I'll review the results.

【 검사 후 】

의사 　독감이 맞네요. 5일분의 항바이러스제를 처방해 드릴게요. 보통의 감기약과 달리 독감 약은 정해진 시간에 5일분을 모두 복용해야 효과가 있습니다. 공복에 약을 드시면 속이 쓰릴 수 있으니 식후 30분이 지나고 나서 복용하시기 바랍니다.

통역사 　You have the influenza. I'll prescribe you a 5-day course of antiviral medication. Unlike regular cold medicine, influenza medication must be taken for the full 5 days at the prescribed times to be effective. Taking the medication on an empty stomach may cause burning sensation, so be sure to take it 30 minutes after a meal.

환자 　Yes, I understand. However, doesn't flu medication have any side effects?

통역사 　네, 알겠습니다. 그런데 독감 약은 부작용이 없나요?

의사 　약을 먹고 나서 메스꺼움이나 두통, 피로감 등의 증상과 피부 발진이나 두드러기 등이 발생할 수 있습니다. 간혹 불안이나 혼란, 환각 등의 부작용이 나타나기도 합니다. 만약 이런 증상들이 생길 경우 바로 병원에 연락하시기 바랍니다. 그런데 이 약의 부작용은 매우 드물게 나타난다고 알려져 있으니 너무 걱정하지는 마세요.

통역사 　After taking the medication, you may experience symptoms such as nausea, headache, and fatigue or skin rashes or hives. Occasionally, side effects like anxiety, confusion, and hallucinations may occur. If you experience any of these, please contact the hospital immediately. However, these side effects are very rare, so there's no need to worry too much.

환자 　Yes, I'm relieved to hear that side effects are uncommon.

통역사 　네, 부작용이 흔치 않다고 말씀하시니 안심이 되네요.

의사 　그래도 독감은 특히 전염성이 강하니 다른 사람들과의 접촉을 최소화하셔야 합니다. 출근을 해야 한다면 마스크를 착용하시고 가능한 한 식사도 따로 하세요. 기침이나 재채기가 나면 손바닥이 아닌 휴지나 팔꿈치 안쪽으로 가리세요. 손을 자주 씻으시고, 사용한 물건들도 수시로 소독하시기를 바랍니다.

통역사 　But still, influenza is particularly contagious, so it's important to minimize contact with others. If you need to go to work, wear a mask and try to have meals separately whenever possible. When you cough or sneeze, cover your mouth with a tissue or the inside of your elbow rather than your palm. Wash your hands frequently, and disinfect any objects you have used regularly.

환자 　Yes, I will do so. Should I get tested for the flu again after finishing the medication?

통역사 　네, 그렇게 하겠습니다. 약을 다 먹은 후에 다시 독감 검사를 받아야 하나요?

의사 　약을 드신 후 열이 떨어지고 다른 독감 증상들도 없어지면 재검사는 하지 않으셔도 됩니다. 만약 약을 먹어도 증상이 나아지지 않는다면 바로 내원해 주세요.

통역사 　If your fever subsides and other influenza symptoms go away after taking the medication, you won't need a retest. However, if your symptoms don't improve despite taking the medication, please visit the hospital right away.

☐ 의사가 환자에게 천식에 대해 구체적으로 설명합니다.
☐ 통번역사는 환자가 의학적·전문적 개념을 잘 이해할 수 있게 통역합니다.

천식이란?

천식은 호흡기 내과에서 다루는 대표적인 만성 호흡기 질환으로, 기관지에 염증이 발생해 기도가 반복적으로 좁아지는 특징을 보입니다. 천식은 기침·가래·호흡 곤란 등이 주요 증상으로 나타나며, 이와 함께 가슴이 답답해지거나 숨을 들이마시고 내쉴 때 쌕쌕거림(천명)이 생길 수 있습니다.

이러한 증상들은 대부분의 환자에게 복합적으로 나타나며, 특히 밤이나 새벽에 악화되는 경향이 있습니다. 증상이 악화되면 천식 발작이 일어날 수 있으며, 호흡이 곤란해져 생명이 위험해질 수도 있습니다. 특히 소아 천식의 경우 아이가 심하게 울고 보채며 의식이 저하되거나 저산소증이 발생하여 사망에 이를 위험도 있으므로, 보호자의 각별한 주의가 필요합니다.

천식의 원인은 유전적·환경적 요인, 알레르기 반응, 바이러스 감염 등 다양합니다. 환자들은 천식을 유발하는 환경적 요인을 적극적으로 피하고 생활 습관을 개선하여 증상을 예방할 수 있습니다. 예를 들어 집먼지 진드기·곰팡이·동물의 털·공기 중 오염 물질이나 담배 연기 등이 천식을 유발하거나 악화시킬 수 있으므로, 천식 환자는 실내 공기의 질을 관리하고 규칙적으로 청소하여 알레르기 물질에 노출될 위험을 최소화하는 것이 좋습니다. 또한 천식 환자는 심한 운동을 삼가고, 꽃가루가 많이 날리거나 대기 오염이 심한 날에는 외출을 자제하는 등 일상생활에서 천식을 유발하는 요인을 적극적으로 피하고자 노력해야 합니다.

천식은 환자의 증상·체질적 특성·가족력 등을 종합적으로 고려하여 진찰하고, 폐 기능 검사·알레르기 검사·혈액 검사 등으로 진단합니다. 특히 폐 기능 검사는 폐활량을 측정해 기도가 얼마나 좁아져 있는지 확인하는 역할을 하여 천식의 발병 초기 진단에 매우 유용합니다.

천식의 치료는 증상을 완화시키고 기관지의 염증을 줄이는 데 중점을 둡니다. 이때 가장 흔히 사용하는 약물이 흡입용 스테로이드제와 기관지 확장제입니다. 스테로이드제는 염증을 억제하여 기도 폐쇄를 방지하고, 기관지 확장제는 기도를 넓혀 호흡을 원활하게 만듭니다. 환자와 보호자를 비롯한 주변인은 천식으로 인한 발작이 일어날 경우를 대비하여 응급 처치법을 알아 두는 것이 매우 중요합니다. 환자에게 천식 발작이 일어났다면 주변인은 환자의 상체를 비스듬히 세워 숨이 차지 않게 하면서 숨을 길게 내쉴 수 있게 해 주고, 복용 약을 물어 적절한 조치를 취해야 합니다. 만약 환자가 첫 번째 발작이어서 대처법을 모르거나 그 발작의 정도가 중증이라면 신속하게 119 구급대에 연락해야 합니다.

천식과 같은 만성 호흡기 질환이 있는 환자는 평생 관리가 필요합니다. 환자는 자신에게 천식을 유발하는 위험 인자가 무엇인지 알고 있어야 하며, 정기적으로 병원에 방문하여 상태를 확인해야 합니다. 천식 일지에 날마다 증상과 약물 사용 상황을 기록하는 것도 좋은 방법입니다.

Sight Translation 2
문장 구역 연습 2

| 한국어 ↔ 영어

BRIEF
- 환자가 흉막염 관련 증상에 대해 질문하고, 의사가 답합니다.
- 통번역사는 환자의 증상과 의사의 진단을 정확하게 통역합니다.

Q   Hello. I am reaching out because I am concerned about chest pain. For the past few days, I have been experiencing a sharp, stabbing pain on one side of my chest, and it seems to be getting worse. The pain becomes more severe when I take a deep breath or laugh. I also have a lot of dry coughs, and each time I cough, the chest pain makes it difficult to breathe, leading to rapid breathing. Even small movements trigger the pain, making even light activities exhausting, and I feel heavy and tired, which significantly interferes with my daily life.

I recently contracted the flu and took the prescribed medication for 5-days. However, my condition has not improved, which worries me a lot. Could this be related to the flu? If further testing is necessary, I'd like to know which tests I should undergo.

A   안녕하세요. 환자분께서는 가슴 통증으로 인해 많이 힘드신 것 같습니다. 게다가 가슴 통증의 원인이 다양해서 불안하고 걱정이 많으실 텐데요. 지금 환자분께서 말씀하신 증상들을 종합해 볼 때 독감 바이러스로 인한 흉막염이 의심스럽습니다. 전에는 늑막염이라고 불렸던 흉막염은 폐를 둘러싼 두 겹의 얇은 막인 흉막(가슴막)에 염증이 생기는 질환입니다. 염증으로 인해 흉막이 자극을 받으면 환자분께서 느끼시는 것처럼 날카롭게 찌르는 듯한 가슴 통증이 나타나고, 숨쉬기가 힘들어집니다. 또한 마른기침이 동반되고, 심하면 호흡 곤란이 일어나며, 때로는 발열 등의 증상도 나타납니다. 흉막염인지 그 여부를 확인하기 위해서는 먼저 흉부를 청진해서 호흡 소리를 들어 보아야 합니다. 그리고 흉부 X-ray를 찍어 흉막에 염증이나 다른 이상이 있는지 확인하면 됩니다.

흉막염으로 진단되면 염증과 통증을 완화하기 위해 비스테로이드 소염제가 처방될 것입니다. 흉막염은 폐렴이나 세균 감염이 원인일 수도 있는데, 이때는 항생제를 투여하여 염증을 치료할 수 있습니다. 대부분의 경우 흉막염은 약물로 잘 치료되므로 크게 걱정할 필요는 없습니다.

다만 가슴 통증의 원인은 흉막염 외에도 매우 다양하므로, 정확한 진단을 통해 그 원인을 찾아내는 것이 중요합니다. 환자분께서는 되도록 빠른 시일 내에 병원에 오셔서 검사를 받으시기 바랍니다.

□ 환자가 급성 기관지염 의심 증상으로 의사를 찾아왔습니다.
□ 통번역사는 대화 상황에 적절한 표현으로 통역을 완성합니다.

환자   I came in because I've been experiencing a very severe cough with a lot of sputum for the past few days. I also have heavy feeling in my chest, and it seems like there's a gurgling sound when I breathe.

통역사

의사   가래의 색깔은 어떤가요? 다른 불편한 점은 없으시고요?

통역사

환자   The sputum used to be clear, but now it's slightly yellowish. Also, I have a slight fever and feel some body aches.

통역사

의사   일단 청진해 보겠습니다. 겉옷을 살짝 올리시고, 제가 등에 청진기를 대면 크게 숨을 들이마시고 내쉬어 보세요. (청진 후) 환자분이 숨을 쉬실 때마다 수포음이라고 하는 거품 소리가 약하게 들리네요. 말씀하신 증상들과 청진 결과로 볼 때 급성 기관지염이 의심되기는 하는데, 정확한 진단을 위해 흉부 X-ray를 찍어 보는 게 좋겠습니다.

통역사

【 검사 후 】

의사   흉부 X-ray를 보니 다행히 폐렴은 아니고 급성 기관지염입니다. 급성 기관지염은 기관지에 염증이 생긴 것인데, 보통 바이러스 감염으로 발생합니다. 대부분의 경우 자연적으로 좋아지지만, 지금 잦은 기침으로 불편하신 것 같으니 기침을 가라앉히는 약과 가래가 잘 배출되도록 돕는 약을 함께 처방해 드리겠습니다.

통역사

환자   I understand. Are there any precautions I should take while taking the medication?

통역사

의사	약은 식후에 드시고 자극적인 음식은 피하시는 게 좋습니다. 충분한 수분 섭취가 중요한데, 따뜻한 물이나 차를 자주 드시면 기침을 멎게 하고 가래 배출에도 도움이 됩니다. 그리고 기관지가 건조하지 않게 습도를 적절히 조절해 주세요.
통역사	
환자	Yes, I'll do that. By the way, I'm planning to go on a trip this weekend. Would that be okay?
통역사	
의사	여행은 가셔도 되지만 무리하시면 회복이 늦어질 수 있으니 과도한 활동은 삼가 주세요. 만약 약을 드신 후에도 기침이 가라앉지 않거나, 고열이나 피로감 같은 증상이 계속되고 가래 색이 녹색으로 변한다면 다시 병원에 오셔야 합니다. 급성 기관지염은 비교적 경미한 질환이지만, 관리를 잘하지 않으면 합병증이 생길 수 있으니 조심하셔야 해요.
통역사	
환자	Are there any complications that can occur?
통역사	
의사	감염이 폐로 전이되면 폐렴으로 발전할 수 있는데, 드문 경우이니 너무 걱정하지 마세요. 다만 급성 기관지염이 반복되면 만성 기관지염이 될 수 있어 잘 관리하셔야 합니다. 특히 흡연은 만성 기관지염의 주원인이므로 담배를 피우신다면 금연하시길 바랍니다.
통역사	
환자	I do smoke a little, but quitting is not easy.
통역사	
의사	기관지와 폐 건강을 지키는 데는 금연이 최고의 방법입니다. 저희 병원에 금연 프로그램이 있으니 한번 살펴보세요.
통역사	
환자	Yes. If you let me know, I'll participate this time. Thank you.
통역사	

보건 의료 체계의 이해

알마아타 선언

세계 보건 기구(WHO)와 국제 연합 아동 기금(UNICEF)은 1978년에 소련의 알마아타(현재 카자흐스탄의 알마티)에서 1차 보건 의료에 대한 국제 회의를 개최하여 '모든 사람에게 건강을'이라는 표제를 내건 '알마아타 선언(Alma Ata Declaration)'을 공표했다. 이 선언은 건강이 인류의 기본 권리임을 강조하면서 이를 보장하고 증진하기 위한 보건 의료 원칙을 담아냈다. 주최 측은 이 선언을 통해 세계인의 건강 증진과 보호·건강 불평등 해소를 위해 각국 정부가 적극적으로 보건 의료 체계를 개발해야 한다고 강조했다.

1차 보건 의료의 정립

알마아타 선언을 계기로 보건 의료 체계의 근간이 되는 1차 보건 의료의 개념이 명확해지고 그 중요성이 부각되었다. 여기서 1차 보건 의료란 지역 사회에서 개인과 가족에게 보편적으로 접근이 가능한 필수적인 의료 시스템을 말한다. 이는 개인과 가족, 지역 사회가 국가 보건 의료 체계와 맨 처음 접촉하는 지점으로 보건 의료 과정의 첫 단계에 해당한다. 1차 보건 의료가 포괄해야 할 최소한의 범위는 알마아타 선언에 따라 보건 교육, 영양, 물과 위생, 예방 접종, 풍토병 관리 등으로 정립되었다.

보건 의료 체계의 구성 요소

보건 의료 체계의 구성 요소는 크게 다섯 단계로 구분할 수 있다. 첫째는 의료 자원을 개발하는 것으로, 이는 국가나 사회가 의료 인력·의료 시설 및 장비·의료 기술 등을 확보해야 함을 의미한다. 둘째는 이러한 의료 자원을 조직화하는 행위로, 정부 기관·건강 보험 기관·민간 기관 등의 담당 기관을 설립하는 것이다. 셋째는 구성원에게 의료 서비스를 제공하는 일로, 이는 1차·2차·3차 의료 기관으로 이어질 수 있는 포괄적 의료 서비스가 마련되어야 함을 의미한다. 넷째는 정부나 건강 보험 공단의 지원 또는 민간 지원이나 개인의 비용 부담 등으로 이루어지는 의료 서비스에 대한 재정적 지원이 시스템화되어야 함을 말한다. 마지막 요소는 보건 의료에 대한 정책의 설정 및 관리로, 보건 의료 체계가 정립되고 구성원에게 실행된 후 이를 평가하고 수정하는 것까지 국가나 사회가 정책과 법 등 제도적인 장치를 마련해야 함을 의미한다.

한국의 보건 의료 현황

한국의 보건 의료 체계는 경제 협력 개발 기구(OECD)의 국가들과 비교했을 때 보건 의료에 투자한 비용이 최저 수준에 가까우면서도 급속한 의료 서비스의 발전을 이루었다는 점에서 주목할 만하다. 물론 고령 사회로의 진입과 저출산·경제 저성장 등의 영향으로 보건 의료 인력 수급의 부족, 지역별 보건 의료 제공의 불균형, 과도한 의료 비용 발생 등의 과제도 안고 있다.

학자별 보건 의료 체계의 분류

살로웨이

보건 의료 체계는 나라마다 역사·문화·정치·경제 상황 등의 조건에 따라 여러 형태로 개발 및 유지되고 있어 한 가지 유형으로 분류하기 힘들다. 이에 학자마다 보건 의료 체계를 다양한 방법으로 분류·제시하고 있다.

먼저 살로웨이(J. C. Salloway)는 정치 체제에 따라 보건 의료 체계를 크게 두 가지 유형으로 분류했다. 그는 공산주의 국가에서 실시되는 보건 의료 체계를 공산주의형으로, 민주주의 국가의 보건 의료 체계는 자유 시장 경제형으로 나누었다. 이 중 공산주의형은 다시 구소련식 기계적 유지 모형과 중국식 지역 사회 책임 모형으로 구분하였다.

테리스

테리스(M. Terris)는 비용 측면에 주목하여 보건 의료 체계를 재원의 출처에 따라 공적 부조형(Public Assistance), 국민 보건 서비스형(NHS: National Health Service), 사회 보험형(SHI: Social Health Insurance)으로 분류했다. 먼저 공적 부조형은 정부가 일반 재정을 통해 저소득층에게 의료 서비스를 지원하는 형태로 아프리카와 남미, 아시아의 여러 국가에서 시행되고 있는 보건 의료 체계이다. 다음으로 국민 보건 서비스형은 국가가 조세로 의료 비용을 충당해 모든 국민이 의료 서비스를 받을 수 있는 형태로, '비버리지형'으로도 불리는 보건 의료 체계이다. 이 제도는 영국과 스웨덴 등의 국가에서 시행되고 있다. 마지막으로 사회 보험형은 다수의 보험자가 사회 보험 원리에 따라 국민에게 보험료를 부과하는 보건 의료 체계로 '비스마르크형'으로도 불리며, 독일·프랑스·일본 등에서 시행되고 있다.

프라이

프라이(J. Fry)는 국가의 개입 정도에 따라 보건 의료 체계를 자유 방임형, 사회 보장형, 사회주의형으로 분류했다. 먼저 자유 방임형은 의료 서비스에 대한 제공과 이용을 민간에 맡기고 개인의 자유를 최대화한 보건 의료 체계로, 한국·미국·일본 등에서 시행되고 있다. 사회 보장형은 개인의 자유를 존중하면서도 재원은 국가가 조세와 건강 보험료를 통해 마련하여 균등하게 의료 서비스를 제공하는 형태로, 영국과 캐나다에서 시행되고 있다. 한편 사회주의형은 국가가 의료 서비스의 제공과 이용 기회를 통제하는 형태로, 주로 공산주의 국가에서 시행하는 보건 의료 체계이다.

로머

로머(M. Roemer)는 국가의 경제 수준과 개입 정도에 따라 보건 의료 체계를 자유 기업형, 복지 지향형, 포괄수의형, 사회주의형으로 분류했다. 우선 자유 기업형은 의료 서비스를 민간에서 관리하는 형태로, 미국이 이를 시행하고 있는 대표적인 국가이다. 복지 지향형은 조세나 건강 보험을 통해 의료 서비스를 국가에서 제공하는 보건 의료 체계로, 독일과 일본 등에서 시행되고 있다. 포괄주의형은 모든 국민을 대상으로 무상 의료 서비스를 제공하는 국민 보건 서비스(NHS)형을 의미하며, 영국에서 시행되고 있다. 마지막으로 사회주의 계획형으로도 불리는 사회주의형은 국가가 의료 서비스를 모두 통제하고 개입하는 방식으로, 과거에 구소련에서 시행되었고 쿠바·북한 등 공산주의 국가에서 시행되고 있는 보건 의료 체계이다.

Endocrinology and Metabolism

내분비 대사 내과

AI와 함께 Warm-Up with AI

STEP 1

Q 내분비 대사 내과는 어떤 질환을 다루나요?

A 내분비 대사 내과는 ___________

____

STEP 2

Q

A ___________

____

STEP 3

____

____

____

____

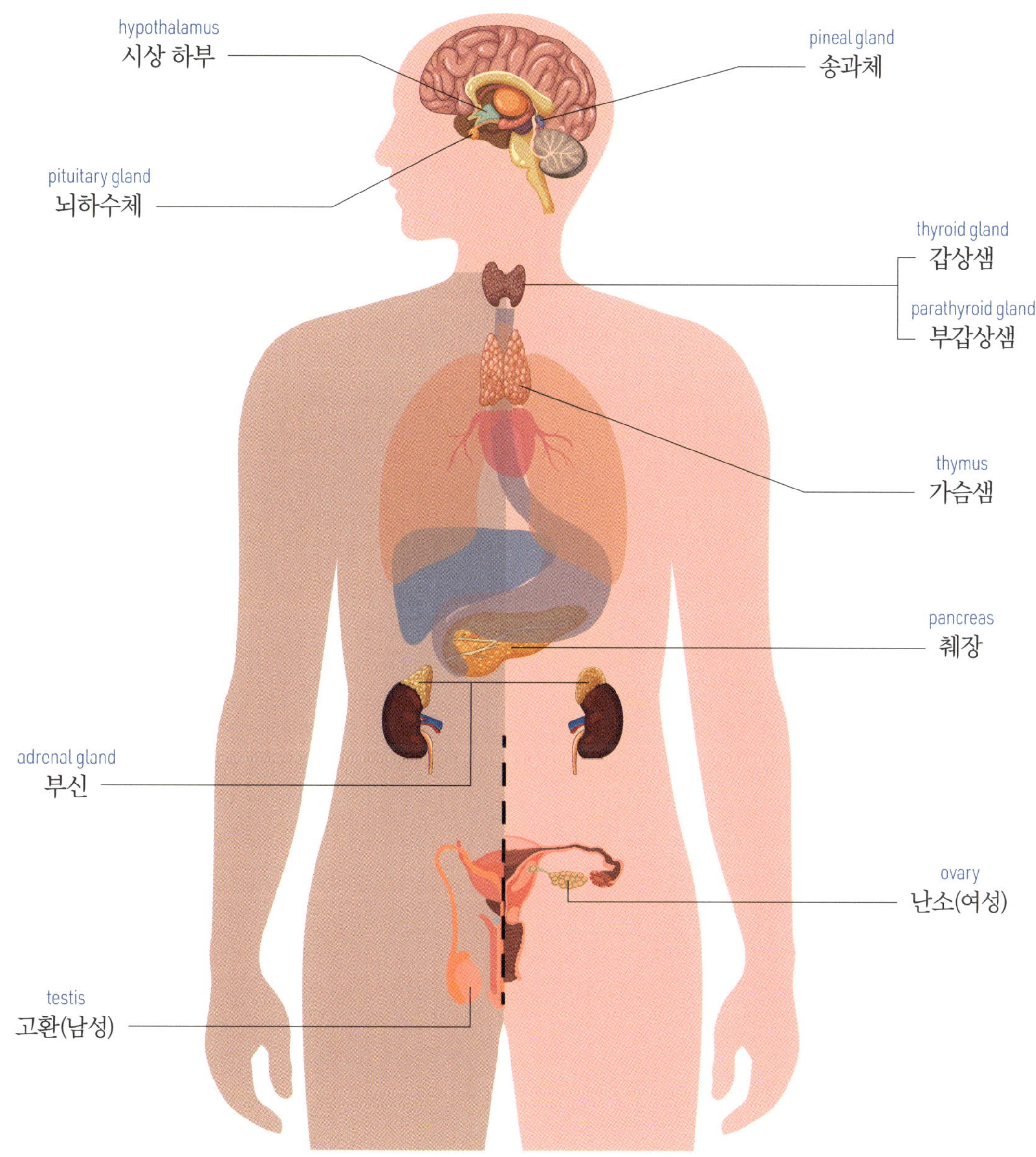

내분비 대사 내과는 갑상샘, 부신, 뇌하수체, 췌장 등 내분비 기관에 이상이 생겨서 내분비 호르몬의 생성과 분비 그리고 신진대사에 문제가 발생했을 때 찾아가는 곳입니다. 이곳에서는 대표적으로 갑상샘 질환, 부신 및 뇌하수체 질환, 골다공증이나 골연화증 같은 골대사 질환, 비만, 고지질 혈증, 당뇨병 등을 진단하고 치료합니다.

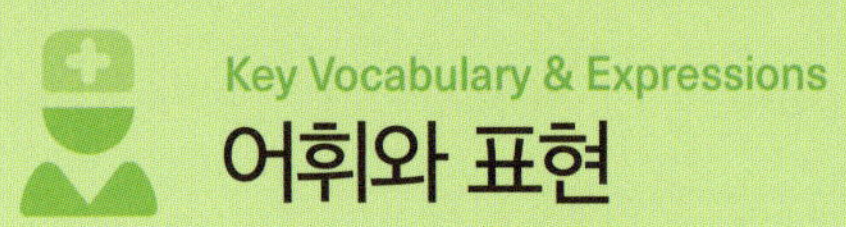

💬 전문 어휘

한국어	영어	한국어	영어
2차 성징	secondary sex characteristic	HDL(고밀도 지단백질)	high density lipoprotein
LDL(저밀도 지단백질)	low density lipoprotein	갑상샘 결절	thyroid nodule
갑상샘 호르몬제	thyroid hormone drug	경구 혈당 강하제	oral hypoglycemic agent
고지질 혈증	hyperlipidemia	골다공증	osteoporosis
골대사	bone metabolism	골밀도 검사	BMD(bone mineral density) test
골연화증	osteomalacia	공복 혈당	FBS(fasting blood sugar)
그레이브스병	Graves disease	근력 운동	muscle strength training
근육	muscle	뇌졸중	CVA(cerebrovascular accident), stroke
뇌하수체 종양	pituitary tumor	당 부하 시험	GTT(glucose tolerance test)
당뇨병	DM(diabetes mellitus)	당뇨병 망막증	diabetic retinopathy
대사 증후군	metabolic syndrome	동맥 경화증	arteriosclerosis
말초 신경	peripheral nerve	방사선 치료	radiotherapy
방사성 요오드	radioactive iodine	색소 침착	pigmentation
생리 주기	menstrual cycle	성장 호르몬	GH(growth hormone)
성호르몬	sex hormone	식욕 부진	anorexia, inappetence
심근 경색증	MI(myocardial infarction)	심장병	cardiopathy, heart disease
심혈관 질환	cardiovascular disease	약물 치료	drug therapy, medication

윗몸 일으키기	sit-up	유산소 운동	aerobic exercise
인슐린 저항성	insulin resistance	자가 혈당 측정법	self blood sugar test
저혈당증	hypoglycemia	중성 지방	neutral fat, triglyceride
콜레스테롤	cholesterol	팔 굽혀 펴기	push-up
포도당	glucose	포화 지방산	saturated fatty acid
항갑상샘제	antithyroid drug	혈당 검사	BST(blood sugar test)

유용한 표현

한국어	영어	한국어	영어
가족력이 있다	to have a family history	고지질 혈증 '경계' 진단을 받다	to be diagnosed with 'borderline' hyperlipidemia
고혈당 상태가 지속되다	to have persistent hyperglycemia	골다공증 유무를 판단하다	to determine the presence or absence of osteoporosis
골절을 방지하다	to prevent fractures	공복 중이다	to be currently fasting
근육의 힘을 키우다	to enhance muscle strength	대사 증후군 검사를 하다	to undergo a metabolic syndrome test
뼈의 밀도 저하를 억제하다	to inhibit bone mineral density loss	세포가 저항성을 보이다	to exhibit cellular resistance
숨이 차다	to experience shortness of breath, to get short of breath	식단에 신경 쓰다	to maintain a proper diet
식습관을 개선하다	to improve dietary habits	안전장치를 설치하다	to install a safety device
약물 치료를 시작하다	to commence drug therapy, to commence medication	유전적 요인으로 발병하다	to develop as a result of genetic factors
인슐린 주사 치료를 병행하다	to administer insulin injection therapy concurrently	인슐린이 생성되다	to produce insulin
재검사를 하다 (재검사 일정을 잡다)	to be scheduled for a reexamination	적정 체중을 유지하다	to maintain a healthy body weight
중성 지방이 쌓이다	to experience excessive neutral fat accumulation	포도당이 세포 안으로 흡수되다	to undergo cellular glucose absorption
포도당이 소변으로 배출되다	to show urinary glucose excretion	혈관이 점차 좁아지다	to experience progressive vascular constriction
혈당을 측정하다	to measure blood sugar	혈당이 높아지다	to experience high blood sugar levels

1) 갑상샘 저하증 hypothyroidism

갑상선 기능 저하증으로 불렸던 갑상샘 저하증은 갑상샘에서 호르몬의 생성이 원활하지 않아 몸속의 갑상샘 호르몬 농도가 낮아지거나 결핍될 때 발생하는 질환이다. 갑상샘 호르몬이 부족하면 몸의 대사 기능이 저하되어 추위를 타게 되고 땀이 잘 나지 않으며, 집중력과 기억력이 감퇴한다. 또 생리 주기가 불규칙해지고 생리 양이 증가하며, 음식을 적게 먹더라도 체중이 증가한다. 이때 부족한 호르몬 양을 보충하기 위해 갑상샘 호르몬제를 복용해야 하는데, 철분제나 칼슘제를 함께 복용하면 갑상샘 호르몬제가 잘 흡수되지 않을 수 있으므로 주의해야 한다.

2) 갑상샘 항진증 hyperthyroidism

갑상선 기능 항진증으로 불렸던 갑상샘 항진증은 갑상샘 호르몬이 정상 수치보다 과도하게 분비되어 다양한 신체 기능이 비정상적으로 활성화되면서 몸의 에너지 소모가 심해지는 질환이다. 갑상샘 항진증 환자는 땀을 많이 흘리고 더위를 쉽게 타며, 식사량에 관계없이 체중이 줄어든다. 또 신경이 예민해지기도 하며 불면증을 겪기도 한다. 갑상샘 항진증은 대체로 갑상샘 호르몬 생성을 억제하는 항갑상샘제를 복용하여 치료하지만, 경우에 따라서는 방사성 요오드 치료 또는 수술 요법을 시행하기도 한다.

3) 말단 비대증 acromegaly

신체의 성장과 발달을 촉진하는 성장 호르몬은 뇌하수체에서 분비된다. 말단 비대증은 성장 호르몬이 과도하게 분비되어 신체 조직이나 뼈가 비정상적으로 커지는 질환으로, 주로 손·발·턱·입술 등 신체의 말단이 비대해진다. 말단 비대증은 뇌하수체 종양이 가장 흔한 원인으로, 수술을 통해 종양을 제거하면 완치될 확률이 높다. 종양이 완전히 제거되지 않은 경우 방사선 치료나 약물 치료를 할 수도 있다.

4) 부신 부전 adrenal insufficiency

부신 부전(부신 기능 저하증)은 부신 기능의 이상으로 인해 체내 대사 작용에 꼭 필요한 호르몬인 코르티솔(혈당 조절·항염증 작용)과 알도스테론(혈압 조절·전해질 균형)의 분비가 저하되어 발생하는 질환이다. 갑작스럽게 발병하는 급성 부신 부전의 경우 식욕을 저하시키고 구역감과 구토를 유발하기도 하며, 복통·발열과 함께 심한 탈수 증상을 동반한다. 부신 부전이 만성일 경우 쉽게 피곤해지고 무기력감이 지속되며, 식욕 부진·체중 감소·저혈당·저혈압·특정 부위의 과다 색소 침착이 생길 수 있다. 부신 부전을 치료하기 위해서는 체내 부족한 호르몬을 보충해 주거나 호르몬 대체제로서 스테로이드제를 투여하기도 한다.

5) 성조숙증 precocious puberty

성조숙증은 성호르몬이 이른 시기에 활성화되어 일반적으로 8세 미만의 여자아이, 9세 미만의 남자아이에게서 2차 성징이 나타나는 상태를 말한다. 여아는 가슴이 발달하고 남아는 고환의 크기가 커지며, 여아와 남아 공통적으로 또래보다 더 빨리 음모가 나고 키도 더 커진다. 하지만 성조숙증이 나타나면 성장판도 빨리 닫혀서 성인 때 평균보다 키가 작을 수 있다. 이에 성호르몬 분비를 억제하기 위해 28일이나 3개월 간격으로 주사 치료를 하며, 치료 과정에서 성장 상태를 살펴 치료 기간을 정한다.

□ 환자가 대사 증후군 관련 증상으로 의사를 찾아왔습니다.
□ 통번역사는 환자와 의사의 대화를 양방향으로 원활하게 통역합니다.

환자 Hello, Doctor. During my last visit to my primary care physician to pick up my hypertension medication, I mentioned experiencing shortness of breath even with minimal movement, possibly due to recent weight gain. My doctor recommended that I undergo a metabolic syndrome test in the endocrinology and metabolic department.

통역사 안녕하세요, 선생님. 지난번 고혈압 약을 받으러 주치의 선생님을 방문했을 때 제가 체중이 많이 늘어서인지 조금만 움직여도 숨이 찬다고 말씀드렸더니 주치의 선생님이 내분비 대사 내과에서 대사 증후군 검사를 해 보자고 하셔서요.

의사 네, 혈액 검사로 혈당과 중성 지방 수치 등을 확인하고 고혈압 외에도 이상 징후가 있는지 검사해 보려고 합니다. 예약하실 때 혈액 검사 전 10시간 동안 금식해야 한다는 주의 사항을 듣고 공복 중이신 거죠? 그럼 혈액 검사 후에 결과를 보면서 이야기 나누시죠.

통역사 Yes, I'll check your blood sugar and neutral fat levels through a blood test, as well as examine other signs related to metabolic syndrome, aside from hypertension. When you scheduled your appointment, you were advised to fast for 10 hours before the test, so you're currently fasting, right? After the blood test, we'll review the results together.

【 검사 후 】

의사 혈액 채취 때 함께 검사했던 허리둘레와 혈압 수치가 정상치보다 높네요. 사실 허리둘레와 혈압, 그리고 혈액 검사로 알 수 있는 공복 혈당·중성 지방·콜레스테롤, 이 다섯 가지 중에 세 가지 이상에서 비정상 수치가 나타날 경우 대사 증후군으로 진단하는데요. 환자분은 안타깝게도 모든 항목에서 정상보다 높은 수치를 보이고 있습니다.

통역사 Your waist circumference and blood pressure, measured during the blood draw, are higher than normal. In fact, metabolic syndrome is diagnosed if three or more out of the five key parameters, such as waist circumference, blood pressure, fasting blood sugar, neutral fat, and cholesterol, show abnormal levels. Unfortunately, your results indicate elevated levels in all five parameters.

환자 Do you mean that I have metabolic syndrome? Then what should I do now?

통역사 제가 대사 증후군이란 말씀이시죠? 그럼 이제 어떻게 해야 하나요?

의사 대사 증후군을 치료하기 위해서는 적정 체중을 유지하는 것이 가장 중요합니다. 이를 위해 제일 먼저 식습관을 개선해야 합니다. 트랜스 지방산이 다량 포함된 가공식품, 크림·버터·치즈 등 포화 지방산이 많은 유제품, 패스트푸드 등의 섭취는 삼가고 생선, 채소, 통곡물 같은 건강한 식재료로 만든 음식을 드세요. 하루에 최소한 30분이라도

운동하시는 것을 적극 권합니다.

통역사 The most important step in treating metabolic syndrome is maintaining a healthy body weight. To achieve this, you should start by improving your dietary habits. Please avoid processed foods that contain high amounts of trans fats, as well as dairy products such as cream, butter, and cheese that are high in saturated fatty acid. Also, steer clear of fast food. Instead, focus on eating foods made with healthy ingredients such as fish, vegetables, and whole grains, and try to eat regular meals. Along with a proper diet, it's strongly recommended to engage in at least 30 minutes of exercise a day.

환자 Which type of exercise would be most effective for me, and how often should I engage in it?

통역사 제 몸 상태에선 어떤 운동이 효과적일까요? 운동을 한다면 얼마나 자주 해야 할까요?

의사 환자분 같은 경우 걷기·조깅·자전거 타기·수영 같은 유산소 운동이 좋고, 적어도 이 운동을 1주일에 3일 이상 꾸준히 하시기를 권합니다. 처음에는 30분 정도 운동하는 것을 목표로 정하고, 차츰 운동 시간과 일수를 늘려 보시는 것도 좋은 방법입니다.

통역사 For your case, aerobic exercises such as walking, jogging, cycling, and swimming are highly recommended. It is advised to engage in one of these exercises consistently at least three days per week. Start with about 30 minutes of exercise, gradually increasing both the duration and frequency for an effective approach.

환자 Yes, Doctor. I will try to improve my lifestyle. Is there anything else I should be careful about?

통역사 네, 알겠습니다. 또 제가 주의해야 할 것이 있을까요?

의사 대사 증후군은 복부 비만과 고혈압, 고혈당, 고지질 혈증 등이 동시에 발생한 상태를 말합니다. 따라서 환자분의 경우 생활 습관 개선이 가장 중요하고, 복용 중이신 고혈압 약 또한 규칙적으로 잘 챙겨 드시길 바랍니다. 대사 증후군이 지속되면 심혈관 질환, 당뇨병, 지방간 같은 다른 질환이 함께 생길 확률도 높아지니까 꾸준히 건강을 관리하시는 것이 중요합니다.

통역사 Metabolic syndrome refers to a condition in which abdominal obesity, hypertension, hyperglycemia, and hyperlipidemia occur simultaneously. Therefore, in your case, improving lifestyle habits is the most important step. Please make sure to take your antihypertensive medication regularly. I would like to emphasize once again that if metabolic syndrome is left unmanaged, the risk of developing other conditions like cardiovascular disease, diabetes, and fatty liver increases. So, it's crucial to maintain consistent management.

환자 Yes, I will be more mindful of my diet and exercise regularly from now on.

통역사 네, 앞으로 식단을 잘 관리하고 운동도 열심히 하겠습니다.

의사 좋습니다. 그렇게 하시면 몸도 훨씬 가벼워지고 더욱 건강해질 겁니다. 3개월 후에 재검사를 해서 건강 상태에 변화가 생겼는지 확인해 보시죠.

통역사 Very good. If you follow that plan, you'll feel much lighter and become even healthier. Let's schedule for a reexamination in three months to check for any changes in your health.

문장 구역 연습 1

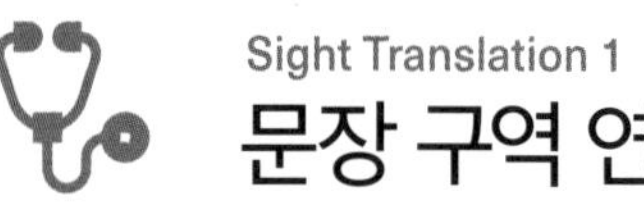

□ 의사가 환자에게 당뇨병에 대해 구체적으로 설명합니다.
□ 통번역사는 환자가 의학적·전문적 개념을 잘 이해할 수 있게 통역합니다.

당뇨병이란?

'당뇨병'이라는 병명은 '포도당이 소변으로 배출된다.'는 의미에서 비롯된 명칭으로, 만성 질환에 속합니다. 당뇨병은 췌장에서 분비되는 호르몬인 인슐린의 분비나 작용에 문제가 생겼을 때 발생하며, 당뇨병에 걸리면 혈당이 비정상적으로 높아지는 증상이 나타납니다.

인슐린은 포도당을 세포 내로 운반하여 에너지로 사용하게 하거나 남은 포도당을 저장하는 역할을 합니다. 만약 인슐린이 제대로 생산되지 않거나 생산된 인슐린이 체내에서 효과적으로 작용하지 않으면 혈당이 높아져 고혈당 상태가 지속되고, 결국엔 당뇨병이 발병할 수 있습니다.

당뇨병에 걸리면 삼다(三多)라고 불리는 다음(多飮), 다뇨(多尿), 다식(多食) 증상이 나타납니다. 즉, 당뇨병 환자는 물을 많이 마시고, 소변을 자주 보며, 음식을 많이 먹게 되죠. 또 체중 감소, 만성 피로, 시력 저하 등의 증상이 나타나며 상처 회복도 더뎌집니다.

당뇨병은 혈당을 측정하여 쉽게 진단할 수 있습니다. 대표적인 혈당 측정법으로 8시간 이상 금식한 후에 혈당을 측정하는 공복 혈당 검사, 마찬가지로 8시간 이상 금식 후에 포도당을 물에 녹여 섭취하고 다시 2시간이 지난 뒤에 혈당을 측정하는 당 부하 시험(경구 당 부하 검사, 포도당 내성 검사)이 있습니다. 또 집에서 간편하게 실시하는 자가 혈당 측정법도 있습니다.

당뇨병은 유전적·환경적 요인이 상호 작용하여 발병하는 질환으로, 제1형과 제2형으로 구분됩니다. 제1형 당뇨병은 주로 어린이나 청소년에게 발병하여 '소아 당뇨병'이라고도 부릅니다. 이 유형은 췌장에서 인슐린이 거의 또는 전혀 생성되지 않기 때문에 환자에게 인슐린을 주입하는 주사 치료를 함으로써 혈당을 정상 범위로 유지시켜야 합니다.

제2형 당뇨병은 주로 성인에게 발병합니다. 이 유형은 인슐린 저항성, 즉 세포가 정상적으로 분비되는 인슐린에 저항성을 보여 포도당이 세포 안으로 흡수되지 못하는 현상이 주요 원인입니다. 제2형 당뇨병은 초기에 경구 혈당 강하제와 같은 약물로 치료하고, 병이 호전되지 않을 경우 인슐린 주사 치료를 병행할 수 있습니다. 비만, 잘못된 식습관, 운동 부족, 유전적 요인 등으로 인해 발병하는 제2형 당뇨병은 특히 생활 습관과 밀접한 연관이 있기 때문에 제2형 당뇨병 환자는 건강한 식습관을 갖고 규칙적으로 운동해야 합니다. 저탄수화물을 위주로 한 식단으로 고섬유질 식품을 적정 칼로리만큼 섭취하고, 유산소 운동과 근력 운동을 하면 인슐린에 대한 반응을 높이는 데 큰 도움이 됩니다.

당뇨병은 심장병, 뇌졸중, 신장 질환, 말초 신경 손상, 당뇨병 망막증과 같은 심각한 합병증으로 이어질 수 있기 때문에 평생 관리해야 하는 질환입니다. 따라서 당뇨병 환자는 정기적으로 병원을 방문하여 혈당 검사를 통해 상태를 살펴보면서 평소에도 스스로 혈당을 확인하고 증상을 기록하는 것이 바람직합니다. 특히 가족력이 있는 경우 더욱 주의를 기울여야 합니다.

Sight Translation 2
문장 구역 연습 2 | 한국어 ↔ 영어

□ 환자가 골다공증 의심 증상에 대해 질문하고, 의사가 답합니다.
□ 통번역사는 환자의 증상과 의사의 진단을 정확하게 통역합니다.

Q

Hello, Doctor. I have been experiencing frequent pain in my waist and back lately, so I am reaching out. In addition to the pain, it seems that I have lost some height compared to before. My daughter mentioned that my back looks slightly hunched. My grandmother suffered a lot from osteoporosis, and I am worried because having a family history increases the risk of developing osteoporosis. I try to eat foods that are said to help prevent osteoporosis, such as anchovies, cheese, seaweed, and broccoli. I've been consistently taking calcium and vitamin D supplements. I also exercise and stretch regularly. Are these methods effective in preventing osteoporosis?

I'm planning to have an osteoporosis screening at the hospital. So what test should I undergo? If there are any precautions I should take before getting the test, please let me know.

A

안녕하세요. 골다**공중**은 '뼈엉성중'이라고도 불리며, **특**히 중년 여성에게 많이 발생하는 질환입니다. 환자분께서 말씀하신 가족력과 증상들을 종합적으로 고려했을 때 환자분이 골다공증에 대해 우려하는 것이 충분히 이해됩니다.

골다공증은 다양한 원인에 의해 발병하므로, 환자분은 병원에 오셔서 골밀도 검사를 받고 상담도 받으시기 바랍니다. 검사 시간은 약 5~10분 정도 소요되며, 환자분이 검사 전 특별히 준비하실 것은 없습니다. 의료인은 이 검사로 뼈의 밀도와 강도를 정확하게 측정해 골다공증 유무를 판단하고 앞으로의 치료 계획을 세우게 됩니다.

골다공증은 뼈의 밀도 저하를 억제하거나 밀도를 높여 주는 약물로 치료할 수 있습니다. 무엇보다 환자분이 평상시 생활 습관을 개선하는 것이 매우 중요합니다. 지금처럼 칼슘과 비타민 D를 충분히 섭취하시는 게 좋습니다. 비타민 D의 경우 음식이나 약으로도 섭취할 수 있지만, 햇볕을 쬐면 체내에서 자연적으로 생성되기 때문에 하루 15~30분 정도 야외 활동을 하며 햇볕을 쬐시기를 바랍니다. 운동 중에서도 팔 굽혀 펴기, 윗몸 일으키기, 요가 등의 근력 운동은 근육의 힘을 키워 골절이 발생할 위험을 줄일 수 있으니 꾸준히 근력 운동을 하시면 좋습니다.

골절을 방지하는 것도 매우 중요합니다. 바닥이 미끄러운 곳은 특히 조심하시고, 집 안의 계단이나 욕실에 손잡이 같은 안전장치를 설치하는 방법도 추천합니다.

대화 통역 연습 

- 환자가 고지질 혈증 관련 증상으로 의사를 찾아왔습니다.
- 통번역사는 대화 상황에 적절한 표현으로 통역을 완성합니다.

환자
Hello. I received my medical checkup results by email last week, and they indicated 'borderline' hyperlipidemia. The report mentioned that more details would be provided if I visited the hospital, so I am here.

통역사
____

의사
네, 환자분이 가져오신 건강 검진 결과를 함께 보면서 말씀드리겠습니다. 고지질 혈증이란 혈액 속에 콜레스테롤과 중성 지방이 지나치게 높은 상태를 말합니다. 환자분이 지난번 건강 검진 때 받으셨던 혈액 검사에서 이 수치들이 높은 편이라고 확인되었네요.

통역사
____

환자
How high is it in my case?

통역사
____

의사
LDL은 흔히 '나쁜 콜레스테롤'이라고 부르는 저밀도 지단백질로, 100에서 129가 정상 범위에 해당됩니다. LDL이 130에서 159 사이라면 경계 수준에 해당되는데, 환자분의 경우 LDL이 157로 측정되었네요. 한편 HDL은 나쁜 콜레스테롤을 제거해 주어 '착한 콜레스테롤'이라고 부르는 고밀도 지단백질입니다. HDL 수치는 40 이상이어야 정상인데, 환자분은 HDL이 35로 측정되어 낮은 편에 속합니다. 환자분의 총 콜레스테롤 수치도 218로 경계 수준인 200에서 239 사이에 속하며, 중성 지방도 경계 수준인 150에서 199 사이인 173으로 측정되어 전체적으로 '경계' 진단을 받으신 거예요. 이런 경우 혈관이 점차 좁아지면서 다양한 혈관 질환이 발생할 수 있으니 유의하셔야 합니다.

통역사
____

환자
I'm not experiencing any symptoms at the moment, but is it very serious?

통역사

의사 고지질 혈증은 특별한 증상이 없어서 환자분처럼 몸에 이상을 느끼지 못하는 경우가 많습니다. 하지만 혈관에 콜레스테롤과 중성 지방이 계속 쌓이면 동맥 경화증이나 심근 경색증, 뇌졸중 같은 합병증이 발생할 위험이 있어 미리 치료하며 관리해야 합니다.

통역사

환자 I understand. So, how can I bring my levels back to normal?

통역사

의사 고지질 혈증을 예방하려면 우선적으로 식단에 신경 쓰셔야 합니다. 포화 지방산이나 트랜스 지방산이 많은 음식은 삼가고, 사탕이나 초콜릿처럼 단 간식들도 끊으세요. 대신 단백질이 풍부한 닭 가슴살과 두부, 식이성 섬유가 많은 과일과 채소를 드세요. 고지질 혈증은 유전적 요인으로 발병하는 경우도 있기 때문에 가족들과 함께 건강한 식단을 실천하시는 게 좋습니다. 또 섭취한 에너지가 남아 콜레스테롤로 변하면서 혈관에 쌓이지 않도록 운동도 꾸준히 하셔야 합니다. 이렇게 식단 조절과 운동을 하면서 약물 치료를 병행하시면 콜레스테롤 수치를 정상화하여 치료 효과를 높일 수 있습니다.

통역사

환자 Do I need to take medication as well? I've heard that once I start this medication, I have to take it continuously for life, so I'd like to delay starting it if possible.

통역사

의사 고지질 혈증 '경계' 진단을 받은 환자분의 경우 지금은 고지질 혈증 증상이 없더라도 예방이 중요하기 때문에 식이 요법, 운동 요법과 함께 약물 치료를 시작하면 좋습니다. 일단 처방해 드리는 고지질 혈증 약을 매일 정해진 시간에 드셔 보시고, 3개월 후에 다시 혈액 검사를 하도록 하죠. 그 검사 결과에 따라 제가 약을 조절해 드리겠습니다.

통역사

Division of Infectious Diseases

감염 내과

AI와 함께 Warm-Up with AI

STEP 1

Q 인간에게 감염병을 유발하는 바이러스에는 어떤 것들이 있나요?

A 인간에게 감염병을 유발하는 바이러스에는 __________

____

STEP 2

Q

A

STEP 3

|학습 목표|
□ 통번역사로서 감염 내과에서 통용되는 어휘와 표현을 이해하고 통번역할 수 있다.
□ 통번역사로서 감염 내과에서 일어나는 상황을 의사와 환자 각각의 입장에서 원활하게 소통할 수 있다.

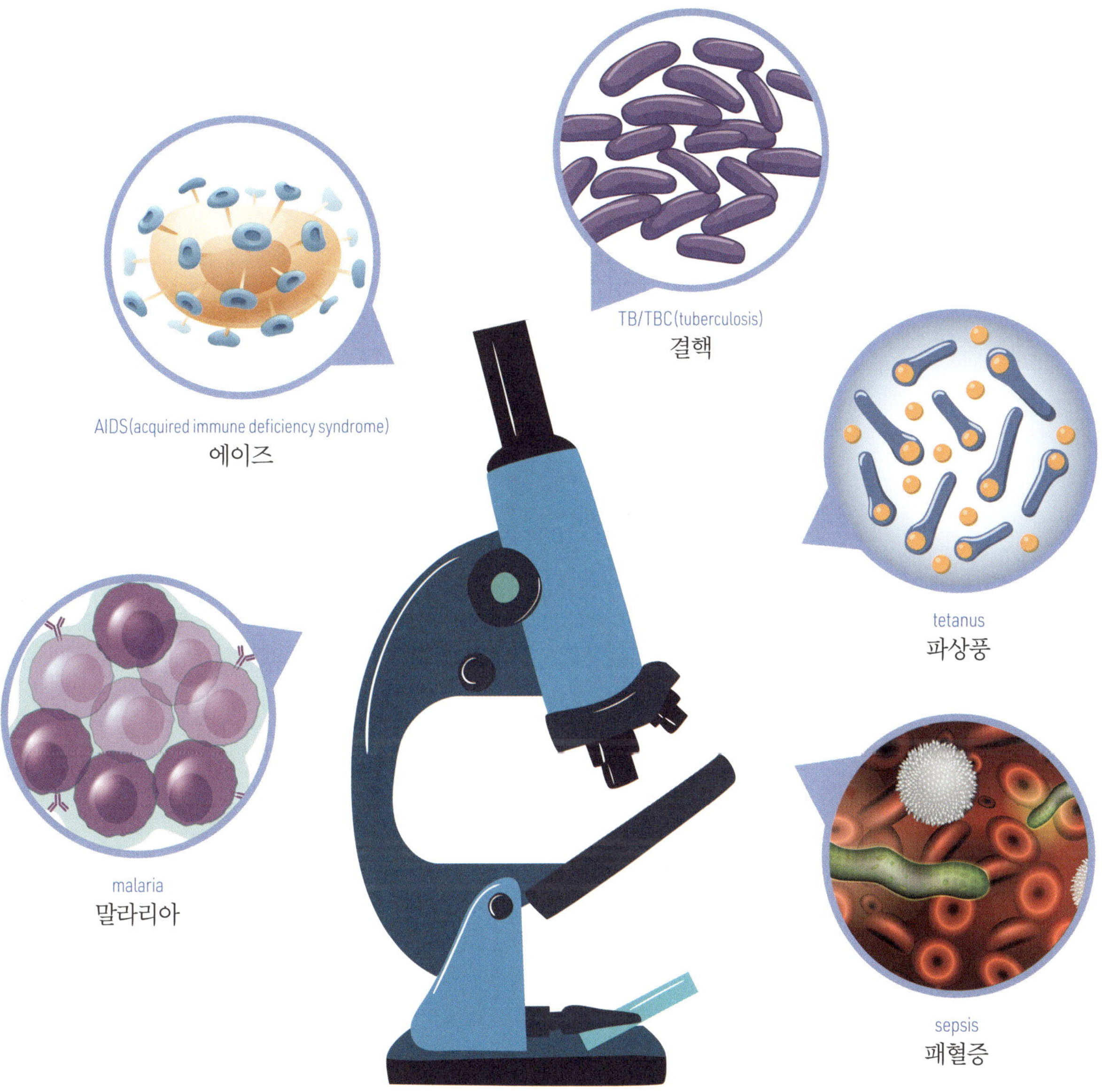

감염 내과는 세균, 바이러스, 곰팡이, 기생충 등 다양한 원인에 의해 발생하는 감염병들을 진단하고 예방하는 내과의 한 분야입니다. 감염 부위에 따라 기침·발열·피부 발진·구토·두통·피로감 등이 나타날 때 이곳을 찾아갑니다. 감염 내과 의사들은 대표적인 감염성 질환인 패혈증·장티푸스·결핵·쓰쓰가무시병 등을 다루며, 환자의 면역 상태와 병원체의 종류를 고려하여 항생제·항바이러스제·항진균제 등을 사용해 치료를 진행합니다.

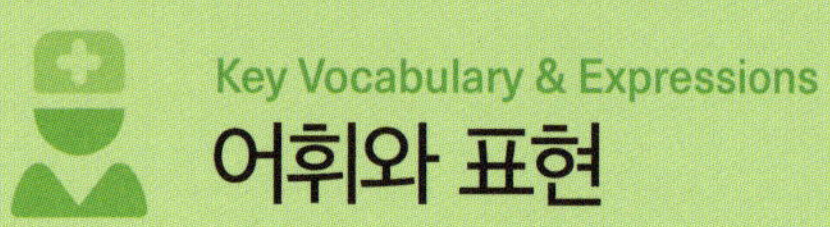

💬 전문 어휘

한국어	영어	한국어	영어
PCR(중합 효소 사슬 반응) 검사	PCR(polymerase chain reaction) test	가래	sputum
감염자 격리·분리, 방역·검역·건강 격리	isolation, quarantine	객담 도말 검사	sputum smear test
객담 배양 검사	sputum culture test	결핵	TB/TBC(tuberculosis)
경직	spasticity	괴사	necrosis
기생충	parasite	대변 검사	fecal examination
대증 요법	symptomatic therapy	뎅기 쇼크 증후군	dengue shock syndrome
뎅기 출혈열	dengue haemorrhagic fever	뎅기열	dengue fever
독감(인플루엔자)	flu, influenza	딱지	scab
매개체	vehicle	면역 체계	immune system
미생물	microorganism	반점(점)	macule, spot
법정 전염병	legal communicable disease	병원체	pathogen
불명열	FUO(fever of unknown origin)	비말	droplet
사람 면역 결핍 바이러스	HIV(human immunodeficiency virus)	소변 검사	UA(urinalysis)
소염 진통제	anti-inflammatory analgesic drug, anti-inflammatory pain reliever	심박수	heart rate
쓰쓰가무시병	scrub typhus	야간 발한	night sweat
예방 접종	vaccination	원충	strongylus
유충	larva	음성	negative

인터페론 감마 방출 검사	interferon gamma-releasing assay	잠복 결핵	latent tuberculosis
잠복기(잠재기)	incubation period, latent period	장미진	rose spot, roseola
장티푸스	typhoid fever	저체온증	hypothermia
털진드기	trombiculid mites	투베르쿨린 검사	tuberculin test
폐결핵	pulmonary tuberculosis	항결핵제	antituberculosis drug
항진균제	antimycotic	항바이러스제	antiviral medication
항체	antibody	해열제	antifebrile, fever reducer

💬 유용한 표현

한국어	영어	한국어	영어
감염 여부를 확인하다	to check for the presence of infection	격리가 필요하다	to require isolation
격리가 해제되다	to lift the isolation	고열이 동반되다	to be accompanied by high fever
기력이 떨어지다	to be decline in vitality	뎅기열에 걸리다	to contract dengue fever
딱지가 앉다	to have a scab	바이러스에 감염되다	to be infected with a virus
발진이 나타나다	to show skin rash	사람 간에 전염되다	to be transmitted from person to person
수분을 섭취하다	to stay hydrated	수액 치료를 병행하다	to administer intravenous fluid therapy concurrently
식욕이 떨어지다	to be decreased appetite	약을 임의로 중단하다	to stop taking the medication without proper guidance
잠복 결핵 상태를 유지하다	to maintain latent tuberculosis status	재발할 위험이 있다	to be at risk of recurrence
진드기 기피제를 뿌리다	to spray mite repellent	체내 저항력이 떨어지다	to experience a weakened immune system
체중이 감소하다	to experience unintentional weight loss	추적 검사를 하다	to perform follow-up examinations
탈수 증상이 발생하다	to have dehydration symptoms	털진드기 유충에 물리다	to be bitten by trombiculid mites larva
피로를 느끼다	to feel fatigue	휴식을 취하다	to take a rest

1) 말라리아 malaria

말라리아는 말라리아 원충을 가진 모기에게 물려 감염되는 법정 전염병이다. 말라리아 원충의 종류에 따라 잠복기가 달라서 모기에게 물린 후 짧게는 2주, 길게는 몇 달이 지나 오한·두통·고열 등의 증상이 나타난다. 말라리아 감염 여부는 혈액 검사와 PCR 검사로 알 수 있으며, 치료 방법은 방문한 지역과 원충의 종류에 따라 달라지므로 전문의와의 상담이 필수이다. 말라리아 위험 지역을 방문하려는 사람은 예방 약물을 복용하는 것이 좋다.

2) 에이즈 AIDS(acquired immune deficiency syndrome)

'후천 면역 결핍증'이라고도 부르는 에이즈는 사람 면역 결핍 바이러스인 HIV에 의해 면역 세포가 파괴되면서 면역 기능이 저하되어 사망에까지 이를 수 있는 바이러스성 감염 질환이다. HIV에 감염된 직후에는 별다른 증상이 나타나지 않다가, 감염 후 3~6주 정도가 지나면 발열·인후통·기침·피부 발진·체중 감소 등의 증상이 나타난다. 이후 10여 년간은 증상이 없지만, 무증상의 잠복기 동안에도 면역 기능은 계속 저하되어 면역력이 과하게 떨어졌을 때 여러 감염성 질환 및 악성 종양 등이 발병하게 된다. 현재 에이즈를 완치할 방법은 없으나, 지속적인 약물 치료로 HIV의 증식을 억제하고 면역 체계를 보호하여 환자의 생명을 연장할 수 있다.

3) 코로나-19 COVID-19(coronavirus disease 2019)

코로나-19는 2019년에 등장한 새로운 유형의 코로나 바이러스가 일으키는 전염성 호흡기 질환이다. 주된 증상으로 고열·기침·가래·인후통·근육통·

두통 등이 나타나며, 심하면 폐 손상에 의해 사망에 이를 수도 있다. 코로나-19는 주로 말을 하거나 기침을 할 때 입에서 나오는 침방울 같은 비말을 통해 전파되어 전염성이 강하다. 이 질환은 항바이러스제를 사용하여 치료할 수 있지만, 손을 자주 씻고 마스크를 착용하며 백신 접종을 해서 예방하는 것이 중요하다.

4) 파상풍 tetanus

파상풍은 상처 안으로 침입한 파상풍균의 독소로 인해 신경계에 이상이 생기는 질환이다. 근육 경련·마비·통증을 동반한 근육 수축이 나타나며, 발열과 오한 등의 증상이 더해지기도 한다. 심한 경우 호흡 기관의 근육이 경직되어 호흡 곤란이 올 수도 있다. 잠복기는 3~21일이며, 대부분 감염 14일 이내에 발병한다. 치료를 위해서는 감염된 상처를 세척하고 괴사 조직을 제거해야 한다. 이때 경련을 조절하기 위해 약물을 투여하기도 한다.

5) 패혈증 sepsis

패혈증은 세균이나 바이러스 등 미생물의 침입으로 감염된 혈액이 혈관을 따라 전신에 퍼져 주요 장기들에 염증을 발생시키는 질환이다. 38도 이상의 고열이 나면서 오한이 동반되거나, 반대로 35도 이하로 체온이 내려가는 저체온증과 함께 관절통과 두통이 나타나기도 한다. 또 호흡수와 심박수가 빨라지고, 심각할 경우 혈압이 떨어져서 쇼크가 올 수도 있다. 패혈증은 사망률이 높은 질환이므로 초기에 적극적으로 치료해야 한다. 원인균을 파악하기 위한 미생물 배양 검사와 함께 항생제나 항진균제를 주사하며, 검사 결과에 따라 원인균에 적합한 항생제로 치료한다.

대화 통역 연습

BRIEF
- 환자가 장티푸스 의심 증상으로 의사를 찾아왔습니다.
- 통번역사는 환자와 의사의 대화를 양방향으로 원활하게 통역합니다.

환자	For the past few days, I've been experiencing a fever and fatigue, so I thought it might be a cold. However, yesterday, I developed abdominal pain followed by diarrhea, and I also noticed red spots on my chest.
통역사	며칠 전부터 열이 나고 피곤해서 감기인가 싶었는데, 어제는 배가 아프더니 설사도 했어요. 가슴에 붉은 반점도 생겼고요.
의사	그러셨군요. 환자분께서 말씀하신 발열·복통·설사·피로감 같은 증상들과, 특히 장미진이라고 부르는 피부에 난 붉은 반점으로 보아 장티푸스가 의심됩니다. 장티푸스는 주로 오염된 물이나 음식을 통해 전염되는데, 먼저 소변 검사와 대변 검사를 해서 장티푸스균 감염 여부를 확인해 보도록 하죠. 검사 결과가 나오면 다시 설명해 드릴게요.
통역사	I understand. Based on the symptoms you've mentioned, such as fever, abdominal pain, diarrhea, and fatigue, along with the red spots on your skin, known as rose spots, typhoid fever is suspected. Since typhoid fever is primarily transmitted through contaminated water or food, I will first conduct urinalysis and fecal examination to check for a typhoid bacterial infection. I will explain further once I receive the test results.

【 검사 후 】

의사	검사 결과 장티푸스균에 감염된 것으로 확인되었습니다. 이 질환은 전파의 가능성이 있어 증상이 사라질 때까지 격리가 필요한 법정 전염병으로, 입원 치료가 필요합니다. 항생제로 치료할 수 있으니 너무 걱정하지는 마시구요.
통역사	The test results have confirmed that you are infected with the typhoid bacteria. Since this disease is contagious and classified as a legal communicable disease, isolation and inpatient treatment are required until your symptoms subside. However, it can be treated with antibiotics, so please don't worry too much.
환자	Do you mean I need to be hospitalized for isolation? If so, how long will I need to stay in the hospital?
통역사	격리를 위해 입원해야 한다고요? 그럼 언제까지 입원해야 하나요?
의사	입원 기간은 환자분의 회복 속도에 따라 다릅니다. 입원 후에 항생제를 처방해 드릴 텐데, 복용 후 증상이 없어지면 48시간 후에 24시간 간격으로 연속 3회 대변에서 검체를 채취해 균 배양 검사를 실시할 겁니다. 이때 모든 결과가 음성이면 격리가 해제됩니다.

| 통역사 | The length of hospitalization depends on how quickly you recover. After admission, antibiotic treatment will be prescribed. Once your symptoms have resolved, stool samples will be collected three times at 24-hour intervals, starting 48 hours after treatment begins, to perform a bacteria culture test. If all results come back negative, isolation will be lifted. |

환자 I understand. So, do you mean that I can recover just by taking the medication? Is there any other treatment or management I should follow?

통역사 알겠습니다. 약을 먹으면 회복될 수 있다는 거지요? 다른 치료나 관리가 필요하지는 않나요?

의사 네, 약을 잘 복용하시면 대부분의 경우 완전히 회복됩니다. 다만 설사로 인해 탈수 증상이 발생할 수 있기 때문에 수분을 충분히 섭취하는 것이 중요합니다. 물이나 전해질 음료를 자주 마셔야 하고, 그래도 탈수 증상이 심하면 수액 치료를 병행하겠습니다. 말씀드렸다시피 장티푸스는 전염성이 있으므로 만약 조금이라도 이상 증상이 나타나는 가족분이 계시다면 바로 검사를 받아 보시는 게 좋습니다.

통역사 Yes. If you take the medication as prescribed, the most cases result in full recovery. However, since diarrhea can lead to dehydration, it is essential to stay well-hydrated. Be sure to drink plenty of water or electrolyte beverages. If dehydration becomes severe, intravenous fluid therapy may be administered. Also, since typhoid fever is contagious, if any of your family members start showing abnormal symptoms, they should get tested right away.

환자 Yes, I understand. Are there any precautions I should keep in mind while taking the medication?

통역사 네, 알겠습니다. 혹시 약을 먹으면서 주의해야 할 점이 있나요?

의사 약을 임의로 중단하지 말고 열이 내리거나 증상이 호전되더라도 끝까지 복용하셔야 합니다. 그리고 치료가 끝난 후에도 완치되었는지 확인하기 위해 한 번 더 검사를 진행할 수 있습니다.

통역사 Don't stop taking the medication without proper guidance. Even if your fever goes down or you start feeling better, make sure to complete the entire course. Also, after treatment, I may conduct another test to make sure you've fully recovered.

환자 Yes, I will make sure to take the antibiotics thoroughly.

통역사 네, 항생제 복용을 철저히 하도록 하겠습니다.

의사 약물 치료와 함께 충분히 휴식을 취하면 빠르게 회복되실 거예요.

통역사 With sufficient rest and proper medication, you will recover quickly.

문장 구역 연습 1 | 한국어 → 영어

결핵이란?

결핵은 체내에 결핵균이 침입하여 신체 조직에 감염을 일으키는 전염성 질환입니다. 결핵균은 보균자가 기침이나 재채기를 할 때 나오는 호흡기 분비물에 포함되어 공기 중에 떠다니다가 다른 사람의 체내로 들어갑니다. 결핵균이 체내에 들어갔을 때 면역력이 약하거나 체내 저항력이 떨어져 있는 사람은 결핵의 발병 위험이 높아집니다. 결핵균은 주로 폐 조직에 감염을 일으키며, 이 외에도 신장·신경계·뼈·림프절 등 다른 조직과 장기에도 병을 일으킵니다.

결핵의 증상은 감염된 부위에 따라 다르며, 폐결핵의 경우 기침·가래(객담)·발열·체중 감소·피로감 등이 나타납니다. 이러한 증상들 중 특히 기침이 2주 이상 지속된다면 결핵을 의심해 봐야 합니다. 폐결핵 환자의 약 70~80%는 기침을 많이 하고 가래가 생기며, 경우에 따라 피 섞인 가래(혈담)가 나오기도 합니다. 폐결핵에 걸리면 식욕이 떨어지면서 급격하게 체중이 감소하고, 미열과 함께 밤에 땀이 많이 나는 야간 발한 증상이 나타나기도 합니다. 또한 기력이 많이 떨어지기 때문에 관련 환자들은 일상적인 활동에도 쉽게 피로를 느낍니다.

결핵의 검사 방법으로는 흉부 X-ray 검사, 객담 도말 검사, 객담 배양 검사 등이 있습니다. 결핵으로 확진되면 항결핵제를 이용한 장기적인 약물 치료를 해야 합니다. 보통 6개월 이상 약물 치료를 받아야 하며, 치료하는 동안 정기적으로 추적 검사를 해서 치료 효과를 모니터링합니다. 결핵에 걸린 환자의 신체가 약물 치료에 반응하지 않는 경우 수술도 고려해 봐야 합니다.

결핵을 예방하기 위해서는 신생아 시기에 BCG 예방 접종을 필수적으로 해야 합니다. 그러나 예방 접종만으로 결핵을 평생 예방할 수 있는 것은 아니므로, 성인의 경우 2주 넘게 기침이 계속되는 등 의심스러운 증상이 나타나면 결핵 검사를 받는 것이 좋습니다.

한편 '잠복 결핵'은 결핵균에 감염된 상태임에도 불구하고 면역력에 의해 억제되어 증상이 나타나지 않고 전염성도 전혀 없는 경우를 말합니다. 결핵균에 감염되어도 극히 일부인 5~10%의 사람에게만 결핵으로 발병하고, 나머지는 잠복 결핵 상태를 유지합니다. 그러나 면역력이 약화될 경우 결핵이 발병할 위험이 있으므로 잠복 결핵 환자 역시 치료가 필요합니다. 잠복 결핵은 투베르쿨린 검사나 인터페론 감마 방출 검사로 확인할 수 있으며, 치료를 위해 3~6개월 동안 항결핵제를 복용해야 합니다. 그러나 치료제가 환자의 간과 신경계에 영향을 끼칠 수 있으므로 정기적인 혈액 검사가 필요합니다. 만약 항결핵제 복용 후 피로감, 황달, 손발 저림 등의 부작용이 발생하면 즉시 병원을 방문해야 합니다.

결핵은 전염성 질환이므로 결핵 환자와 주위 사람들이 함께 주의해야 합니다. 가급적 규칙적으로 생활하고 충분한 영양을 섭취하여 면역력을 유지하는 것이 결핵을 예방하는 데 큰 도움이 됩니다.

Sight Translation 2

문장 구역 연습 2

| 한국어 ↔ 영어

□ 환자가 뎅기열 의심 증상에 대해 질문하고, 의사가 답합니다.
□ 통번역사는 환자의 증상과 의사의 진단을 정확하게 통역합니다.

Q

Hello. I've been experiencing severe headaches, along with muscle and joint pain, for the past few days, so I'm reaching out for advice. At first, I thought it was just a cold and bought cold medicine from a pharmacy, but the symptoms haven't improved. So I'm concerned it might be something more serious. These symptoms began after I returned from a business trip overseas last week. Upon researching, I found that there was an outbreak of dengue fever in the area I visited. I'm very worried that I might have contracted it from a mosquito bite.

I'm planning to visit the hospital this week for testing, and I would like to know which tests I should undergo and how the procedure will be carried out. Also, if it turns out to be dengue fever, what kind of treatment would I need?

A

안녕하세요. 여행 후 몸 상태가 좋지 않아서 걱정이 많으실 것 같습니다. 뎅기열이란 모기에 물려 전염되는 바이러스성 질환으로, 열대 지역이나 동남아시아 국가에서 많이 발생한다고 알려져 있습니다. 관련 지역에서 모기에 물린 적이 있다면 뎅기열에 걸렸을 가능성을 배제할 수 없습니다. 뎅기열은 일반적으로 모기에 물린 후 3~14일 사이에 증상이 나타납니다. 주요 증상으로는 심한 두통·근육통·관절통·피부 발진 등이 나타날 수 있고, 38도 이상의 갑작스러운 고열이 동반되기도 합니다. 뎅기열은 초기에는 가벼운 감기와 증상이 비슷하여 구분이 어려울 수 있지만, 감기와 다르게 피부 발진 및 갑작스러운 고열이 발생합니다.

혈액 검사를 통해 바이러스 감염이 확인되면 환자분의 상태에 맞게 치료합니다. 뎅기열 바이러스를 직접적으로 치료하는 특별한 항바이러스 치료제는 없습니다만, 증상에 따라 치료하는 대증 요법으로써 수액 보충 등이 이루어지며, 해열제와 소염 진통제를 투여해 발열과 통증을 완화하는 것이 일반적입니다. 특히 탈수 증상이 나타나지 않도록 환자에게 수분을 공급해 주는 것이 매우 중요합니다.

뎅기열은 보통 1주일 내로 회복되며 특별한 후유증 없이 증상이 완화됩니다. 그러나 드물게 뎅기 출혈열이나 뎅기 쇼크 증후군과 같은 합병증이 발생하여 생명을 위협할 수 있으므로 주의가 필요합니다. 환자분의 경우 아직 고열 증상은 나타나지 않은 듯하니, 하루속히 병원에 오셔서 검사를 받으시기 바랍니다.

BRIEF
- ☐ 환자가 쓰쓰가무시병 의심 증상으로 의사를 찾아왔습니다.
- ☐ 통번역사는 대화 상황에 적절한 표현으로 통역을 완성합니다.

환자 Hello, Doctor. I've had a fever and severe headache for several days, and I thought it was just a cold. However, a rash appeared on my skin, and when I looked more closely, I noticed a scab on my calf. I'm wondering if I might have been bitten by something, so I came to the hospital for a checkup.

통역사

의사 최근 다른 나라를 방문하시거나 야외 활동을 하셨나요? 다른 증상은 없는지요?

통역사

환자 I haven't been abroad, but I went hiking with my friends the week before last. Since then, I've been experiencing mild body aches and occasional chills.

통역사

의사 종아리에 생긴 딱지를 한번 볼까요. (확인 후) 말씀하신 증상들과 다리의 딱지를 보니 쓰쓰가무시병이 의심됩니다. 털진드기병이라고도 하는 이 병은 털진드기 유충에 물려 발생하는 감염병으로, 털진드기가 서식하는 풀밭이나 숲에서 감염될 수 있습니다. 보통 잠복기가 10~12일 정도이니 검사를 받아 보시는 게 좋겠습니다.

통역사

환자 Scrub Typhus? I've never heard of it before. Is it dangerous?

통역사

의사 쓰쓰가무시병의 특징적인 증상은 발열, 두통, 오한, 근육통, 발진 등이 나타나면서 가피가 생기는 거예요. 털진드기에 물렸던 부위에 검은 딱지가 앉는 현상이죠. 항생제로 잘 치료되는 병이니 너무 걱정은 마시고, 먼저 혈액 검사를 해서 이 질환이 맞는지부터 확인하겠습니다.

통역사

【검사 후】

의사	검사 결과 쓰쓰가무시병이 맞습니다. 처방해 드리는 항생제를 복용하시면 2~3일 내에 증상이 완화됩니다. 증상이 호전되었다고 해서 약물 복용을 중단하시면 완치되지 않고 재발할 위험이 있으니, 복용 기간인 7일 동안 꼭 약을 다 챙겨 드시기 바랍니다.
통역사	
환자	Yes, I understand. I will make sure to take my medication consistently for 7 days.
통역사	
의사	쓰쓰가무시병은 재감염될 수 있기 때문에 앞으로도 주의하셔야 합니다. 특히 등산이나 캠핑처럼 야외에 장시간 있을 경우 풀밭에 앉거나 눕는 것을 피해야 하고, 긴소매 옷을 입고 발목이 긴 양말을 신으시길 권합니다. 피부와 옷에 진드기 기피제를 뿌리시면 진드기의 접근을 막는 데 큰 도움이 됩니다. 그리고 귀가하면 바로 샤워하시고, 입었던 옷은 반드시 세탁하시기를 바랍니다.
통역사	
환자	I understand. From now on, I'll be extra careful when engaging in outdoor activities. However, is scrub typhus contagious to others?
통역사	
의사	쓰쓰가무시병은 다행히 사람 간에 전염되지 않습니다. 집에 돌아가시면 항생제를 제때 챙겨 드시고 수분을 충분히 섭취하시기 바랍니다. 물과 전해질 음료를 드시면 탈수가 방지되고 고열이나 발진 등으로 인한 불편함도 완화될 겁니다. 체력이 떨어지면서 피로감이 더할 수 있으니 무리하지 마시고 푹 쉬세요.
통역사	

한국의 건강 보험 제도 이해

정의와 실행 방식

건강 보험 제도란 피보험자가 질병 및 부상의 예방·진단·치료·재활 등 건강 증진을 목적으로 의료 서비스를 제공받을 때 발생하는 의료비를 보험자가 부담해 주는 제도로, 나라마다 그 실행 방식이 다양하다. 한국은 국민이 의무적으로 보험료를 납부하고 국민 건강 보험 공단이 보험 급여를 제공하는 방식을 채택하고 있다. '국민 건강 보험(NHI: National Health Insurance)'이라고 불리는 이 제도에 따르면 국민 개개인의 소득 수준과 부담 능력에 따라 보험료가 산정되며, 납부한 보험료의 수준과 관계없이 국민 모두에게 균등한 의료 서비스와 보험 급여가 제공된다.

발전 과정

한국의 국민 건강 보험 제도는 1963년 〈의료 보험법〉이 제정되면서 그 기틀이 마련되었다. 초기에는 운영이 원활하지 못하다가 1977년부터 의료 보험 조합이 관리하면서 500명 이상 사업장의 근로자를 대상으로 직장 의료 보험 제도가 강제 적용되었다. 이 제도는 1988년에 5인 이상 사업장의 근로자들에게 확대 적용되었고, 1989년부터는 의료 보험 적용 대상이 전 국민으로 확대되었다. 이후 1997년 〈국민 의료 보험법〉이 제정되면서 국민 의료 보험 관리 공단이 출범했으며, 2000년에는 〈국민 건강 보험법〉이 시행되면서 기존의 직장 의료 보험 조합과 국민 의료 보험 관리 공단을 통합한 국민 건강 보험 공단이 창설되었다. 2003년에는 보험 재정 관리의 효율성과 형평성을 강화하기 위해 직장 가입자와 지역 가입자의 재정을 통합하였다.

운영 주체와 담당 업무

한국의 국민 건강 보험 제도는 보건 복지부, 국민 건강 보험 공단, 건강 보험 심사 평가원에서 운영하고 관리한다. 보건 복지부는 국가적 차원에서 건강 보험 관련 정책을 수립하고 감독하며, 국민 건강 보험 공단은 보험 가입자 관리·보험료의 부과와 징수·보험 급여 지급 등을 담당하고 있다. 건강 보험 심사 평가원은 의료 기관으로부터 청구된 진료비를 심사하고 평가하는 업무를 한다.

보험 급여의 형태

보험 급여란 의료 서비스를 받는 대상, 즉 건강 보험에 가입한 피보험자에게 제공되는 의료 급여를 의미한다. 이는 현물 급여와 현금 급여의 두 가지 형태로 나뉜다.

현물 급여는 의료 서비스 자체를 제공하는 것을 의미하며, 요양 급여와 건강 검진이 이에 해당한다. 현금 급여는 금전적 지원을 직접 제공하는 것으로, 피보험자 본인이 부담하는 의료비가 기준을 초과할 경우 공단에서 사전 또는 사후에 차액을 지급하는 본인 부담 상한제(reimbursement based on the co-payment ceiling system)가 대표적이다. 또 요양비·장애인 보조 기기·출산 급여·장제비·재난적 의료비 지원 등도 현금 급여에 해당된다.

한편 의료 서비스에는 일정 기준에 따라 건강 보험이 적용되지 않아 피보험자가 전액 부담해야 하는 비급여 항목들도 지정되어 있다.

한국의 건강 보험 체계와 제도적 장단점

보험자와 피보험자

건강 보험의 보험자란 보험금을 지급할 의무가 있는 주체를 말하며, 한국은 국민 건강 보험 공단을 단일 보험자로 둔다. 보험자는 질병 및 부상 치료에 직접적으로 발생하는 비용인 직접 치료비를 보장하며, 간병비·교통비 등 치료 과정에서 발생하는 부대 비용인 간접 치료비는 보장하지 않는다. 국민 건강 보험 공단은 보험과 관련된 모든 재정을 통합 관리하며, 공단의 주요 재원인 보험료에 정부 지원을 일부 더하여 재정 안정성을 확보한다. 피보험자인 한국의 국민은 모두 보험 가입과 보험료 납부의 의무가 있고, 의료 서비스를 제공받는 국민은 일정 기준에 따라 진료비의 일부를 부담하게 된다.

보험 가입 대상

한국의 국민 건강 보험 제도는 '국내에 거주하는 국민'을 가입자로 규성하고 있다. 여기에는 직장 가입사·시역 가입자·피부양자가 속하며, 외국인 및 재외 국민도 일정 기준에 따라 국민 건강 보험의 가입 대상이 된다.

사업장에 고용된 근로자는 직장 가입자에 해당되며, 이러한 경우 보험료는 고용주와 근로자가 각각 50%씩 부담한다. 직장 가입자에 해당하지 않는 모든 국민은 지역 가입자로서 소득 및 재산을 기준으로 산정된 보험료를 납부한다. 피부양자란 보험 가입자에게 주로 생계를 의존하는 사람을 의미하며, 이들의 소득 및 재산이 기준 이하일 경우 별도의 보험료가 부과되지 않는다. 한국에 6개월 이상 거주 중인 외국인 및 재외 국민은 지역 가입자와 동일한 기준으로 보험료가 부과된다. 군인 및 수감자의 경우에는 별도의 국가 지원 의료 체계가 적용되며, 의료 급여 수급자(기초 생활 수급자)의 경우에는 건강 보험이 아닌 의료 급여 제도가 적용된다.

의료 기관 이용 절차와 진료비 청구 절차

한국의 의료 전달 체계는 3단계로 구성되어 있다. 의료 서비스를 받는 환자는 대체로 거주 지역에서 가까운 1차 의료 기관에서 진료를 받은 후 더 포괄적이고 심도 깊은 검사와 치료를 위해 2차 의료 기관과 3차 의료 기관을 방문한다. 3차 의료 기관의 경우 1차·2차 의료 기관의 의뢰서를 지참해야 건강 보험과 관련한 보장을 받을 수 있다. 단계별 방문 순서에는 강제성이 없다.

한편 의료 기관은 환자가 부담한 일부의 진료비 외에 산정되는 진료비를 건강 보험 심사 평가원에 청구한다. 평가원은 진료비 청구에 대한 심사를 실시해 의료 기관에 결정 내역을 통보하고, 이에 따라 의료 기관에 요양 급여 비용을 지급한다.

한국의 건강 보험 제도의 장단점

한국의 국민 건강 보험 제도는 전 국민을 대상으로 하므로 의료 서비스에 대한 접근성이 높고, 본인 부담금 상한제 등의 제도가 마련되어 있어 보험 가입자가 경제적 보호를 받을 수 있다. 또 국민 건강 보험 공단이 단일 보험자여서 재정 관리가 효율적이라는 장점도 있다.

그러나 고령화와 저출산에 따른 재정 부담의 증가가 우려되고, 의료 급여가 제공되지 않는 의료 서비스 항목이 많아 국민이 지불해야 할 의료비가 적지 않다는 것은 단점으로 지적되고 있다. 또 한국의 국민 건강 보험 제도는 민간 중심의 의료 체계이기 때문에 공공 의료의 역할을 강화해야 한다는 것도 개선점으로 거론되고 있다.

General Surgery

일반 외과

AI와 함께 Warm-Up with AI

STEP 1

Q 내과 치료와 구분되는, 일반 외과에서의 치료 방법에는 어떤 것들이 있나요?

A 일반 외과에서의 치료 방법에는

STEP 2

Q

A

STEP 3

　　일반 외과는 위장, 대장, 간, 췌장, 담낭, 내분비샘, 피부 및 연조직 등 신체의 많은 기관에 발생하는 다양한 질환을 내과적인 약물 치료가 아닌 수술적 방법으로 치료하는 곳입니다. 일반 외과 의사들은 염증이나 종양을 제거하기 위한 개복 수술 또는 복강경 수술, 장기를 이식하는 수술, 중증 외상에 대한 응급 수술 등을 담당하고, 탈장 수술 및 치질 등 항문 질환 관련 수술도 진행합니다.

💬 전문 어휘

한국어	영어	한국어	영어
거부 반응	rejection	고름	pus
골절	fracture	기증자	donor
내분비샘	endocrine gland	담낭 용종	gallbladder polyp
담낭암	gallbladder cancer	담즙	bile
대장	large intestine	도수 정복	manual reduction
돌출	protrusion	레이저 치료	laser therapy
맹장	caecum, cecum	면역 억제제	immunosuppressant
면역학적 검사	immunologic test	무릎	knee
물혹(낭종)	cyst	배변	bowel movement, defecation
변비	constipation	복강	abdominal cavity
복벽	abdominal wall	봉합	suture
소독제	antiseptic drug, disinfectant	소장	small intestine
수혜자	donee	식이성 섬유	dietary fiber
심전도 검사	ECG/EKG (electrocardiography)	십이지장	duodenum
압통	tenderness	연고	ointment
연조직	soft tissue	예후	prognosis
응급 수술	emergency surgery	저혈량 쇼크	hypovolemic shock

중환자실	ICU(intensive care unit)	직장 손가락 검사	DRE (digital rectal examination)
찰과상	abrasion	천공	perforation
초음파 검사	ultrasonography	출혈	bleeding, hemorrhage
충수 돌기	vermiform appendix	충수염	appendicitis
치질(치핵)	hemorrhoid, pile	치핵 절제술	hemorrhoidectomy
항문	anus	항응고제	anticoagulant
호흡 곤란	SOB(shortness of breath)	흉터	scar

💬 유용한 표현

한국어	영어	한국어	영어
국소 마취를 하다	to administer local anesthesia, to do under local anesthesia	꿰맨 부위가 부어오르다	to experience swelling at the suture site
담낭 전체를 제거하다	to remove the entire gallbladder	담즙을 배출하다	to discharge bile
배꼽 주위에서 통증이 느껴지다	to feel pain around the umbilicus	배변 습관을 기르다	to regulate bowel habits
배변 때 출혈을 보이다	to exhibit rectal bleeding during defecation	백혈구의 상태를 확인하다	to check the white blood cells
복강 내 감염이 발생하다	to lead to an intra-abdominal infection	복벽을 절개하다	to make an incision in the abdominal wall
상처 부위를 봉합하다	to suture the wound	상처 위에 소독된 거즈를 올리다	to cover the wound with disinfected gauze
상처 주변이 붓거나 빨개지다	to develop swelling and redness around the wound	상처가 곪다	to have abscess formation
세균이 증식하다	to have bacterial proliferation	실밥을 풀다	to remove sutures
이상 증상이 생기다	to develop abnormal symptoms	추적 관찰을 하다	to conduct follow-up observation
충수 돌기에 염증이 발생하다	to develop an inflammation in the vermiform appendix	하복부로 통증이 국한되다	to experience localized lower abdominal pain
항문이 가렵다	to experience anal itching	혈관이 부풀어 오르다	to have dilated blood vessels
흉터 연고를 바르다	to apply scar ointment	흉터가 남다	to leave scars

1) 개복 수술 laparotomy

개복 수술은 복부에 생긴 질환들을 치료하기 위해 복벽을 절개하는 수술 방법이다. 이는 의사가 복부 내 장기를 직접 눈으로 관찰하면서 수술을 진행하기 때문에 의사가 환자의 상태를 정확하게 진단하고 문제가 있는 조직을 완전히 제거할 수 있다는 장점이 있다. 따라서 여러 장기를 확인해야 하거나, 수술 범위가 크고 복잡한 경우에는 개복하여 수술하는 것이 더 적합하다. 다만 개복 수술은 회복 기간이 길고 절개 부위의 감염 위험이 높다는 단점이 있다.

2) 복강경 수술 laparoscopic surgery

복강경 수술은 수술할 때 절개 범위를 최소화하는 최소 침습 수술 방법으로, 복부에 1~1.5cm 정도의 구멍을 여러 개 낸 후 그 안에 의료 기구들을 집어넣어 수술을 진행한다. 즉, 환자의 몸에 작게 절개한 구멍 안으로 카메라를 들여보내 찍은 영상을 의사가 모니터를 통해 실시간으로 확인하면서 수술 도구들을 세밀하게 움직여 진행하는 수술이다. 그렇기 때문에 이 수술은 의사의 숙련도가 중요하다. 개복 수술에 비해 복강경 수술은 절개 범위가 작기 때문에 회복이 빠르고 통증이 덜하며 흉터가 작게 남는다는 장점이 있다. 다만, 종양이 너무 크거나 주변 장기까지 전이되어 복잡한 수술 과정을 거쳐야 할 경우에는 이 수술 방법을 적용하기 어려울 수 있다.

3) 이식 수술 transplant surgery

일반 외과에서는 손상된 장기를 제거하고 그 자리에 건강한 장기를 이식하는 수술도 진행하는데, 주로 간·신장·심장·췌장 등의 신체 기관을 이식한다.

장기 이식 전문의들은 수술 전 장기 기증자에게 혈액 검사·조직 검사·면역학적 검사 등을 실시하여 장기 이식이 가능한지를 확인하고, 수혜자인 환자에게는 수술을 견딜 정도의 건강 상태인지를 확인한다. 장기 이식 수술을 받은 환자는 신체의 면역 체계로 인해 거부 반응이 나타날 수 있어 면역 억제제 복용이 필요하다. 환자가 면역 억제제를 복용하면 면역력이 낮아져 감염 위험이 높아지므로, 해당 환자는 정기적으로 상태를 검사받고 철저하게 위생 관리를 해야 한다.

4) 중증 외상 major trauma

중증 외상이란 교통사고나 총상, 산업 재해 등으로 신체의 여러 부위에 다발성 손상이 발생하여 생명에 심각한 위협이 가해진 상태를 말한다. 대부분의 중증 외상은 골절이나 장기 손상으로 인한 저혈량 쇼크 및 호흡 곤란 등의 증상이 나타나는 응급 상황이므로, 신속한 진단과 치료가 이루어져야 한다. 의사는 기도 개방과 산소 공급 등 응급 처치를 한 다음 필요시 곧바로 수술을 진행한다. 수술 후 환자는 회복과 합병증 예방을 위해 중환자실에서 집중 치료를 받는다.

5) 탈장 hernia

탈장이란 신체 내 장기가 원래 있어야 할 자리에 있지 않고 빠져나오는 것을 말한다. 장기가 돌출되는 증상은 신체의 다양한 부위에서 일어나는데, 특히 복벽에서 빈번하게 나타난다. 초기에는 장기가 복벽이 약해진 틈 사이로 작게 돌출되다가 점차 큰 덩어리로 만져질 만큼 많이 빠져나오게 된다. 탈장 치료는 우선 탈장된 장기를 손으로 제자리에 돌아가게 하는 시술인 도수 정복을 시행한다. 그러나 장기가 다시 원래 위치로 돌아가지 않을 경우에는 수술이 필요하다.

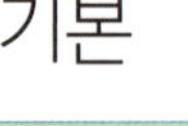

☐ 환자가 상처 봉합을 하기 위해 의사를 찾아왔습니다.
☐ 통번역사는 환자와 의사의 대화를 양방향으로 원활하게 통역합니다.

환자 Hello, Doctor. I came because I injured my knee when I fell, and it's bleeding a lot and very painful.

통역사 안녕하세요, 선생님. 제가 넘어지면서 무릎을 다쳤는데 피가 많이 나고 너무 아파서 왔어요.

의사 상처를 한번 볼까요? 상처가 아주 큰 편은 아닙니다만, 먼저 소독한 후에 상처 부위를 봉합해야 할 것 같습니다. 상처를 꿰매고 나서 잘 관리하시면 금방 아물 거예요.

통역사 Let's take a look. It's not very large, but first, I should disinfect it and then proceed with suturing. With proper care after suturing, it should heal quickly.

환자 How many stitches will be needed?

통역사 몇 바늘이나 꿰매야 하나요?

의사 상처 크기로 봤을 때 세 바늘 정도 꿰매야겠습니다. 상처 봉합은 국소 마취를 하기 때문에 꿰매는 동안에는 많이 아프지 않습니다. 다만 마취 주사를 맞을 때 조금 따끔할 수 있어요. 봉합은 30분도 걸리지 않고, 마취가 풀리는 데는 대략 2시간이 걸립니다. 봉합 후에는 항생제와 진통제를 처방해 드리겠습니다. 그럼 이제 봉합을 시작하겠습니다.

통역사 Considering the size of the wound, I'll need to place about three stitches. Since the suturing will be done under local anesthesia, the procedure shouldn't be too painful. However, the anesthetic injection itself might sting a little. The suturing will take less than 30 minutes, and the anesthesia will wear off in about two hours. Afterward, I'll prescribe antibiotics and pain relievers. Now, I'll begin the suturing.

【 봉합 후 】

의사 봉합이 잘되었습니다. 2주일 후 병원에 실밥을 제거하러 오세요. 실밥 제거 전까지는 이틀 간격으로 드레싱을 해 주셔야 하고, 꿰맨 부위를 건드리지 않도록 주의해 주세요. 상처가 가려워도 긁지 말아야 하고, 더 잘 아물게 하기 위해 상처가 물에 닿지 않게 해야 합니다. 꿰맨 부위가 햇볕에 직접 노출되지 않도록 옷이나 붕대를 사용해 가리는 것도 좋습니다. 햇볕에 자주 노출되면 흉터가 더 진하게 남을 수 있거든요.

통역사 The suturing went well. Please come back in two weeks for suture removal. Until then, you should change the dressing every two days and avoid disturbing the sutured area. Even if it itches, do not scratch the wound. Keep the area dry to promote better healing. It's also advisable to cover the sutured area with clothing or a bandage to protect it from direct sunlight, as frequent exposure may cause darker scars.

환자	How should the dressing be done?
통역사	드레싱은 어떻게 하면 되나요?

의사 꿰맨 상처는 잘 관리하지 않으면 감염될 위험이 있고 봉합 부위가 벌어질 수도 있으므로 주의하셔야 합니다. 상처가 곪거나 덧나지 않도록 꿰맨 부위를 청결하게 관리하는 것이 중요하니, 드레싱 전에 먼저 손을 깨끗이 씻으세요. 그리고 상처 부위에 붙였던 밴드를 제거한 후 상처와 그 주변부를 소독제로 깨끗하게 소독하셔야 합니다. 소독 후에는 소독제가 완전히 마를 때까지 기다린 후, 상처 위에 소독된 거즈를 올리고 의료용 밴드로 고정하세요. 혼자 드레싱을 하는 게 어렵다면 병원에 와서 드레싱을 받으셔도 됩니다. 만약 꿰맨 부위가 부어오르거나 발열 또는 고름 같은 이상 증상이 생기면 바로 병원에 오세요.

통역사 Sutured wounds carry a risk of infection, and if not properly managed, the sutured area may reopen. It's important to keep the area clean to prevent complications like abscess formation or excessive granulation. Be sure to wash your hands thoroughly before changing the dressing. After removing the bandage, clean the wound and the surrounding area with a disinfectant. Wait for the disinfectant to dry completely, then cover the wound with disinfected gauze and secure it with a medical bandage. If you're having difficulty dressing the wound on your own, feel free to come to the hospital for assistance. If the suture site becomes swollen, or if you experience abnormal symptoms like fever or pus, come to the hospital immediately.

환자	Will this leave a scar?
통역사	혹시 흉터가 남을까요?

의사 봉합한 부위에 흉터가 크게 남으면 상처가 완전히 나은 후에 레이저 치료를 권합니다만, 환자분의 경우에는 흉터 연고를 잘 발라 주면 크게 신경 쓰일 정도는 아닐 거예요.

통역사 If the scar becomes noticeable, I recommend laser therapy once the wound heals. However, if you apply the scar ointment correctly, it shouldn't be a major issue.

환자	When should I start applying scar ointment?
통역사	흉터 연고는 언제부터 바르면 좋을까요?

의사 실밥을 풀고 나서 1주일 후부터 바로 흉터 연고를 사용하세요. 처방해 드리는 흉터 연고를 꾸준히 바르셔야 효과가 있습니다.

통역사 Start using the scar ointment one week after the sutures are removed. For best results, apply the prescribed ointment consistently.

환자	Yes, I understand.
통역사	네, 알겠습니다.

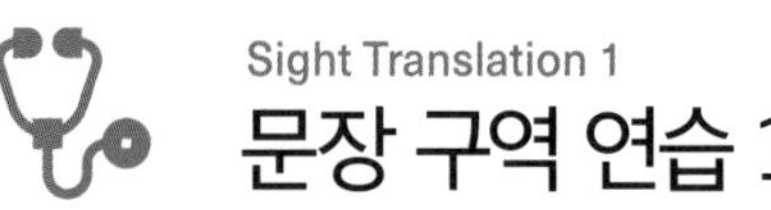

□ 의사가 환자에게 충수염에 대해 구체적으로 설명합니다.
□ 통번역사는 환자가 의학적·전문적 개념을 잘 이해할 수 있게 통역합니다.

충수염이란?

충수염은 충수 돌기에 염증이 발생하는 질환입니다. 이때 충수 돌기는 소장에서 대장으로 이어지는 부위에 위치한 소화 기관인 맹장의 끝부분에 붙어 있는 가느다란 기관을 가리킵니다. 5~10cm 크기밖에 안 되는 충수 돌기에 염증이 생기면 급성 통증과 여러 합병증이 발생할 수 있습니다. 충수염은 응급 수술이 필요한 대표적인 복부 질환 중 하나이며, 빠르게 치료하지 않으면 충수 돌기가 파열되어 더 심각한 복강 내 감염이 발생할 위험이 있습니다.

충수염은 대개 딱딱하게 굳은 변 덩어리, 기생충, 감염 등으로 인해 충수 돌기가 막힐 때 발병합니다. 충수 돌기가 막히면 충수 내부에서 세균이 급격히 증식하고, 분비물이 정상적으로 빠져나가지 못하면서 충수 내부에 압력이 증가해 염증이 발생하게 됩니다.

복통은 충수염의 가장 흔한 증상입니다. 충수염이 발생하면 초기에는 상복부 또는 배꼽 주위에서 통증이 느껴지다가 시간이 지나면서 우측 하복부로 통증이 국한되는 경향이 있습니다만, 개인에 따라 충수 돌기의 위치가 조금씩 다르기 때문에 통증을 느끼는 위치도 다를 수 있습니다. 충수염에 걸리면 복통 외에도 식욕 부진, 메스꺼움, 구토, 발열, 복부의 압통 등이 나타나기도 합니다.

충수염이 의심될 경우 혈액 검사로 몸에 염증이 있을 때 수치가 올라가는 백혈구의 상태를 확인합니다. 또 복부 초음파 검사나 복부 CT 검사로 충수 돌기의 상태와 염증 정도를 파악합니다.

충수염 초기 단계에서는 항생제 치료로 염증을 가라앉히는 경우도 있으나, 일반적으로는 수술을 통해 충수 돌기를 제거하는 것이 가장 안전하고 확실한 치료 방법입니다. 대부분의 충수염 수술은 복강경 수술로 진행됩니다. 이 수술은 배에 작은 구멍을 여러 개 뚫고 그 안에 내시경 장비를 삽입해 충수 돌기를 제거하는 방식으로, 개복 수술에 비해 수술 후 흉터가 작게 남고 회복이 빠르며 합병증 발병률도 낮다는 장점이 있습니다.

환자는 수술 부위가 완전히 아물기 전까지 무리한 신체 활동을 자제해야 하며, 특히 복부 근육에 부담을 주는 행동은 삼가야 합니다. 또한 수술 부위의 상처를 항상 청결하게 유지하고, 상처 주변이 붓거나 빨개지고 고름이 나는 등의 감염 증상이 있는지 매일 확인해야 합니다.

충수염은 초기에 신속하게 치료하면 대부분 좋은 예후를 보이지만, 치료 시기가 늦어질 경우 천공이나 패혈증과 같은 합병증이 발생해 심각한 상태에 이를 수 있습니다. 따라서 초기 증상이 나타난 환자는 바로 병원에 가서 진단을 받고 치료를 하는 것이 매우 중요합니다.

Sight Translation 2
문장 구역 연습 2

| 한국어 ↔ 영어

BRIEF
- ☐ 환자가 치질 관련 증상에 대해 질문하고, 의사가 답합니다.
- ☐ 통번역사는 환자의 증상과 의사의 진단을 정확하게 통역합니다.

Q Hello, I've been experiencing severe constipation lately, and I feel discomfort every time I use the bathroom. My stools are hard, and sometimes I notice bright red blood in them. Even after a bowel movement, I still feel like my bowels aren't fully emptied, which is very uncomfortable. I'm also experiencing itching around my anus and slight pain. These symptoms are significantly affecting my daily life, and it's making me hesitant to go out.

I think these issues may be due to sitting for long periods at work and having irregular eating habits. What can I do to relieve these symptoms? Also, could you please let me know what tests and treatments are available at the hospital? With proper treatment, I hope to overcome this pain quickly and return to enjoying my daily life.

A 안녕하세요. 환자분이 배변과 관련된 다양한 증상을 경험하며 걱정이 많으신 듯합니다. 환자분이 말씀하신 증상들은 치질(치핵) 증상과 유사합니다. 항문 내외의 혈관이 부풀어 오르는 치질 환자는 배변 때 출혈을 보이거나 항문 주위에 통증을 느낄 수 있고 염증으로 인해 항문이 가려울 수도 있습니다.

정확히 진단하기 위해서는 병원에서 검사를 받아 보시는 것이 좋습니다. 치질이 심한 경우 별도의 검사 없이도 질환을 육안으로 확인할 수 있고, 때에 따라 의사가 장갑을 낀 후 항문에 직접 손가락을 넣어서 내부 조직을 확인하는 검사, 즉 직장 손가락 검사를 시행하기도 합니다. 치질 증상이 경미한 경우에는 생활 습관을 개선하고 약물 치료를 받는 것만으로도 회복이 가능하지만, 정도가 심할 경우에는 치핵 절제술을 시행합니다.

무엇보다 환자분의 식습관 개선이 필요합니다. 먼저 변이 딱딱해지지 않도록 하루에 1.5~2L 이상의 물을 충분히 섭취하시고, 식이성 섬유가 풍부한 과일·채소·통곡물 위주로 식사하시길 권합니다. 그리고 규칙적인 배변 습관을 기르는 것도 중요하므로, 아침 식사 후 장의 활동이 활발해지는 시간에 배변을 시도해 보세요. 이때 화장실에 너무 오래 앉아 있는 것은 오히려 치질을 악화시키므로 주의하셔야 합니다. 장 활동을 촉진할 수 있는 가벼운 산책이나 스트레칭을 규칙적으로 하는 것도 도움이 됩니다. 평상시 장시간 앉아 있으면 항문 부위에 압력이 증가하므로, 중간중간 자리에서 일어나 몸을 움직이셔야 합니다.

☐ 환자가 담낭 용종을 제거하기 위해 의사를 찾아왔습니다.
☐ 통번역사는 대화 상황에 적절한 표현으로 통역을 완성합니다.

환자 Hello, Doctor. During a recent medical checkup, an abdominal ultrasound detected a fairly large polyp in my gallbladder, so I had an additional CT scan. Due to the size of the polyp, I was advised to visit a larger hospital, which is why I'm here today.

통역사

의사 검사 결과를 보니 환자분의 담낭 용종 크기가 1cm를 넘네요. 용종이 1cm 미만일 경우 정기적으로 추적 관찰을 합니다만, 용종이 1cm 이상이면서 모양이 비정상적이라면 담낭암으로 발전할 가능성이 있기 때문에 용종을 수술로 제거하기를 권장합니다.

통역사

환자 Is the surgery risky? I'm also curious about the recovery process afterward.

통역사

의사 복강경 수술을 시행할 예정인데, 이는 의료 기구들을 삽입하기 위해서 복벽을 절개하는 부위가 크지 않아 수술 후 회복이 빠르고 입원 기간도 짧습니다. 환자분들은 대개 2~3일 정도만 입원하시고, 퇴원 후에는 가벼운 일상 활동도 가능합니다. 다만 담낭에서 용종만 제거하기 어려우므로 담낭 전체를 제거해야 한다는 점을 미리 말씀드립니다.

통역사

환자 Is it okay to live without a gallbladder? I'm worried about it.

통역사

의사 담낭은 간에서 생성된 담즙을 저장하며, 담즙은 소화를 돕는 역할을 합니다. 따라서 담낭이 없어도 간에서 직접 담관을 통해 십이지장으로 담즙을 배출하기 때문에 소화에 큰 문제가 발생하지 않아요. 일부 환자는 소화 불량을 겪기도 합니다만, 이런 경우 소화가 잘되도록 식이성 섬유가 풍부한 음식을 섭취하는 등 식습관을 조절하면 건강을 충분히 관리하실 수 있습니다.

통역사

환자　Yes, I understand. Is there anything I need to do to prepare for the surgery?

통역사

의사　환자분이 평소에 항응고제나 아스피린 등을 복용하고 계셨다면 수술 중에 발생할 수 있는 출혈을 방지하기 위해 수술하기 7일 전부터 관련 약의 복용을 중단하셔야 합니다. 수술 전날에는 금식을 해야 하고, 기본적인 혈액 검사와 심전도 검사 등을 통해 환자분이 수술이 가능한 상태인지 확인할 예정입니다. 그래서 수술 전날 입원을 권합니다.

통역사

환자　What precautions should I take after the surgery?

통역사

의사　수술 후에는 무엇보다도 올바른 식습관을 지키는 것이 매우 중요합니다. 한 번에 많은 양을 드시지 말고 소량씩 자주 드세요. 또 저지방 식단을 유지하면서 기름진 음식은 피하시는 게 좋습니다. 수술 후 환자분은 설사나 복통 등의 소화 문제를 겪으실 수 있는데, 이런 증상이 지속되면 병원에 내원하여 필요한 치료를 받으시기 바랍니다.

통역사

환자　I usually jog regularly, and I'm wondering when I can start again.

통역사

의사　환자분의 몸 상태에 따라 다르겠지만, 수술 직후 첫 달은 무리하시지 말아야 합니다. 수술 후 1~2주 정도는 걷기처럼 가벼운 운동부터 시작하세요. 조깅같이 더 활동적인 운동은 수술 후 최소한 1개월은 지난 후에 하시는 것이 좋습니다. 그리고 조깅을 할 때도 처음에는 천천히 달리면서 짧게 하시고, 점차 운동량을 늘려 가세요.

통역사

Orthopedic Surgery

정형외과

AI와 함께 Warm-Up with AI

STEP 1

Q 사람의 신체상 주요한 뼈를 그 명칭과 함께 나열해 주세요.

A 사람의 신체상 주요한 뼈는

STEP 2

Q

A

STEP 3

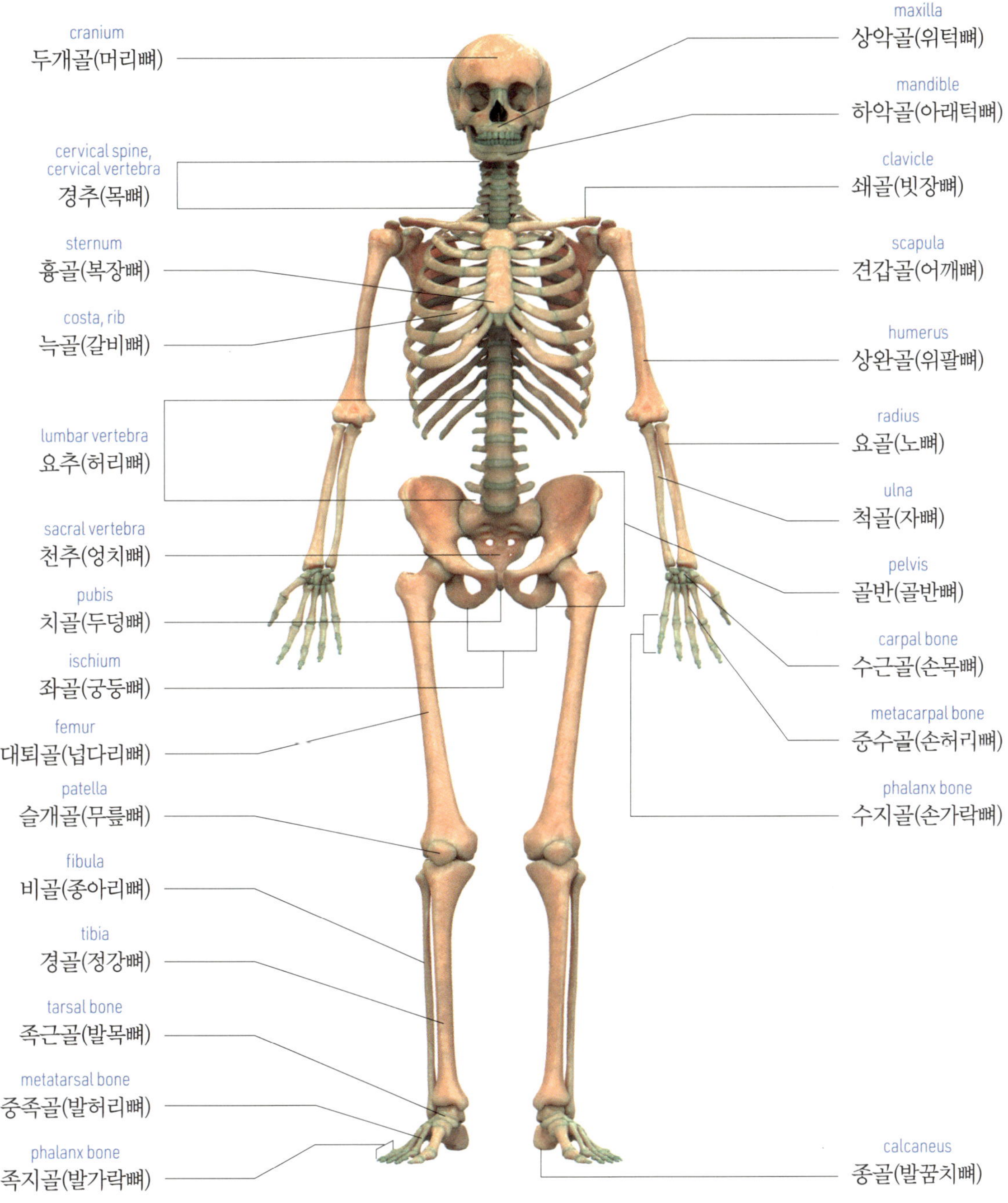

정형외과는 골격 및 근육계에 나타나는 질환들을 진단하고 예방하는 외과의 한 분야입니다. 보통 관절, 인대, 뼈, 힘줄과 근육 등에 부상이 생겼을 때 찾아가는 곳입니다. 정형외과 의사들은 주로 목과 허리의 디스크, 관절염 등 신체의 다양한 부위에 통증을 일으키는 근골격계 질환들, 외상으로 인한 골절 등을 치료합니다.

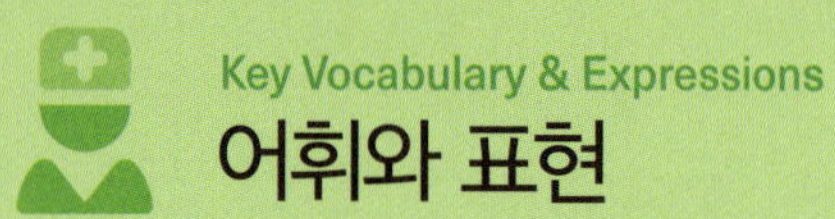

어휘와 표현

💬 전문 어휘

한국어	영어	한국어	영어
강직성 척추염	ankylosing spondylitis	고관절	coxal articulation, hip joint
골 형성	bone healing, osteogenesis	골격	skeleton
골수	bone marrow	골수 흡인 농축물	BMAC(bone marrow aspirate concentrate)
관절	joint	관절강	articular cavity
근골격계	musculoskeletal system	근육	muscle
냉찜질	cold compress	노화	aging
다발 골절	multiple fracture	도수 치료	manual therapy
디스크(추간판)	discus, disk, intervertebral disc	만성 불안정증	chronic instability
목발	crutches	무혈성 괴사	avascular necrosis
물리 치료	physical therapy	방사통	radiating pain
보조기	assist device, orthosis	복대	binder
부기(부종)	swelling	석고 붕대	plaster cast
선천 고관절 탈구	congenital dislocation of hip, congenital hip dislocation	소염 진통제	anti-inflammatory analgesic drug, anti-inflammatory pain reliever
속발성	secondary	수근관	carpal tunnel
어깨	shoulder	연골	cartilage
오십견(동결견)	frozen shoulder	온찜질	hot compress
요통	back pain, backache, lumbago	운동 검사	exercise test

한국어	영어	한국어	영어
인공 관절 수술	artificial joint surgery	인대	ligament
재활	rehabilitation	정중 신경	median nerve
줄기세포	stem cell	척추	vertebra
척추관 협착증	spinal stenosis	체외 충격파 요법	ESWT (extracorporeal shock wave therapy)
탈구	dislocation	통풍	gout
퇴행성 관절염	OA (osteoarthritis)	특발성	idiopathic
허리 디스크(요추 추간판 탈출증)	lumbar disc herniation	혈류	blood flow
형성 이상	dysplasia	힘줄(건)	tendon

유용한 표현

한국어	영어	한국어	영어
MRI 촬영대 위로 올라가 눕다	to lie down on the MRI table	관절 안으로 약물을 주입하다	to inject medication into the joint
관절의 기능을 되살리다	to restore joint function	다리가 저리다	to feel numbness in one's leg(s)
다리를 꼬다	to cross one's legs	다발 골절이 발생하다	to have multiple fractures
디스크가 삐져나오다	to experience disc herniation	발병에 영향을 주다	to affect the onset
부기가 가라앉다	to experience subsiding swelling	뼈와 뼈마디가 불안정하다	to experience bone and joint instability
손목이 붓다	to have a swollen wrist	양반다리를 하다	to sit cross-legged
어깨 관절을 풀다	to loosen the shoulder joint	연골이 닳다	to experience cartilage deterioration
외상이 반복되다	to be repeated trauma	인대의 손상 정도를 확인하다	to assess the degree of ligament injury
정상 체중을 유지하다	to maintain a normal body weight	줄기세포를 주사하다	to inject stem cells
통증과 부종이 반복되다	to experience recurrent pain and swelling	통증이 다른 부위로 퍼지다	to experience pain radiating to other areas
팔을 MRI 촬영대에 고정해 놓다	to secure the arm on the MRI table	허리를 구부리다	to bend at the waist

1) 고관절염 coxarthria, coxitis

고관절은 골반과 대퇴골이 만나는 부위에 위치하는 우리 몸에서 가장 큰 관절로, 이 관절에 염증이 생기는 것을 고관절염(엉덩 관절염)이라고 한다. 염증이 관절을 펴는 동작에 제한을 주어 다리가 완전히 펴지지 않아 걸을 때 체중이 실리면서 환자는 심한 통증으로 다리를 절뚝거리게 된다. 고관절염의 원인은 노화, 외상, 세균 감염, 선천적·후천적 질환 등 다양하다. 이는 소염 진통제를 이용한 약물 치료와 물리 치료를 병행하며, 원인에 따라 적절한 치료를 추가한다. 증상이 심할 경우 인공 관절 수술을 진행한다.

2) 골절 fracture

골절이란 대개 뼈에 강한 충격이 가해지는 외상에 의해 머리, 팔다리와 손발, 가슴 등의 뼈가 부러지는 현상이다. 보통 뼈가 다시 붙을 때까지 팔걸이나 목발을 사용하거나 석고 붕대를 해서 골절 부위를 보호하지만, 골절이 심한 경우에는 금속 핀 등을 삽입하는 수술을 시행하기도 한다. 골절되면서 뼈 주위의 연조직이나 신경 및 장기의 손상 또는 패혈증 등의 합병증이 발생할 위험도 있어 주의를 기울여 치료해야 한다.

3) 류머티즘성 관절염 rheumatoid arthritis

류머티즘성 관절염은 면역 체계의 문제로 관절에 염증이 발생하는 만성 질환이다. 이는 신체의 거의 모든 관절에서 발병하며, 이로 인해 심장·폐·위장관·눈 등의 기관에 합병증이 발생할 위험도 있다. 증상은 손가락이 뻣뻣해지는 것으로 시작되어 점차 관절 마디가 휘어지는 상태로 진행된다. 1차적으로는 관절염에 대한 약물 치료를 하고, 2차적으로는 면역 체계의 오류 자체를 억제하는 약물 치료를 시행한다. 류머티즘성 관절염 치료는 대개 오랜 시간이 걸리므로, 꾸준히 약물을 복용하고 관리해야 한다.

4) 손목굴 증후군 carpal tunnel syndrome

손목굴 증후군(손목 터널 증후군, 수근관 증후군)은 손이 저리고 손가락의 감각이 저하되며, 손목에 통증 및 부종이 발생하는 질환이다. 손목에는 수근관이라는 좁은 통로가 존재하여 이 안에 손가락을 움직이게 하는 힘줄과 손의 감각을 조절하는 정중 신경이 지나가는데, 수근관이 좁아지거나 수근관 내 압력이 증가하면 손과 손목에 불편함이 나타나게 된다. 특히 손가락을 사용하지 않는 밤에 힘줄이 더 부어서 통증이 심하고, 어깨까지 그 통증이 퍼지기도 한다. 겨울에는 수근관 주변 조직들이 수축하면서 통증이 더 심해질 수도 있다. 약물이나 주사 요법으로 치료하지만, 증상이 심하면 수술을 해야 한다.

5) 염좌 sprain

보통 '삐었다.'라고 표현하는 염좌는 무리한 운동이나 사고 등 외상으로 인해 관절 주변의 인대나 근육에 통증이 생기고 부어올라 관절의 상태가 불안정해지는 질환이다. 염좌가 발생한 직후에는 부기를 가라앉히기 위해 냉찜질을 하고, 부기가 가라앉으면 원활한 혈액 순환을 위해 온찜질을 한다. 염좌를 제때 치료하지 않으면 관절염으로 발전할 위험이 있으므로, 염좌가 발생한 초반에 붕대나 목발 등을 이용하여 관절의 움직임을 최소화하는 게 좋다. 증상이 심할 경우 약물 치료나 수술 치료를 진행하며, 관절의 기능을 회복시키기 위해 재활 치료를 하는 경우도 많다.

□ 환자가 손목 골절을 확인하기 위해 의사를 찾아왔습니다.
□ 통번역사는 환자와 의사의 대화를 양방향으로 원활하게 통역합니다.

환자	I slipped and fell at the swimming pool. Now my right wrist hurts a lot, so I came in.
통역사	수영장에서 미끄러지면서 넘어졌는데, 오른쪽 손목이 너무 아파서 왔어요.
의사	눈으로 보기에도 오른쪽 팔과 손목이 많이 부었네요. 골절이 있는 것 같으니 우선 X-ray 검사와 MRI 검사를 해서 뼈와 인대의 손상 정도를 확인하겠습니다.
통역사	Even by visual inspection, the right arm and wrist appear significantly swollen. There seems to be a fracture, so I will first perform X-ray and MRI examinations to assess the degree of bone and ligament injuries.
환자	Why do I need both an X-ray and an MRI?
통역사	왜 X-ray와 MRI, 두 가지 검사를 해야 하나요?
의사	X-ray 검사는 골절이 의심될 때 정형외과에서 하는 기본적인 검사로, 뼈의 정렬 상태 및 뼈와 뼈마디가 불안정한지를 확인하는 검사입니다. 그리고 MRI 검사는 뼈를 둘러싼 연조직인 근육, 인대, 혈관 등의 상태를 정확히 살피는 검사예요. 영상 의학 센터로 가셔서 먼저 X-ray 검사를 하시고, 이어서 MRI 검사를 하신 후에 다시 진료실로 오세요.
통역사	X-ray is a basic test performed in orthopedics when a fracture is suspected. It can check the alignment of the bones and assess whether the bones and joints are unstable. Additionally, MRI provides detailed images of the soft tissues surrounding the bones, such as muscles, ligaments, and blood vessels. Please go to the radiology center, have the X-ray first, and then return to the consultation room after the MRI scan.

【 X-ray 검사실 】

방사선사	안녕하세요. X-ray 촬영대 위에 오른팔을 올려놓고 촬영이 완료될 때까지 움직이지 마세요.
통역사	Hello. Please place your right arm on the X-ray table and remain still until the imaging is complete.

【 MRI 검사실 】

간호사	검사복으로 갈아입으시면서 귀걸이나 반지, 안경 등 금속 물질은 모두 제거하셨지요? 먼저 팔에 식염수를 투여하고, 검사 중간에 조영제를 투여하도록 하겠습니다. 조영제 부작용을 방지하기 위해 검사 후에는 물을 많이 드시고, 몸 상태가 좋지 않을 경우 병원에 다시 오셔야 해요. 그럼 검사 동의서를 받겠습니다. 이제 검사실로 들어가세요.

| 통역사 | Please make sure to remove any metal items, such as earrings, rings, and glasses, while changing into the examination gown. First, I will administer saline solution into your arm, and during the examination, a contrast agent will also be administered. To help prevent any side effects from the contrast agent, please make sure to drink plenty of water after the examination. If you experience any issues, you must return to the hospital. Now, I will take your consent form for the examination. Please proceed to the examination room. |

방사선사　안녕하세요. MRI 검사를 하는 동안에는 소음이 발생하므로 귀마개를 드릴게요. 검사 시간은 30분 정도 걸립니다. MRI 촬영대 위로 올라가 누우시면 오른쪽 팔을 촬영대에 고정해 놓을 텐데, 그대로 계시면 됩니다. 촬영하는 동안 기계 소리가 나더라도 똑바로 누워서 눈을 감고 움직이지 마세요.

통역사　Hello. During the MRI, you may hear some noise, so I will provide you with earplugs. The examination will take about 30 minutes. Please lie down on the MRI table, and your right arm will be secured, so try to remain still. Even if the machine makes noise during the imaging, please keep your eyes closed and do not move.

【 진료실 】

의사　X-ray 검사 결과를 보니 손목의 척골과 요골이 부러진 다발 골절이 발생했고, MRI 검사 결과를 보면 손목 인대도 파열된 상태입니다. 혈관과 신경 손상은 없어서 다행입니다만, 손목뼈의 다발 골절 부위는 비수술적 치료인 도수 정복으로 자연 접합되기는 어렵겠습니다. 그리고 파열된 인대 부위도 제대로 치료하지 않으면 통증과 부종이 반복되는 만성 불안정증이 발병할 수 있기 때문에 수술이 필요합니다.

통역사　According to the X-ray results, there are multiple fractures of the ulna and radius at the wrist, and the MRI results indicate ruptured wrist ligaments. Fortunately, there is no vascular or nerve damage. However, the fractures are unlikely to heal naturally with non-surgical treatment such as manual reduction. In addition, if the ruptured ligaments are not treated properly, chronic instability, characterized by recurrent pain and swelling, may develop. That's why surgery is necessary.

환자　Surgery? Then, after the surgery, will the hand's function return to normal?

통역사　수술이요? 그럼 수술 후에는 손의 기능이 정상적으로 돌아오는 거겠죠?

의사　수술 후에 곧바로 손의 기능이 정상적으로 회복되는 것이 아니라 적극적으로 재활 치료를 해서 그동안 사용하지 못했던 근육과 관절의 기능을 되살려야 합니다. 흡연은 골 형성을 더디게 하니, 혹시 담배를 피우신다면 빠른 회복을 위해 반드시 금연하시기를 바랍니다.

통역사　After the surgery, the function of the hand will not be immediately restored to normal. Proactive rehabilitation therapy is necessary to help restore the functions of the muscles and joints that have not been used. Smoking slows down bone healing, so if you smoke, please be sure to quit to support a faster recovery.

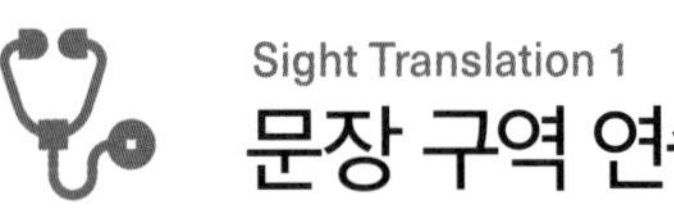

문장 구역 연습 1

| 한국어 → 영어

□ 의사가 환자에게 퇴행성 관절염에 대해 구체적으로 설명합니다.
□ 통번역사는 환자가 의학적·전문적 개념을 잘 이해할 수 있게 통역합니다.

퇴행성 관절염이란?

퇴행성 관절염은 손가락이나 발목·무릎 등 뼈와 뼈가 맞닿아 있는 관절과 인대에 염증이 생기거나, 관절을 이루는 뼈의 끝부분에 위치하여 관절 간 완충 작용을 하는 연골이 닳아 움직임에 불편이 생기는 질환입니다. 이는 관절 부위에 국소적인 통증이 발생하면서 뻣뻣한 느낌을 동반하며, 때로는 붓는 증상이 나타나기도 합니다. 초기에는 움직일수록 심해지는 통증이 쉬면 나아지지만, 병이 진행되면 움직임과 관계없이 지속적으로 통증이 발생하기도 합니다.

퇴행성 관절염은 두 가지로 구분되는데, 뚜렷한 원인 없이 자연스럽게 관절에 염증이 생기거나 연골이 닳아 움직이기 힘들어지는 관절염을 1차성(특발성) 관절염이라고 합니다. 1차성 관절염의 정확한 원인은 밝혀지지 않았지만, 나이·성별·유전적 요소·비만 등이 발병에 영향을 준다고 알려져 있습니다. 한편 질환이나 외상 등에 의해 생기는 관절염은 2차성(속발성) 관절염이라고 합니다. 예를 들어 결핵균 등 세균 감염으로 인해 연골이 파괴된 경우, 심한 충격으로 골절되어 관절에까지 영향을 끼친 경우, 경미한 외상이 반복되어 연골이 손상을 입는 경우 등이 있습니다.

퇴행성 관절염은 다양한 신체 부위에서 발병합니다. 척추 부위의 퇴행성 관절염은 잘못된 자세로 앉는 습관으로 생기는 경우가 많고, 발목 부위의 퇴행성 관절염은 운동 중 부상으로 골절이나 인대 손상이 생겨 진행되기도 합니다. 엉덩이 부위의 퇴행성 관절염은 고관절의 형성 이상이나 무혈성 괴사 등이 원인일 수 있습니다. 다만 이런 원인이 있다고 해서 모두 관절염으로 진행되는 것은 아닙니다.

퇴행성 관절염은 일반적으로 의사가 직접 환자에게 나타난 증상들을 관찰하고 X-ray 검사를 통해 진단합니다. 이에 더해 MRI 검사로 인대와 근육 등 연조직의 상태를 확인하며, 혈액 검사로 다른 원인 때문인지도 살펴보게 됩니다.

퇴행성 관절염을 치료하는 특정한 약물은 없으며, 보통 비스테로이드 소염제를 사용해 염증과 통증을 줄입니다. 퇴행성 관절염 초기에는 통증이 발생하는 관절 안으로 약물을 주입하는 관절강 내 주사 치료를 실시합니다. 이는 무릎이나 어깨 관절염, 오십견(동결견) 등의 질환에 사용하는 국소 주사 치료법입니다. 또 관절염으로 인한 급성 통증에는 일명 '뼈 주사'로 불리는 스테로이드 주사 치료를 하기도 하는데, 스테로이드를 반복 주사할 경우 오히려 연골에 손상이 생길 수 있으므로 주의해야 합니다. 무릎 부위 관절염의 경우 무릎에 환자 자신의 몸에서 채취한 줄기세포를 주사하는 골수 흡인 농축물 치료(자가 골수 줄기세포 치료)를 시행하기도 합니다. 이는 무릎 연골의 재생을 촉진하는 치료 방법으로 부작용이 적은 것이 장점입니다.

퇴행성 관절염은 환자가 일상생활에서 무리한 동작의 반복과 과한 운동을 줄이고 자세를 바르게 해야 통증을 경감시키고 관절의 손상도 방지할 수 있습니다. 무엇보다도 정상 체중을 유지하여 관절에 부담을 주지 않는 것이 퇴행성 관절염을 예방하는 좋은 방법입니다.

Sight Translation 2
문장 구역 연습 2　　　　|　한국어 ↔ 영어

☐ 환자가 오십견 의심 증상에 대해 질문하고, 의사가 답합니다.
☐ 통번역사는 환자의 증상과 의사의 진단을 정확하게 통역합니다.

Q　Hello, Doctor. As I've entered my 50s, I've noticed a decline in various aspects of my health, so I'm reaching out with some concerns. Lately, the most troublesome issue has been shoulder pain. Even when I lie down to sleep at night, the pain makes it difficult to fall asleep, and it sometimes wakes me up during the night.

Due to the nature of my job, which involves sitting for long periods, I've been doing simple stretches recently, but they haven't been significantly helpful in relieving the pain. I still experience severe shoulder pain during daily activities like washing my face or shampooing my hair.

I would appreciate it if you could help me understand the specific cause of this shoulder pain and let me know which tests might be necessary. Additionally, I would like to know about the available treatment options.

A　안녕하세요? 말씀하신 증상들로 볼 때 주로 50대에 발병한다고 하여 오십견이라고 불리는 동결견이 의심됩니다. 이는 대개 노화나 운동 부족 등이 원인으로, 외상이 없음에도 어깨를 움직이기 힘들어지는 질환입니다. 일단 내원하셔서 통증의 원인 진단을 위해 운동 검사를 하고, X-ray 검사·초음파 검사·MRI 검사 등으로 어깨 관절의 연골 이상 및 탈구, 다른 질환의 여부 등을 확인하시기 바랍니다.

검사 결과 오십견이 맞다면 소염 진통제를 투여하고, 체외 충격파 요법이나 도수 치료 등 물리 치료를 진행합니다. 또 운동 요법으로 어깨 관절을 풀어 주고, 주사 치료를 실시하기도 합니다. 이런 방법들로 증상이 완화되어도 완전히 회복하려면 6개월 이상 치료하는 것이 좋고, 그럼에도 나아지지 않으면 수술도 고려해야 합니다.

무엇보다도 환자분께서 꾸준히 운동하시는 게 가장 중요합니다. 오십견 통증 완화에 도움이 되는 운동에는 아프지 않은 정상 팔로 의자나 책상을 붙잡아 몸을 지지한 다음 아픈 팔을 아래로 늘어뜨려 추가 흔들리는 것처럼 앞뒤로 흔드는 시계추 운동, 누워서 정상 팔로 아픈 팔의 손목을 잡고 머리 위까지 천천히 들어 올리는 거상 운동, 누워서 막대기를 잡고 양쪽 팔꿈치를 직각으로 구부린 다음 정상 팔로 아픈 팔을 바깥쪽으로 미는 외회전 운동, 등 뒤에서 아픈 팔로 수건 아래를 잡고 정상 팔로 수건 위를 잡아 위쪽으로 끌어올리는 내회전 운동 등이 있으니 수시로 하시길 추천합니다.

□ 환자가 허리 디스크 의심 증상으로 의사를 찾아왔습니다.
□ 통번역사는 대화 상황에 적절한 표현으로 통역을 완성합니다.

환자 I came in because my back and legs have been hurting a lot lately. Every time I move, the pain gets worse, and last night, my legs went so numb that I woke up several times.

통역사 ____

의사 잠깐 일어나서 허리를 앞으로 숙여 보세요. 다음은 허리를 좌우로 돌려 보세요. 어떤 느낌이 드시나요?

통역사 ____

환자 When I bend over or I turn to the left, I experience severe tingling and numbness. I've had symptoms of lower back pain when moving my waist for quite some time. Over the past three weeks, even when at rest, one of my legs feels numb, and my back pain seems to have worsened. Now, I also feel pain in my buttocks and feet.

통역사 ____

의사 허리를 구부리거나 비틀 때 요통이 있고 다리가 저리시군요. 일반적인 허리 통증과는 다르게 통증이 다른 부위로 퍼지는 방사통이 나타난다는 점에서 허리 디스크라고 말하는 요추 추간판 탈출증이 의심됩니다. 정확한 진단을 위해서 MRI 검사를 해 보시죠.

통역사 ____

【 검사 후 】

의사 MRI 영상을 함께 보면서 말씀드리겠습니다. 허리뼈 사이의 오목하게 들어가 있는 부분은 추간판, 즉 디스크입니다. 환자분의 경우 4번 요추와 5번 요추 사이의 디스크가 허리뼈를 둘러싼 신경 쪽으로 삐져나와 통증이 생긴 겁니다.

통역사 ____

환자 My back has been hurting a lot, and it turns out to be a herniated disc. Why did this happen in my lower back?

통역사

의사 척추는 여러 개의 뼈로 구성되어 있는데, 이 척추뼈들 사이에 디스크라는 쿠션 같은 조직이 있어 척추뼈들이 받는 충격을 줄여 줍니다. 바로 이 디스크가 원래 위치에서 벗어나면서 신경을 압박해 통증이 발생하고, 심하면 방사통까지 나타나는 거예요.

통역사

환자 So, what should I do from here on?

통역사

의사 디스크의 치료 방법은 증상의 정도와 위치에 따라 다르게 진행됩니다. 초기에는 약물 치료와 물리 치료를 병행하고, 증상이 지속되거나 심해지면 수술도 고려해야 합니다.

통역사

환자 It's a bit scary to think that I might need surgery.

통역사

의사 허리 디스크가 심한 경우 양쪽 다리 모두에 방사통이 나타나는데, 환자분의 증상과 검사 결과를 종합해 봤을 때 아직 수술을 할 단계로 진행되지는 않았습니다. 통증 발생 부위에 약물을 투여하면서 허리에 무리가 가지 않도록 일단은 복대나 보조기를 사용하시고, 그와 동시에 근력 운동을 꾸준히 하시면 됩니다.

통역사

환자 Yes, Doctor. I'll try to follow your advice.

통역사

의사 특히 올바른 자세를 유지해 척추 건강을 지키는 것이 중요해요. 앉을 때는 의자 등받이에 엉덩이가 닿을 만큼 깊게 앉아 허리를 곧게 펴야 합니다. 양반다리를 하거나 다리를 꼬지 않아야 하고, 되도록이면 너무 오랫동안 앉아 있지 말고 중간중간 스트레칭을 해 주세요. 그리고 무거운 물건을 들거나 허리를 많이 구부리는 동작도 삼가시고요.

통역사

영국의 의료 문화

국가 정보와 역사적 배경

영국은 잉글랜드·스코틀랜드·웨일스·북아일랜드가 연합한 섬나라로, 공식 명칭은 그레이트 브리튼 및 북아일랜드 연합 왕국(United Kingdom of Great Britain and Northern Ireland)이다. 수도는 런던이고 인구는 약 7천만 명이다.

영국은 16세기부터 19세기에 걸쳐 막강한 해군 군사력을 기반으로 세계 곳곳에 식민지를 건설하기도 했다. 1688년 명예혁명 이후 오늘날까지 입헌 군주제와 의원 내각제 정치 체제를 유지하고 있다.

사회 문화와 언어적 특징

영국은 18세기 후반 산업 혁명을 이끌며 세계의 정치적·경제적·사회적 변화에 많은 영향을 끼쳤다. 나아가 셰익스피어로 대표되는 풍요로운 영국 문학과 뉴턴 등 영국 과학자들의 활약 등으로 세계사에 족적을 남겼다. 영국은 오래전부터 야구와 비슷한 크리켓이라는 전통 경기와 축구의 인기가 대단하고, 과거 차 재배지를 식민지로 둔 이래 차 문화가 발달되어 있다. 국교는 성공회이고, 영국 국민의 절반가량이 성공회 신자이다. 영국의 공식 언어는 영어이지만 4개 지역의 문화가 합해진 나라인 만큼 지역마다 다양한 방언이 발달해 있다.

보건 의료 체계

영국은 국민 보건 서비스형 보건 의료 체계, 즉 국민의 소득과 상관없이 의료 비용을 조세로 조달해 전 국민에게 무상으로 포괄적인 의료 서비스를 제공하는 제도를 가장 먼저 채택했다. NHS로도 불리는 이 의료 체계는 총 3단계로 이루어져 있어, 의료 서비스를 제공받길 원하는 영국 국민은 우선적으로 지역 내 의사를 주치의로 등록해 1차 진료를 받고 진료 소견서를 통해 2차·3차 진료를 받을 수 있다.

건강 보험 제도

영국은 정부를 단일 보험자로 두고 일반 조세를 통해 의료비를 포괄적으로 충당하는 사회 보장적 건강 보험을 실시하고 있어, 국민은 별도의 보험료를 납부하지 않는다. 따라서 영국의 건강 보험 제도는 의료 서비스에 대한 국민의 접근이 수월한 반면, 그 재원을 정부의 재정에 의존하고 있어 정부 부담이 크고 재원 부족이 만성적이라는 평가를 받고 있다.

의료 문화의 특징

주로 간병인이나 보호자가 입원 환자의 간병을 맡는 한국과 달리, 영국은 병원 간호사가 전적으로 그 간병을 담당한다. 이와 같이 가족과 보호자의 병문안 시간을 엄격히 제한하면서 간호사 중심의 간병 체계를 유지하는 이유는 외부로부터의 감염을 철저히 통제하기 위해서이기도 하다.

한편 영국은 응급 환자의 이송과 병상 배정을 중앙 관리 시스템에서 관리하고 있다. 응급 상황이 발생하면 국민 보건 서비스를 제공하는 응급 콜센터가 인근 병원의 이용 가능한 병상 및 의료 자원을 실시간으로 확인해 응급 환자를 적합한 병원으로 배정한다.

미국의 의료 문화

국가 정보와 역사적 배경

미국의 공식 명칭은 미합중국(United States of America)이며, 수도는 특별구인 워싱턴 D.C.이다. 미국은 51개 주로 구성된 연방 공화국으로, 미국 국민은 연방 정부와 주 정부에 동시에 속해 있다. 이들은 대통령을 중심으로 한 양원제를 채택하고 있다.

1492년 콜럼버스가 아메리카 대륙을 발견한 이래 미국은 유럽 열강의 식민지 개척의 대상이었다가 1607년 영국의 식민지가 되었다. 1776년에는 영국으로부터 독립을 선언했고, 1860년대 발발한 남북 전쟁 이후 노예제를 폐지했으며, 두 차례의 세계 대전을 거치면서 정치와 경제를 비롯한 전 영역에서 세계에 막강한 영향력을 행사하는 강대국이 되었다.

사회 문화와 언어적 특징

미국은 국토의 면적이 세계 상위권에 속할 정도로 광활하여 위도와 경도에 따라 강한 회오리바람인 토네이도가 자주 발생하는 지역, 많은 비를 동반한 허리케인이 빈번한 지역, 건조한 지역 및 온난한 지역, 기온이 아주 낮은 극기후 지역 등 거의 모든 기후대를 볼 수 있는 국가이다. 미국에서 인기 있는 스포츠는 미식축구와 야구·농구·골프 등이며, 미국의 대중 예술은 전 세계적인 인기를 끌고 있다. 한편 미국은 세계 최대 규모의 패스트푸드 시장이 형성되어 있기도 한데, 이는 미국의 비만 인구를 상승시키는 주요 원인이기도 하다. 미국의 3억 명이 넘는 인구의 상당수가 백인이며, 나머지는 흑인과 아시아계 및 히스패닉계 등으로 구성되어 있다. 다민족 국가인 미국은 영어 사용 면에서도 다양한 양상을 보이며, 특히 지역별·인종별 발음상 차이가 있고 축약형 등이 발달하였다.

보건 의료 체계

미국의 의료 서비스는 공적 의료 보장과 민간 의료 보장으로 나뉘어 제공되고 있으며, 의료비 최소화를 목표로 하는 관리 의료에 중점을 둔다. 미국 국민은 영국과 마찬가지로 먼저 1차 진료를 지역 내 주치의에게 받은 후 종합 병원 등 상급 병원에서 진료를 받을 수 있다.

건강 보험 제도

미국에는 영국과 달리 전 국민에게 균등한 의료 서비스를 제공하는 사회 보장적인 건강 보험이 없고 직장 건강 보험과 민간 건강 보험이 주를 이루지만, 취약 계층을 대상으로 한 공공 의료 보험은 제공된다. 65세 이상 고령자와 특정 질환 환자에게는 연방 정부가 주축이 되어 메디케어(medicare)라는 지원을 제공하고, 저소득층·장애인·임산부 등을 대상으로는 주 정부가 메디케이드(medicaid)라는 지원을 제공한다. 또 저소득층 미성년자에게는 주 정부에서 어린이 건강 보험 프로그램(CHIP: Children's Health Insurance Program)을 제공하고 있다. 한편 2014년부터 '오바마 케어', 즉 건강 보험 개혁법(ACA: Affordable Care Act)이 시행되어 모든 국민을 민간 보험사에 가입하게 하고 보조금을 지원하는 정책이 실시되고 있다.

의료 문화의 특징

미국은 세계 최고의 의료 기술을 보유한 국가임에도 건강 보험 제도가 민간 의존적이어서 국민 개인의 의료 비용 부담이 지나치고 자국민이 의료 혜택을 받기가 힘들다는 평가를 받고 있다. 국가 차원에서 오바마 케어가 실시되고 있지만, 정권 교체에 따라 의료 정책의 존폐 위험이 존재한다는 점도 불안 요소로 작용하고 있다.

국가 정보와 역사적 배경

캐나다는 10개 주와 3개의 준주로 구성된 연방 공화제 국가로, 수도는 오타와이다. 러시아에 이어 세계에서 두 번째로 넓은 국토를 가지고 있지만 인구는 한국의 인구수인 약 5천만 명보다 적은 4천만 명가량이며, 국토의 40% 정도에 해당하는 북극 지방에는 원주민인 에스키모(이누이트) 외에 사람이 거의 살지 않는다.

캐나다는 16세기경 프랑스와 영국의 식민지 각축장이었고, 18세기에는 프랑스와의 전쟁에서 승리한 영국이 캐나다에 막강한 영향력을 행사했다. 이후 1867년에 캐나다 내 여러 주가 캐나다 연방을 구성했으며, 1982년에 캐나다 헌법이 선포되면서 마침내 주권 국가로 발돋움했다. 현재 캐나다의 정치 체제는 입헌 군주제와 의원 내각제로, 영국의 국왕이 형식상 국가 원수이지만 실무는 캐나다 총독이 맡고 있으며 실질적 권한은 총리와 의회가 가진다.

사회 문화와 언어적 특징

캐나다는 16세기부터 영국과 프랑스의 식민지였던 까닭에 오늘날 캐나다 인구는 영국계와 프랑스계가 주를 이루고 있다. 이런 연유로 캐나다는 공식 언어를 영어와 프랑스어 두 가지로 정해 이중 언어 정책을 실시하고 있다. 캐나다는 적극적인 이민 정책을 실시하여 아시아계·아랍계 등이 유입된 다민족 국가로 변모했고, 이에 영향을 받아 각 지역의 음식도 다양하게 발전했다. 캐나다는 사계절이 있는 국가이지만 대부분이 한랭 지대로, 특히 북쪽으로 갈수록 겨울이 길고 매우 춥다. 이러한 지역적 특성으로 캐나다는 아이스하키나 스키 같은 겨울 스포츠의 인기가 높다.

보건 의료 체계

캐나다의 보건 의료 체계도 영국·미국처럼 3단계로 구성되어 있다. 캐나다 국민은 우선적으로 1차 의료 기관에서 기본적인 치료와 응급·재활 등의 진료를 받는다. 1차 의료 기관은 필요하다면 환자가 2차 의료 기관에서 진료를 받을 수 있도록 연결해 주고, 2차 의료 기관은 더 전문적인 치료를 실시해야 하는 중증 질환 환자를 3차 의료 기관으로 안내한다. 한편 저소득층이나 노약자에게는 별도의 추가 의료 서비스를 실시하기도 한다.

건강 보험 제도

캐나다의 건강 보험은 주와 준주가 각각 단일 보험자로서 건강 보험의 적용 및 의료 서비스의 전달과 관리를 책임진다. 캐나다 연방 정부는 보건법에 근거하여 국가 전체의 의료 재정을 관리하면서, 각 주와 준주의 의료 서비스 수준을 일정하게 유지하여 전 국민에게 보편적인 의료 서비스가 이루어질 수 있게 한다. 또한 캐나다는 2016년부터 극빈층 가정에 무상으로 의료 서비스를 제공하는 정책을 실시하면서 복지 지향적인 의료 보장 제도를 운영하고 있다.

의료 문화의 특징

캐나다는 병원·약국·요양원·재활 센터 등 전체 의료 기관의 연계망을 구축하여 의료 정보를 통합적으로 관리한다. 또 치료 중심이었던 의료 정책을 예방 중심으로 전환하면서 치료와 예방의 긍정적 상호 작용이 이루어질 수 있도록 노력하고 있다. 캐나다의 의료 서비스는 많은 부분에서 무상으로 이루어지지만 경우에 따라 개인 부담금이 발생하기도 하는데, 치과·안과·물리 치료 등은 대체로 민간 보험을 통해 보장받거나 개인이 직접 비용을 지불한다.

호주의 의료 문화

국가 정보와 역사적 배경

호주는 호주 연방(Commonwealth of Australia)이 공식 명칭이며 연방 정부, 주와 준주로 이루어진 주 정부, 지방 정부로 구성되어 있다. 호주의 수도는 캔버라이고, 전체 국토 면적이 세계 상위권에 속할 정도로 광활하지만 인구는 2025년 기준 2,700만 명이 채 되지 않을 정도로 평균 인구 밀도가 아주 낮다.

호주는 1606년 네덜란드의 모험가들에 의해 유럽에 알려졌다. 이후 1770년 영국의 탐험가이자 해군 장교인 제임스 쿡이 정착한 이래 영국의 식민지가 되었으며, 1901년 헌법을 제정하고 독립을 이루게 되었다. 호주의 정치 체제 역시 캐나다와 동일하게 입헌 군주제와 의원 내각제로, 형식상 국가 원수는 영국 국왕이지만 호주의 총독이 실무를 맡고 있으며 실질적 권한은 총리와 의회에 있다.

사회 문화와 언어적 특징

호주는 수많은 국립 공원이 조성되어 있어 자연 경관을 감상하며 캥거루와 코알라 등 야생 동물을 가까이 접할 수 있는 나라이다. 더불어 호주는 사시사철 음식·문화·스포츠 등 여러 분야별 다양한 축제를 즐길 수 있는 나라이다. 대규모 양 목장이 많아 양모나 양가죽으로 만든 특산품들이 유명하며, 전 세계에 공급되는 오팔의 90% 이상을 생산하고 진주 양식업도 활성화되어 있다. 호주는 인구의 90% 이상이 유럽계 백인으로 미국과 영국처럼 영어를 사용하지만, 철자와 발음 등에서 미묘한 차이를 보이며 호주 특유의 축약식 표현도 빈번하게 사용된다.

보건 의료 체계

호주의 보건 의료 체계도 3단계로 구성되어 있다. 가장 우선적으로 이용하는 1차 의료 서비스는 주 정부에서 관리하고 있으며, 재원은 연방 정부로부터 조달받는 비용과 지방세 등의 조세로 충당한다. 1차 의료 서비스는 지역의 민간 의료 기관과 공중 보건 센터에서 실시하며, 기본적인 건강 상태 확인과 예방 접종·건강 검진 및 정신 건강 서비스 등 포괄적인 의료 서비스를 제공한다. 더 심각한 질환의 치료나 입원, 수술 등의 의료 행위는 2차와 3차 병원에서 순차적으로 진행한다.

건강 보험 제도

호주의 건강 보험 제도상 핵심은 1984년부터 전 국민을 대상으로 시행된 메디케어이다. 이러한 공공 의료 제도를 통해 호주 국민은 개인의 부담 능력에 관계없이 의료 서비스를 제공받고, 의약품 혜택 제도를 통해 필수 의약품 비용도 보조받을 수 있다. 반면 치과 치료나 미용 시술, 안경 및 보청기 구입, 구급차 이용 등에 대한 비용은 지원되지 않기 때문에 좀 더 폭넓은 지원을 받기 위해 민간 건강 보험에 가입하는 국민도 많다.

의료 문화의 특징

호주 정부는 공공 의료 분야에 지속적으로 투자함으로써 의료 서비스의 질을 높이기 위해 노력하고 있다. 호주에서는 호주 국민뿐만 아니라 상호 의료 혜택 협정을 맺은 국가에서 온 방문객도 공공 의료 서비스를 받을 수 있다. 다만 공공 병원의 진료 대기 시간이 길다는 단점이 있으며, 고령화와 낮은 출산율 등으로 보건 의료 인력이 감소하는 문제도 대두하고 있다.

Rehabilitation Medicine

재활 의학과

AI와 함께 Warm-Up with AI

Q 재활 의학과에서 하는 재활 치료에는 어떤 것들이 있나요?

A 재활 의학과에서 하는 재활 치료에는 __________

____

Q

A __________________________________

____

□ 통번역사로서 재활 의학과에서 통용되는 어휘와 표현을 이해하고 통번역할 수 있다.

□ 통번역사로서 재활 의학과에서 일어나는 상황을 의사와 환자 각각의 입장에서 원활하게 소통할 수 있다.

재활 의학과는 질병이나 사고로 인해 신체적·심리적 고통을 겪는 환자들의 회복을 돕는 곳입니다. 이곳에서는 물리 치료·인지 치료·작업 치료 등 다양한 재활 치료를 실시하여, 근골격계 질환·뇌신경 질환·암 등으로 발생한 장애 등을 치료합니다. 재활 의학과에서는 신체적 재활을 목표로 하면서도 신체의 불편함으로 인해 발생한 우울증 등 정서적인 측면에서도 심리 치료를 실시해 환자가 일상생활로 복귀할 수 있도록 돕습니다.

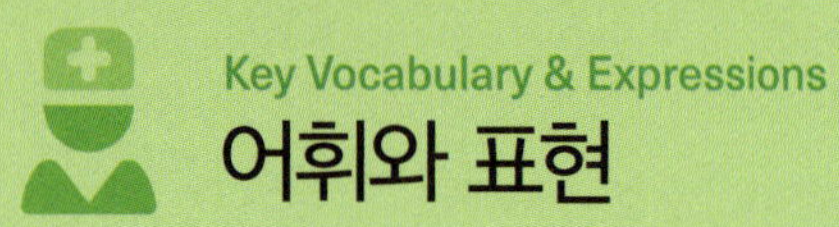

어휘와 표현

💬 전문 어휘

한국어	영어	한국어	영어
감각 장애	dysesthesia, sensory disturbance	거북목 증후군	forward head posture
경직	spasticity	경추(목뼈)	cervical spine, cervical vertebra
공간 지각력	spatial perception	관절	joint
균형 감각	sense of balance	근막	fascia
근전도 검사	EMG(electromyography)	뇌신경	cranial nerve
뇌졸중	CVA(cerebrovascular accident), stroke	뇌혈관	cerebral blood vessel
레이저 치료	laser therapy	로봇 보조 보행 치료	robot-assisted walking therapy
마비	paralysis	만성 통증	chronic pain
목 디스크(경추 추간판 탈출증)	cervical disc hernation	무릎	knee
민첩성	agility, alacrity	발뒤꿈치	heel
발성 훈련	voice training	보행	ambulation, gait, walking
부력	buoyancy, buoyant force	심리 치료	psychotherapy
십자 인대	cruciate ligament	언어 장애	dysphasia, language disorder
언어 치료	logopedics, speech therapy	연골	cartilage
연하 장애(삼킴곤란)	dysphagia	온열 치료	thermal therapy
우울증	blues, depression	운동 장애	dyskinesia, motor abnormality
운동 치료	kinesiatrics, kinesitherapy	유연성	flexibility

한국어	영어	한국어	영어
인대	ligament	인지 장애	cognitive disorder
자세 교정	posture correction	자율 신경 반사 기능 장애	autonomic dysreflexia
적외선	infrared, ultrared	전기 자극	electric stimulus
전기 치료	electrotherapy	족욕	foot bath
족저 근막염	plantar fasciitis	주의력	attention
초음파 치료	ultrasonic therapy	치매	dementia
파라핀 치료	paraffin therapy	혈액 순환	blood circulation

💬 유용한 표현

한국어	영어	한국어	영어
감각에 이상이 발생하다	to experience abnormal sensation	경추가 기울어지다	to have cervical spine malalignment
관절을 지지해 주다	to support joints	관절의 부담을 최소화하다	to reduce strain on the joints, to minimize strain on the joints
근막에 염증이 생기다	to experience fascial inflammation	근육을 강화하다	to strengthen muscles
근육의 긴장을 완화하다	to relax muscle tension	등이 구부정하다	to be slouched
목과 어깨가 경직되다	to have stiff neck and shoulders	몸의 움직임이 둔감해지다	to experience slowed body movements
무릎이 따끔거리다	to have stinging knee pain	발가락으로만 몸을 지탱하다	to stand on one's toes
발이 뻣뻣하다	to have stiff foot	신경을 압박하다	to put pressure on a nerve
신체 기능이 돌아오다	to restore physical function	어깨와 가슴을 펴다	to keep the shoulders and chest straight
언어 구사 능력이 향상되다	to improve language proficiency	운동 능력을 향상시키다	to enhance motor function, to improve motor function
인지 능력이 회복되다	to restore cognitive function	잘못된 자세를 하다	to adopt an improper posture
재활 치료 계획을 세우다	to establish a rehabilitation therapy plan	저린 느낌이 들다	to feel numbness
전신을 스트레칭하다	to perform a full-body stretch	찌릿한 통증이 느껴지다	to feel a tingling sensation

1) 도수 치료 manual therapy

도수 치료는 치료사가 자신의 손을 사용하여 환자의 신체 특정 부위에 직접 압력을 가함으로써 근육·관절 및 기타 조직의 기능을 향상시키는 치료 방법이다. 이는 근골격계 질환을 앓는 환자들에게 많이 사용하는 치료법으로, 특히 목·어깨·허리·다리 부위의 통증을 완화시키고 관절의 움직임을 증가시켜 신체 기능 회복에 효과적이다. 도수 치료사는 환자의 상태를 파악한 후 맞춤형 도수 치료 계획을 세워 이를 진행한다.

2) 물리 치료 physical therapy

물리 치료는 환자의 전반적인 신체 기능을 되살려 환자가 일상생활에 다시 적응하도록 돕는 대표적인 재활 치료 방법이다. 물리 치료의 종류는 손상을 입은 신체 부위와 손상의 정도에 따라 매우 다양하다.

물리 치료의 예로는 찜질 팩을 대거나 적외선을 쪼여 근육의 뭉침과 통증을 완화시키는 온열 치료, 약한 전류를 신체에 흘려보내 근육과 신경을 자극하는 전기 치료, 손목이나 발목 등을 파라핀에 담가 혈액 순환을 개선하는 파라핀 치료, 레이저를 쏘아 손상된 신경 및 조직의 기능을 활성화시키는 레이저 치료, 신체 깊숙한 곳까지 고주파의 진동을 보내서 염좌나 관절염 등으로 인한 통증을 줄이고 인대와 연골의 회복을 돕는 초음파 치료 등이 있다. 또 호흡기 질환이나 심장 질환을 앓는 환자를 대상으로 한 호흡 및 운동 치료와, 균형 감각과 보행 기능이 저하된 환자를 대상으로 한 로봇 보조 보행 치료 등도 있다.

3) 수중 치료 hydrotherapy

수중 치료는 물의 부력과 저항을 이용한 치료 방법이다. 이는 물속에서 수행하는 다양한 운동을 통해 근육을 강화하고, 유연성을 높이며, 통증을 감소시키는 것을 목표로 한다. 물을 이용한 치료는 환자의 몸을 부드럽게 지지해 주며 운동 중 부상 위험도 줄여 주므로, 특히 관절염이나 척추 질환이 있는 환자들에게 유익하다. 환자는 물의 저항을 극복하는 수중 치료 과정을 통해 근육 강화와 동시에 전신의 균형과 안정성을 높이는 효과를 얻을 수 있다.

4) 인지 치료 cognitive therapy

인지 치료는 뇌 손상·뇌졸중·치매 등으로 인해 기억력, 주의력, 공간 지각력, 문제 해결 능력, 의사소통 능력 등 인지 기능이 저하된 환자를 대상으로 실시한다. 인지 치료사는 장난감·컴퓨터 등을 이용한 놀이 및 학습 치료뿐만 아니라 음악이나 미술 치료를 병행히는 등, 환지의 인지 기능 향상을 위한 다양한 활동들을 단계별로 구성하여 환자의 상태에 맞게 이를 적용하는 데 중점을 둔다.

5) 작업 치료 occupational therapy

작업 치료는 환자가 일상생활에서 독립적으로 활동할 수 있도록 지원하는 치료 방법이다. 이는 환자가 식사하기, 옷 입기, 글쓰기, 화장실 이용하기와 같은 일상 활동뿐만 아니라 직업 활동까지 가능하게 돕는다. 작업 치료는 특히 미세한 손동작이나 민첩성, 균형 감각 등이 저하되어 일상생활로의 복귀에 어려움을 겪는 환자에게 유용한 치료로, 환자의 사회적 적응력을 높여 삶의 질을 향상시켜 준다.

 □ 환자가 무릎 수술 후에 의사를 찾아왔습니다.
□ 통번역사는 환자와 의사의 대화를 양방향으로 원활하게 통역합니다.

 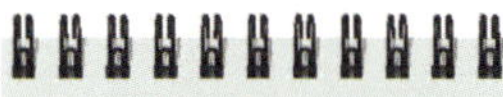

환자   Doctor, since my knee surgery, my leg feels heavy and difficult to lift. I also experience a stinging pain in my knee, which is uncomfortable.

통역사   선생님, 무릎 수술 이후 다리가 무거워 들기 어렵고 무릎이 따끔거려서 불편합니다.

의사   환자분께서는 교통사고로 인해 무릎과 십자 인대에 손상이 생겨 수술을 받으셨지요. 무릎 수술 후 통증이 심해지는 건 수술 후 재활 치료를 충분히 하지 않아서일 가능성이 큽니다. 수술은 성공적이었고 경과도 나쁘지 않았기 때문에, 재활 치료를 꾸준히 해서 무릎 기능을 회복하는 것이 매우 중요합니다.

통역사   You underwent surgery for knee and cruciate ligament injuries from the traffic accident, right? The increased pain you're experiencing may be due to insufficient rehabilitation after the surgery. Since the surgery was successful and your recovery process has been favorable, it's very important to consistently continue with your rehabilitation therapy to fully restore your knee function.

환자   I see. I've noticed that lately, especially after sitting for a long time, my knee hurts more. When I walk, it doesn't move smoothly, and that causes pain.

통역사   그렇군요. 요즘에는 특히 오래 앉아 있으면 무릎이 더 아프고, 걸을 때는 무릎이 부드럽게 움직이지 않아서 통증도 느껴져요.

의사   장시간 같은 자세로 앉아 있으면 무릎 관절에 큰 부담이 됩니다. 우선 관절의 통증을 완화해 주는 약물을 처방해 드릴게요. 이와 함께 재활 치료들 중 하나인 운동 치료를 시작해서 다리의 운동 능력을 향상시키면 좋겠습니다.

통역사   Sitting in the same posture for extended periods puts significant strain on the knee joint. As a first step, I will prescribe some medication to relieve the joint pain. In addition, it would be beneficial to start kinesitherapy, which is one of the rehabilitation therapies, to improve the motor function of the leg.

환자   What does the kinesitherapy process involve? I'm worried it might be too challenging.

통역사   운동 치료는 어떤 과정으로 진행되나요? 많이 힘들 것 같아서 걱정이 됩니다.

의사   운동 치료는 무릎에 무리가 가지 않도록 천천히 진행하니 너무 걱정하지 마세요. 기본적으로 유연성을 향상시키는 스트레칭과 근육을 강화하는 운동을 실시합니다. 이에 더해 수중 치료도 병행할 수 있습니다.

통역사   Kinesitherapy is carried out gradually to avoid placing strain on the knee, so don't worry too much. It basically includes stretches to improve flexibility and exercises to strengthen the muscles. In addition, hydrotherapy can also be incorporated as part of the treatment.

| 환자 | How exactly are the muscle exercises performed? |

통역사　근육 운동은 구체적으로 어떻게 하는 건가요?

의사　예를 들어 누워서 발목을 머리 쪽으로 당겼다가 다시 다리를 아래로 쫙 펴는 동작, 누워서 무릎을 편 상태로 다리 전체를 들어 올리는 동작, 서서 발가락으로만 몸을 지탱하고 발뒤꿈치를 들어 올리는 동작, 벽에 등을 붙인 후 다리를 어깨 넓이만큼 벌린 다음 무릎을 구부리는 동작 등이 있습니다. 운동 치료사 선생님이 함께하며 자세히 알려 드릴 테니 너무 염려하지 마세요.

통역사　For example, one exercise involves lying down, pulling your ankle toward your head, and then fully extending your leg down again. Another involves lying down with your knees extended and lifting your entire legs. There's also an exercise where you stand on your toes and raise your heels, as well as one where you stand against a wall with your legs shoulder-width apart and bend your knees. The physical therapist will be with you and explain everything in detail, so don't worry.

환자　OK. I have heard of hydrotherapy, but will it be beneficial in my case?

통역사　네. 수중 치료에 대해 들어본 적은 있는데, 제 경우에도 수중 치료가 도움이 될까요?

의사　그렇습니다. 물속에서 하는 운동은 관절의 부담을 최소화하면서 효과적으로 근육을 강화할 수 있어서 환자분께 큰 도움이 될 거예요. 수중 치료는 특히 수술 후 초기 재활 단계에서 매우 효과적인 재활 치료 방법입니다. 물의 부력이 관절을 지지해 주기 때문에 운동 중에 입는 부상을 예방하는 장점도 있습니다. 운동 치료와 수중 치료를 병행하면서 상황에 따라 다양한 물리 치료도 받으시면 무릎 상태가 많이 좋아질 겁니다.

통역사　That's right. Exercising in water can effectively strengthen muscles while minimizing strain on the joints, which will be very helpful for you. Hydrotherapy is especially effective as a rehabilitation method during the early postoperative phase. The buoyancy of water supports the joints, helping to prevent injuries during exercise. If kinesitherapy and hydrotherapy are combined, along with various physical therapies depending on your condition, your knee will improve significantly.

환자　So, when should my rehabilitation therapy begin?

통역사　네, 그럼 재활 치료는 언제부터 시작하면 될까요?

의사　우선 초기 평가를 실시해서 무릎의 현재 상태부터 정확하게 파악하겠습니다. 그 결과에 따라 맞춤형 재활 치료 계획을 세운 다음 단계별로 치료를 진행할 예정입니다. 치료 기간은 환자분의 회복 속도에 따라 달라서 몇 주 혹은 몇 달이 걸리기도 합니다만, 꾸준히 치료받으시면 좋은 결과를 얻을 수 있을 거예요.

통역사　First, an initial evaluation will be conducted to assess the current condition of your knee. Based on the results, a customized rehabilitation therapy plan will be developed, followed by step-by-step treatment. The treatment duration may vary depending on your rate of recovery and could take anywhere from a few weeks to several months. However, with consistent adherence to the therapy, good results can be achieved.

거북목 증후군과 목 디스크의 재활 치료

재활 치료는 거북목 증후군과 목 디스크(경추 추간판 탈출증) 같은 대표적인 목 질환을 앓고 있는 환자들에게 특히 필수적인 치료 과정입니다.

거북목 증후군은 장시간 잘못된 자세로 인해 경추(목뼈)가 앞으로 기울어진 상태를 말하며, 흡사 거북이처럼 고개가 나와 있어 붙은 이름입니다. 이 질환은 목과 어깨가 경직되어 뻣뻣한 느낌이 들고, 두통과 어지러움 등의 증상도 보입니다. 한편 목 디스크라고 부르는 경추 추간판 탈출증은 목의 디스크가 제 위치에서 삐져나와 주위의 신경을 압박해 통증을 유발하는 질환입니다. 통증이 목뿐만 아니라 어깨와 팔로도 퍼지며, 저린 느낌이 들거나 감각에 이상이 발생하기도 합니다.

육안으로 보아 환자의 목이 앞으로 빠져나와 있거나 목과 등이 구부정할 때 거북목 증후군으로 진단합니다. 또 목 디스크는 X-ray 검사로 목 부위의 전반적인 상태를 확인하고, CT 검사와 MRI 검사 등을 실시하여 디스크의 상태와 인대의 이상 여부를 알아본 후 진단합니다.

이와 같은 목 질환들은 주로 나쁜 자세나 반복적인 스트레스가 원인으로 적절한 치료와 재활이 이루어지지 않으면 만성 통증, 움직임의 제한, 심하면 마비로 인한 합병증을 초래할 수 있습니다.

재활 의학과에서는 목 질환이 있는 환자의 치료와 관리를 위해 다양한 접근 방법을 사용합니다. 먼저 환자에게 자세 교정을 교육하는 것부터 시작하여 잠을 잘 때는 높지 않은 베개를 선택하게 하며, 걷거나 앉을 때도 등을 구부리지 말고 어깨와 가슴을 펴도록 생활 습관의 개선을 유도합니다. 또한 도수 치료와 물리 치료 등 다방면으로 재활 치료를 실시해서 목 근육의 긴장을 완화하고 혈류를 증가시켜 목의 기능을 회복하도록 돕습니다.

목 질환을 앓는 환자는 꾸준한 재활 치료와 더불어 올바른 생활 습관을 유지함으로써 재발 방지에 힘써야 합니다. 책상에 앉아 컴퓨터 작업을 할 때에는 목과 어깨 근육이 뭉치지 않도록 같은 자세를 오랫동안 유지하지 말고 중간중간 스트레칭을 하고, 모니터의 높이를 눈높이와 동일하게 맞추는 것이 좋습니다. 또 허리를 곧게 펴고 어깨 힘을 뺀 다음 어깨를 위로 쭉 올렸다가 아래로 떨구는 동작, 양발을 어깨 넓이로 벌리고 허리 뒤쪽을 양손으로 받친 다음 고개를 뒤로 젖히는 동작, 누워서 고개를 양옆으로 천천히 돌리는 동작 등을 평소에 수시로 하는 것이 좋습니다. 무엇보다도 이런 동작들을 통증이 느껴질 만큼 무리하게 하지 말고, 천천히 부드럽게 하는 것이 중요합니다.

목 질환 재활 치료의 주요 목표는 목뼈와 주변 조직의 기능을 유지하거나 개선하여 환자가 일상생활을 좀 더 편하게 지낼 수 있도록 돕는 데 있습니다. 나아가 목 질환 재활 치료는 목의 건강을 유지하여 합병증 발생을 예방하는 데 중요한 역할을 합니다.

Sight Translation 2
문장 구역 연습 2

| 한국어 ↔ 영어

BRIEF

□ 환자가 족저 근막염 관련 증상에 대해 질문하고, 의사가 답합니다.
□ 통번역사는 환자의 증상과 의사의 진단을 정확하게 통역합니다.

Q Hello. Recently, I've been experiencing severe pain in the sole of my foot, which has made daily life very inconvenient. The pain is most intense when I get out of bed in the morning and take my first step. Every time I walk, I feel a tingling sensation in my heel and across the entire sole. My foot feels stiff and painful every morning, making me reluctant to go out. I work in an environment where I stand for long periods and walk a lot, so I suspect these work conditions might be contributing to the pain. When I get home, I try foot stretches or massages, but the pain doesn't seem to go away.

I would like to understand the exact cause of this pain. Could you please let me know which tests I should undergo at the hospital and what treatment options are available?

A 안녕하세요. 발바닥 통증 때문에 일상생활에 큰 불편을 겪고 계시다니 안타 깝습니다. 환자분의 증상은 족저 근막염의 전형적인 증상과 일치합니다. 족저 근막염은 발바닥의 근막에 염증이 생기면서 통증을 유발하는 질환으로, 밤에 수축되어 있던 발바닥 근막이 아침에 다시 늘어나면서 자극을 받아 아침 시간에 찌릿한 통증이 더 심하게 느껴집니다.

족저 근막염은 장시간 서 있었을 때, 굽이 높은 구두나 바닥이 너무 딱딱한 신발처럼 편하지 않은 신발을 신었을 때, 발에 과도한 부담을 주는 일이나 운동을 했을 때 등 생활 습관과 밀접한 관련이 있는 질환입니다. 체중의 급격한 증가도 발바닥 근막에 무리를 주어 족저 근막염의 발병 원인이 되기도 합니다.

수술이 필요한 경우는 드물며, 초기 단계에서의 적절한 관리와 재활이 매우 중요합니다. 발이 뻣뻣해지면 발가락을 하나씩 잡아 차례로 발등과 발바닥 쪽으로 늘려 주는 스트레칭을 하는 게 좋습니다. 이와 함께 발의 긴장을 풀어 주는 족욕을 꾸준히 하고, 충격을 줄여 줄 편한 신발 착용도 추천합니다. 또 작은 공을 발바닥 아래에 두고 굴리는 등 발을 지탱하는 근육을 강화하는 운동과, 염증을 가라앉히는 냉찜질도 도움이 됩니다. 반면 등산이나 조깅, 에어로빅처럼 발바닥에 부담을 주는 활동은 최소화하기를 바랍니다.

내원하시면 통증의 부위와 양상, 부기 등을 살펴 더 정확히 진단할 수 있습니다. 필요한 경우에는 X-ray 검사나 근전도 검사 등을 진행할 수도 있습니다.

환자 I recently underwent cerebrovascular accident surgery, but I still experience numbness and paralysis in my right arm and leg, making it extremely difficult to walk on my own. My speech has become more slurred than before, and I struggle to find the right words quickly, which has slowed down my speaking pace. Because of this, I've been feeling very depressed.

통역사 ____

의사 그러셨군요. 아시다시피 뇌졸중은 뇌혈관이 막히거나 파열되면서 뇌가 손상되는, 보통 중풍이라고 부르는 질환입니다. 환자분께서는 뇌졸중 증상이 나타났을 때 빠르게 수술받으셨고 그 결과도 좋습니다만, 전과 달리 움직임이 느려져 당황스러우실 거예요. 뇌졸중 치료는 수술 후 재활이 아주 중요하니, 지금부터는 저희와 함께 단계별 재활 치료를 시작하시죠.

통역사 ____

환자 Yes, that sounds like a good idea. How is my rehabilitation therapy carried out?

통역사 ____

의사 뇌졸중 이후 대개 운동 장애, 언어 장애, 인지 장애, 음식물을 삼키기 어려운 연하 장애 등이 나타납니다. 환자분께서는 신체 활동과 대화 및 기억력 면에서 불편함이 있으시니 운동 치료, 물리 치료와 함께 언어 치료와 인지 치료도 병행하면 좋겠습니다.

통역사 ____

환자 Will kinesitherapy fully restore my limb function?

통역사 ____

의사 완전히 회복된다고 장담할 수는 없지만, 꾸준히 치료하면 나아질 겁니다. 신경 손상으로 인해 몸의 움직임이 둔감해진 것이므로 아침에 일어나자마자 어깨와 다리 등 전신을 스트레칭하시면 좋습니다. 그리고 병원에 오셔서 물리 치료사와 함께 평행봉 잡고 걷기, 지팡이 잡고 걷기, 혼자서 걷기 등 단계별 보행 연습과 로봇 보조 보행 치료를 통한 걷기 운동을 계속하시면 근육 상태와 균형 감각이 회복될 거예요. 또 마비된 근육을 회복시키는 전기 자극 치료도 병행하면 점차 신체 기능이 돌아올 겁니다.

통역사

환자　Yes, I understand. How are speech therapy and cognitive therapy typically conducted?

통역사

의사　언어 치료는 발성 훈련과 함께 단어, 문장, 대화로 이어지는 말하기 훈련 등을 통해 표현 및 이해 능력을 높이는 치료로, 환자분의 언어 구사 능력이 향상되도록 돕습니다. 그리고 인지 치료는 낱말 카드나 퍼즐, 컴퓨터 프로그램 등을 활용하여 기억력·주의력·집중력 등을 증진시키는 치료로, 환자분의 인지 능력이 회복되도록 돕습니다. 이는 대부분 쉬운 문제들을 게임하듯이 풀어 보는 활동이니 그리 어렵지는 않을 거예요.

통역사

환자　If my body recovers through rehabilitation, will my mood improve significantly as well?

통역사

의사　그럼요. 재활 치료를 실시할 때마다 재활 의학과 전문의와 간호사, 물리 치료사, 언어 치료사, 인지 치료사 등 각 분야의 전문가들이 도와드릴 테니 너무 걱정하지 마세요. 더불어 지금 겪고 있는 불안이나 우울증 등을 이겨 낼 수 있도록 심리 치료도 함께하시길 추천드립니다. 뇌졸중 이후의 재활 치료는 신체 기능 회복과 함께 심리적인 안정감을 되찾아 일상생활에 불편함이 없도록 하는 게 목적이니까요.

통역사

Plastic and Reconstructive Surgery
성형외과: 재건 성형

AI와 함께 Warm-Up with AI

STEP 1

Q 성형외과에서 하는 재건 성형 수술에는 어떤 것들이 있나요?

A 성형외과에서 하는 재건 성형 수술에는

STEP 2

Q

A

STEP 3

| 학습 목표 |

□ 통번역사로서 성형외과 내 재건 성형에서 통용되는 어휘와 표현을 이해하고 통번역할 수 있다.

□ 통번역사로서 성형외과 내 재건 성형에서 일어나는 상황을 의사와 환자 각각의 입장에서 원활하게 소통할 수 있다.

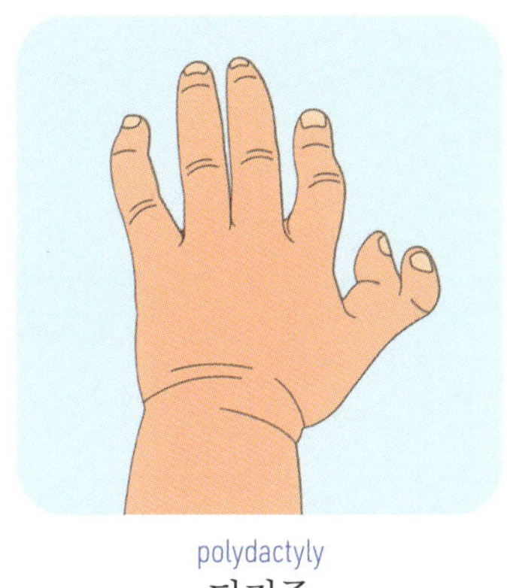

polydactyly
다지증

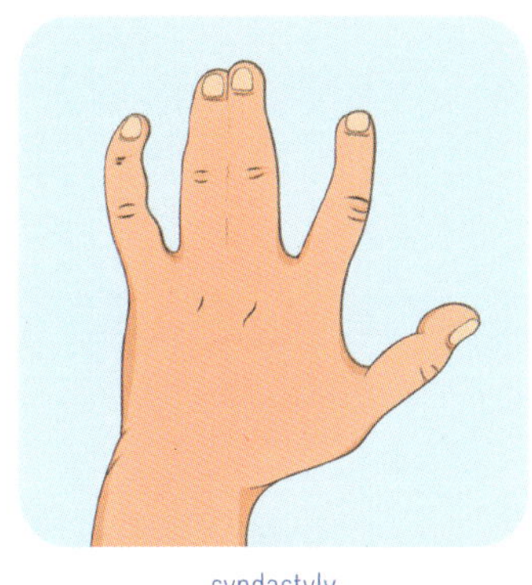

syndactyly
합지증

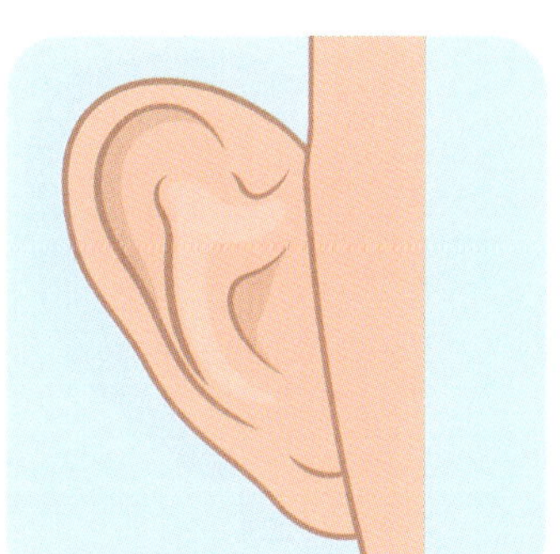

prominent ear
돌출 귀

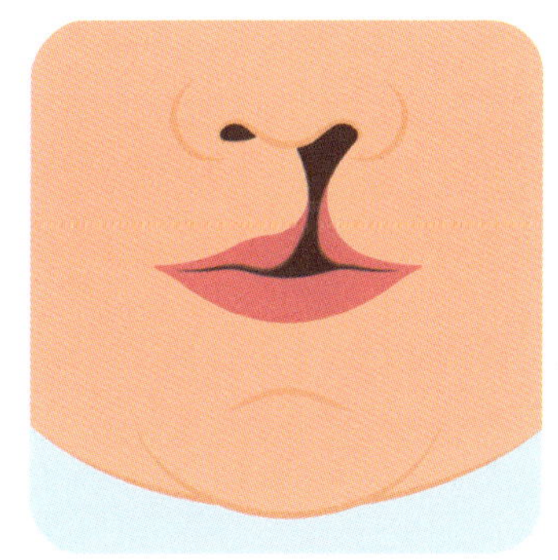

cleft lip and cleft palate
구순 구개열

성형외과는 수술적·비수술적 방법을 통해 신체 기능과 외형을 복원함으로써 환자의 신체적·심리적 건강 상태를 개선하고 삶의 질을 향상시켜 주는 외과의 한 분야입니다. 성형외과에서 하는 처치는 의학적 필요에 의한 재건 성형과 개인의 선택에 의한 미용 성형(2권 21과)으로 나뉩니다. 재건 성형에는 구순 구개열을 비롯한 각종 선천성 기형에 대한 수술, 유방 재건처럼 질환으로 인한 신체 결손을 복원하는 재건 수술, 외상으로 인한 부상 부위의 재건 수술 등이 있습니다.

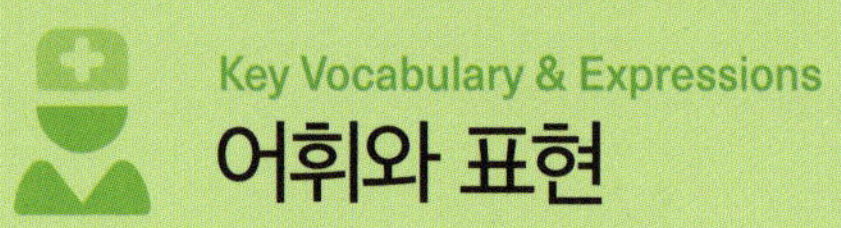

💬 전문 어휘

한국어	영어	한국어	영어
경화 치료	sclerotherapy	광대뼈	cheekbone, malar bone, zygomatic bone
구강	mouth, oral cavity	구축	contracture
귓바퀴	auricle, pinna	눈꺼풀	eyelid
눈꺼풀 올림근	levator palpebrae superioris muscle	눈꺼풀 처짐	blepharoptosis
레이저 치료	laser therapy	매독	lues, syphilis
멜라닌 세포	melanocyte	모세 혈관	capillary
병변	lesion	부기(부종)	swelling
색소 침착	pigmentation	색전술	embolization
선천성 기형	congenital deformity	수유 장애	disturbance of lactation
안검 하수	lid ptosis	안구	eyeball, eyeglobe
안대	eye patch	안연고	eye ointment, eye salve, oculentum
안와 골절	orbital fracture	얼굴뼈	facial bone
염색체 이상	chromosomal aberration	엽산	folic acid
유두	nipple, papilla	유륜	areola
유방 절제 후 유방 재건	postmastectomy breast reconstruction	유방암	breast cancer
의료용 문신술	medical tattooing	이마근	frontalis muscle
인공 눈물	artificial tears	인중	philtrum

한국어	영어	한국어	영어
임플란트(보형물)	implant	입천장	palate
자가 조직(자가 이식편)	autograft	주름	fold, pucker, wrinkle
중이염(가운데귀염)	otitis media	코뼈	nasal bone
턱뼈	jawbone	피부 이식	skin graft
혈종	hematoma	화상	burn
흉터	scar	흉터 절제술	cicatrectomy, scar removal surgery

💬 유용한 표현

한국어	영어	한국어	영어
구강 조직이 불완전하다	to have unstable oral tissues	눈을 비비다	to rub one's eyes
눈이 가렵다	to experience eye itchiness, to have itchy eyes	발병에 영향을 주다	to affect the onset
보형물을 삽입하다	to place an implant	부기가 가라앉다	to experience subsiding swelling
색소 침착을 방지하다	to prevent pigmentation	안구 근육을 조절하다	to control ocular muscles
안구에 압박감이 느껴지다	to feel pressure in eyeball	안대를 착용하다	to wear an eye patch
염색체 이상이 발생하다	to have chromosomal aberration	외형을 복구하다	to restore appearance
유방 모양 재건 수술을 시행하다	to perform breast reconstruction surgery	유전적 영향이 있다	to be genetically influenced
의료용 문신술을 시행하다	to perform medical tattooing	이식할 피부 조각을 떼다	to harvest skin tissue for skin grafting
입술부터 코 사이가 갈라지다	to have a fissure in the upper lip extending toward the nose	재건 성형 수술을 고려하다	to consider reconstructive plastic surgery
재수술을 고려하다	to consider a reoperation, to consider a revision surgery	출혈된 혈액이 고이다	to experience hemorrhagic blood pooling
피부가 당기다	to feel tightness in the skin	피부를 이식하다	to graft skin, to perform skin grafting
피부에 구축이 없다	to exhibit no signs of skin contracture	혈종이 생기다	to develop a hematoma
흉터 절제술을 시행하다	to perform scar removal surgery	흉터의 면적이 넓다	to experience extensive scar formation

1) 다지증과 합지증 polydactyly & syndactyly

손가락이나 발가락이 정상보다 많은 기형을 다지증(손발가락 과다증), 2개나 그 이상이 붙어 있는 기형을 합지증(손발가락 붙음증)이라고 한다. 다지증이나 합지증의 형태가 단순하지 않은 경우 간단한 절제 정도로 치료되지 않으며, 필요한 조직을 보존하고 형태를 재건하는 손발 재건 수술을 해야 한다. 재건술은 수술 부위의 복잡한 구조를 고려하여 신경 이식·뼈 교정·힘줄 재건 등을 시행하는 수술로, 손과 발의 움직임과 감각을 최대한 복원하는 것이 목표이다. 수술 후 재활 치료를 병행하는 경우가 많다.

2) 돌출 귀 prominent ear

흔히 '당나귀 귀'라고 하는 돌출 귀는 정상적인 귀 모양과 달리 귓바퀴가 굴곡 없이 편평하게 펴져 있어 머리에서 귓바퀴가 멀리 떨어진 상태를 말한다. 돌출 귀를 가진 경우 정면에서 보았을 때 귀가 지나치게 도드라져 보여 재건 수술로 성형하는 사례가 늘고 있다. 돌출 귀 재건술은 연골을 그대로 두고 귓바퀴 뒤쪽 피부를 절개한 후 다시 묶어 귓바퀴 주름을 만드는 방법이 대표적이다. 또는 귀에 과도하게 형성된 연골을 잘라 내거나, 귀의 다른 부위에 있는 연골을 떼어서 이식하는 방법도 있다.

3) 악성 흑색종 malignant melanoma, melanocarcinoma

악성 흑색종은 피부, 눈, 머리카락 등의 색깔을 결정하는 흑갈색 또는 검은색 색소인 멜라닌을 생성하는 멜라닌 세포에 생긴 악성 종양이다. 이는 형태가 점과 혼동될 수 있으나, 원래의 모양보다 커지거나 색이 변한 경우 혹은 가렵고 진물이 나는 경우 조직 검사 등으로 종양인지 확인이 필요하다. 악성 흑색종을 그대로 두면 다른 신체 기관으로 전이되어 사망에 이를 위험이 있으므로, 흑색종이 나타난 부위를 제거하고 피부를 재건하는 수술을 진행해야 한다.

4) 안면 골절 facial fracture

안면 골절은 교통사고나 산업 재해, 운동 중 외상, 종양 등 질환에 의해 얼굴뼈가 골절된 상태를 말한다. 안면 골절로 인하여 말을 하거나 음식을 먹을 때 불편함이 있고, 때로는 출혈이 동반되며 치아까지 손상을 입을 수도 있다. 얼굴뼈에 금만 간 정도의 경증일 경우에는 철선 등으로 고정하여 치료하지만, 코뼈·광대뼈·턱뼈의 골절 또는 안와 골절 등이 발생한 경우에는 환자 자신의 뼈나 연골을 이식하거나 영구적인 금속 물질을 삽입하는 안면 재건 수술을 시행한다. 안면 재건술은 얼굴의 움직임을 복원하여 말하기·씹기 같은 기능들을 회복시키는 데에 목적을 두며, 필요에 따라 추가로 심미적 개선을 위한 시술을 시행하기도 한다.

5) 혈관종 angioma, hemangioma

혈관종이란 동맥, 정맥, 모세 혈관 등의 혈관이 비정상적으로 증식한 조직 기형을 말한다. 혈관종이 있는 환자는 출생 직후 별다른 증상이 없다가 성장하면서 그 부위가 멍이나 붉은 반점처럼 보여 질환을 알게 된다. 혈관종은 자연 치유도 되지만, 혈관종의 종류·위치·크기 등에 따라 약물 치료, 경화액을 주사하는 경화 치료, 레이저 치료, 문제되는 혈관을 차단해서 병변을 죽이는 색전술 등으로 치료하거나 혈관을 재건하는 수술을 시행한다.

- 환자가 화상 흉터의 치료를 위해 의사를 찾아왔습니다.
- 통번역사는 환자와 의사의 대화를 양방향으로 원활하게 통역합니다.

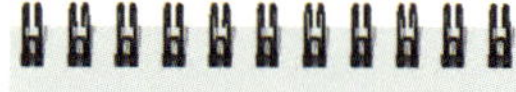

환자	Doctor, I had a severe burn on my right elbow a while ago and received treatment. A large scar remains, and recently, whenever I bend my elbow, I feel increasing tightness in the skin. That's why I came in today.
통역사	선생님, 제가 오래전 오른쪽 팔꿈치에 큰 화상을 입어 치료한 적이 있어요. 흉터가 꽤 크게 남았는데, 요즘 그 팔꿈치를 구부릴 때마다 피부가 당기는 느낌이 심해서 왔어요.
의사	예전에 화상 치료 후 추가적으로 받은 치료가 있습니까? 화상을 입었던 부위를 움직일 때 가렵거나 달리 통증이 느껴지는지요?
통역사	Have you received any further treatment since your initial burn treatment? When you move the burnt area, do you experience any itching or pain?
환자	I only applied ointment and did not receive any further treatment. While it has been somewhat itchy at times, I haven't experienced significant pain. However, recently, I've been feeling uncomfortable tightness in the skin when I move.
통역사	전에는 연고만 발랐고, 추가로 다른 치료는 하지 않았어요. 가끔 가렵기는 해도 특별한 통증은 없었는데, 최근 움직일 때 피부가 당기는 느낌 때문에 불편해요.
의사	화상으로 인한 흉터는 피부의 움직임을 제한해서 활동하는 데 불편함을 유발할 수 있어요. 흉터를 한번 볼까요? 환자분께서는 팔꿈치 부위의 화상으로 인해 피부 조직이 당기는 '구축'이 생긴 것 같은데요.
통역사	Burn scars can limit skin movement and cause discomfort during activities. Would it be okay if I examine your scar? It looks like you've developed a 'contracture,' where the skin tissue is being pulled, as a result of the burn on your elbow.
환자	Yes, then what treatment should I receive?
통역사	네, 그럼 제가 어떤 치료를 받으면 좋을까요?
의사	피부에 구축이 없고 흉터의 면적이 넓지 않다면 레이저 치료와 함께 흉터 절제술을 시행할 수 있습니다. 레이저 치료는 흉터의 색상과 질감을 개선하는 치료법이고, 흉터 절제술은 흉터 부위를 제거한 후 주변 피부를 재결합하는 방법이에요. 그러나 환자분의 경우 팔꿈치를 움직일 때마다 불편함이 느껴질 만큼 구축이 생겼고 흉터 부위도 넓은 편이라서, 피부 이식을 하는 재건 성형 수술을 고려해 볼 수 있겠습니다.
통역사	If there is no skin contracture and the scar area is not extensive, cicatrectomy can be performed along with laser therapy. Laser therapy improves the color and texture of scars, while cicatrectomy involves removing the scar and closing the surrounding skin. However, in your case, a contracture has developed, causing discomfort whenever the

elbow is moved, and your scar area is relatively large. Therefore, reconstructive surgery with skin grafting may be considered.

환자 How is skin grafting performed? I've heard of it, but I'm not quite sure how it works.

통역사 피부 이식은 어떻게 하는 건가요? 들어는 봤지만, 잘 모르겠어요.

의사 피부 이식은 손상을 입은 피부 부위에 자신의 건강한 피부를 이식하는 수술이에요. 이식할 피부 조각을 떼어 내는 두께에 따라 부분층 피부 이식과 전층 피부 이식으로 나뉘는데, 보통은 부분층 피부 이식을 선택합니다. 이식하는 피부 조각의 두께가 얇아 성공 가능성이 더 높거든요.

통역사 Skin grafting is a surgical procedure in which healthy skin is taken from one area of the body and grafted to cover a damaged area. Depending on the thickness of the skin tissue harvested for skin grafting, it is classified as either split-thickness skin grafting or full-thickness skin grafting. Typically, split-thickness skin grafting are preferred, as the thinner skin improves the chances of a successful outcome.

환자 How long does the surgery take? It sounds like a major procedure, so I'm a bit worried.

통역사 그럼 수술 시간은 얼마나 걸리나요? 큰 수술처럼 느껴져서 걱정이 되네요.

의사 수술 시간은 보통 1시간 정도로 짧은 편이고, 단기간에 치료할 수 있다는 장점도 있습니다. 다만 피부를 떼어 낸 부분과 이식한 부분 모두에 상처가 생기는데, 환자의 상태에 따라 약간의 차이는 있지만 2주 정도 지나면 낫습니다. 수술 후 경과를 보면서 주의 사항들을 잘 지키면 되니까 너무 걱정하지 마세요.

통역사 The surgery is relatively short, usually lasting about an hour, and has the advantage of a quick treatment period. However, wounds will form both at the donor site, where the skin is removed, and at the graft site. While healing time may vary slightly depending on the patient's condition, both of them typically heal within about two weeks. Just be sure to follow the necessary precautions and monitor your progress after the surgery. Don't worry too much.

환자 What precautions should I take?

통역사 어떤 것들을 주의해야 하나요?

의사 피부 이식 수술 후에는 우선 흉터 연고를 바르거나 실리콘 시트를 붙여 수술 부위의 색소 침착을 방지하는 게 좋습니다. 상처가 잘 아문 후에도 꾸준히 보습 로션을 바르고, 최소한 6개월 정도는 피부 이식 부위에 강한 햇볕이 내리쬐지 않도록 조심해야 합니다. 여러 가지를 고려하여 수술 방법과 시기를 결정하셔도 되니 충분히 생각해 보세요.

통역사 After skin graft surgery, it's recommended to apply scar ointment or use silicone sheets on the grafted area to help prevent pigmentation. Even after the wound has fully healed, continue applying moisturizing lotion regularly and avoid exposing the grafted area to strong sunlight for at least six months. The surgical method and timing can be decided after considering various factors, so please take your time to think it over carefully.

구순 구개열이란?

입술과 입천장이 갈라져 있는 선천성 기형을 예전에는 '언청이'라고 낮잡아 부른 적도 있습니다. 하지만 이 질환의 올바른 명칭은 구순 구개열(입술입천장갈림)입니다.

구순 구개열의 발병 원인은 아직 명확하게 밝혀지지 않았지만, 환경적·유전적 영향이 있을 것으로 추측합니다. 먼저 환경적 요인으로 임신부의 임신 중 매독 등 질환, 음주, 흡연, 약물 복용 등을 꼽습니다. 임신 중 비타민 B와 C, 엽산 같은 영양분의 부족도 질환의 발병에 영향을 준다고 봅니다. 유전적 요인도 있어서, 가족 중 구순 구개열이 있는 경우 발병 빈도가 높다고 봅니다. 이와 같은 다양한 원인에 의하여 임신 중 염색체 이상 등이 발생하여 태아의 구강 조직이 불완전하게 형성될 수 있습니다.

구순 구개열은 입술부터 코 사이가 갈라진 형태로, 환자마다 경중의 차이가 있습니다. 입술 부분만 갈라져 있거나 입술에서 인중까지 혹은 코까지 갈라져 있는 형태는 '구순열'이라고 합니다. 이와 달리 입천장까지 뚫려 코와 입이 통하는 형태는 '구개열'이라고 부릅니다. 이처럼 입술이 갈라진 정도에 따라 질환명은 다르지만, 둘 다 아기의 치아 발육과 언어 발달에 영향을 주며 수유 장애나 중이염(가운데귀염) 등을 일으킬 수 있습니다.

구순열은 출산 전 초음파 검사를 통해 확인할 수 있지만, 입천장에 발생하는 구개열은 초음파 검사로 미리 확인하기 어려워 아기가 태어난 후 입술과 입천장의 갈라짐을 육안으로 확인해야 합니다. 질환이 확인될 경우 추가적으로 CT 검사 등을 통해 조직과 뼈의 이상 유무를 정확히 파악해야 합니다.

구순 구개열의 치료는 비정상적으로 배열된 입술 근육을 제자리로 옮기고, 갈라진 입술과 입천장을 외과적 수술로 봉합하여 외형을 복구하는 방식으로 이루어집니다. 이러한 재건 성형술을 통해 아기의 호흡과 발음 및 음식 섭취 등의 기능이 정상적으로 회복될 수 있으며, 수술 후에는 아기의 발달 상황을 관찰해 언어 치료를 비롯하여 중이염 치료와 치아 교정 등 추가적 치료를 시행하는 경우도 있습니다.

구순 성형술은 아기가 수유 습관을 형성하여 수술 후 회복을 위한 영양을 섭취할 수 있도록 보통 생후 3개월경에 시행합니다. 한편, 구개 성형술은 생후 12개월에서 18개월 사이에 시행합니다. 수술 전후로는 수유 과정에 주의를 기울여야 합니다. 물론 구순 구개열이 있는 아기에게도 수유가 가능한데, 아기를 45도 정도로 눕혀서 모유 또는 분유가 코로 들어가지 않도록 조금씩 천천히 수유해야 합니다. 젖병을 사용해 수유한다면 고무로 된 젖꼭지의 끝을 잘라서 빨기 쉽게 해 주고, 구순 구개열용 특수 젖병을 사용하는 것도 좋은 방법입니다.

구순 구개열은 재건 성형술로 치료해 주어야 아이의 성장과 사회생활에 지장을 주지 않습니다. 따라서 전문가와의 상담을 통해 적절한 시기에 수술하는 것이 바람직합니다.

Sight Translation 2
문장 구역 연습 2　　|　한국어 ↔ 영어

□ 환자가 유방 절제 후 유방 재건에 대해 질문하고, 의사가 답합니다.
□ 통번역사는 환자의 질문과 의사의 답변을 정확하게 통역합니다.

Q Hello, Doctor. I'm about to undergo breast cancer surgery soon and have heard that immediate breast reconstruction is performed following the mastectomy of the affected area. I have several questions about this process and I am concerned about how such a major surgery might affect my body. Could you please explain how breast reconstruction surgery is performed and how my breast will be restored afterward?

I've heard that both implant and autograft can be used in breast reconstruction, but I'm not sure which method would be more suitable for me. I would also like to know how much the elasticity and feel of the breast will recover after surgery, and whether the shape will become more natural over time. Additionally, I'm curious if any further treatments will be needed and how I should manage postoperative care.

A 안녕하세요. 환자분께서 유방암 수술을 앞두시고 유방 절제 후 유방 재건 수술에 대해 궁금하신 점, 충분히 이해합니다. 먼저 유방 재건 수술의 진행 절차를 말씀드리자면, 유방 모양 재건을 시작으로 유두 재건, 그리고 유두와 유륜의 색깔 재건 과정으로 진행됩니다. 유두와 유륜을 손상시키지 않고 유방암 수술이 가능한 경우에는 유방 모양 재건 수술을 동시에 시행할 수 있습니다. 만약 유방암 수술 때 유두와 유륜까지 절제한 경우라면 유방 모양을 만들고 나서 4~6개월이 지난 후 유두 재건과 유두 및 유륜에 색을 입히는 의료용 문신술을 시행합니다.

유방 재건 수술은 보형물 또는 자가 조직을 사용하는데, 환자의 신체 상태와 선호도에 따라 그 수술 방법을 결정합니다. 보형물을 삽입하는 경우 수술 시간이 비교적 짧고 회복이 빠른 한편, 복부 등의 피부·근육·지방 같은 자가 조직을 사용하는 경우에는 더 자연스러운 촉감과 모양을 기대할 수 있습니다. 두 방법 모두 수술 후 피부의 흉터는 점차 옅어질 것이며, 가슴의 촉감도 서서히 회복될 것입니다.

수술 후 가슴의 모양과 탄력을 유지하기 위해 추가적인 관리나 시술이 필요할 수도 있지만, 대부분의 경우 일상적인 피부 관리와 재활 운동을 병행하면 회복 결과가 좋습니다. 저희 의료인들이 환자분의 상태를 살펴 피부 건강을 유지하기 위한 치료나 재활을 진행할 것이며, 유방의 모양이나 크기 변화 및 피부 흉터에 대해서도 최대한 자연스럽고 만족스러운 결과를 얻을 수 있도록 최선을 다할 것입니다.

BRIEF
- 환자가 안검 하수 수술 후에 의사를 찾아왔습니다.
- 통번역사는 대화 상황에 적절한 표현으로 통역을 완성합니다.

환자
Hello, Doctor. I underwent lid ptosis surgery two weeks ago. My eyelid is still swollen, and I continue to feel tightness. The area around my eyes, in particular, feels itchy.

통역사

의사
기록을 보니 환자분께서는 저희 병원에서 눈꺼풀 올림근 검사 시행 후 안검 하수 수술을 받으셨군요. 환자분은 눈꺼풀 올림근 기능이 거의 없어 그 기능이 있을 때 가능한 눈꺼풀 올림근 절제술이 아닌, 이마의 근육을 이용하는 이마근 걸기술을 받으셨네요.

통역사

환자
Yes, I have been taking the prescribed medication consistently and using the eye ointment as directed.

통역사

의사
수술 후 부기가 가라앉는 데는 보통 1~2주 정도 걸리고, 경우에 따라서는 눈꺼풀 처짐이 없는 완전한 모양을 갖추기까지 6개월 이상이 걸리기도 하니 너무 걱정하지 마세요. 다만, 수술 직후에는 눈 주위가 매우 민감하기 때문에 특히 주의하셔야 한다는 안내는 수술 당시에도 들으셨지요? 무심코 눈 주위를 만졌거나 문질렀던 적이 있으신가요?

통역사

환자
I think I may have unconsciously rubbed my eyes because they were itchy and might have accidentally touched them while washing my face.

통역사

의사
가급적 눈 주위를 자극하지 않도록 더욱 주의하셔야 합니다. 세수할 때는 눈 주위를 미지근한 물로 부드럽게 씻으세요. 눈이 가려울 때는 손으로 눈을 비비지 마시고, 소독된 거즈로 가볍게 눌러 가려움을 가라앉히세요. 또 주무시는 동안 눈을 만질 수도 있으니, 밤에는 수면 안대나 테이프를 사용해 눈을 보호하는 게 좋겠습니다.

통역사

환자   I previously heard that I should use an eye patch or tape, but wearing an eye patch is uncomfortable.

통역사

의사   익숙하지 않더라도 눈을 보호하기 위해 수면 안대를 꼭 착용하세요. 보존제가 들어가지 않은 인공 눈물도 자주 넣으시고요. 안연고도 꾸준히 사용하셔야 합니다.

통역사

환자   I've only been applying the eye ointment, but from now on, I will also use artificial tears more frequently.

통역사

의사   네, 환자분이 주의 사항들을 잘 지키시면 상태가 호전되면서 점차 회복될 거예요. 간혹 수술 후에 출혈된 혈액이 고이는 혈종이 생기기도 하는데, 그런 경우 바로 제거해야 하므로 통증이 심해지거나 안구에 압박감이 느껴지면 바로 병원으로 오세요. 드물게는 안검 하수가 재발할 수 있습니다만, 지금 당장은 걱정하지 않으셔도 됩니다.

통역사

환자   I'm a bit surprised that eyelid ptosis can recur. Does that mean I may need to undergo a reoperation?

통역사

의사   환자분의 경우 자연적인 회복이 가능해 보입니다만, 회복 속도가 지나치게 느리거나 염증이 있으면 상황을 봐서 재수술을 고려할 수도 있습니다. 앞으로 눈에 자극이 가해지지 않도록 조심하는 한편, 안구를 위아래로 움직여 안구 근육을 조절하는 능력을 키우는 것이 중요합니다. 또 안구 주변을 부드럽게 마사지해서 혈액 순환이 잘되게 해주시고, 몸에 무리가 가지 않도록 충분히 휴식을 취하시기를 바랍니다.

통역사

 문화 개요

국가 정보 및 지리·기후 특징

러시아의 공식 명칭은 러시아 연방(Russian Federation)으로, 수도는 모스크바이며 평균적으로 1억 4천만 명가량의 인구를 유지하고 있다. 세계에서 가장 면적이 넓은 국가인 만큼 지하자원도 풍부하여 천연가스 매장량이 부동의 세계 1위이며, 석탄과 석유 등 기타 지하자원의 매장량도 세계 상위권을 차지하고 있다. 러시아는 대륙성 기후 지역으로 기온의 일교차와 연교차가 심한데, 여름철에는 2~3개월 정도 집중적으로 비가 내리지만 대부분 지역의 강수량은 500mm를 넘지 않는다. 수도 모스크바의 여름과 겨울의 평균 기온은 각각 영상 16℃와 영하 10℃ 정도이지만, 북부 시베리아 지역의 겨울 평균 기온은 영하 40℃에 이른다.

역사적 배경

러시아는 수세기 동안 여러 차례 체제 전환을 겪었다. 특히 18세기 제정 러시아를 이끌던 표트르 대제는 서구화 정책을 표방하며 러시아의 중흥기를 일구었다. 이는 1917년 러시아 혁명으로 막을 내렸고, 러시아는 15개 공화국으로 이루어진 다민족 사회주의 연방 국가인 소련(소비에트 사회주의 공화국 연방)의 일원으로 핵심적인 역할을 했다. 이후 1991년 12월에 소련이 해체되면서 러시아를 비롯한 우크라이나와 카자흐스탄 등 10여 개국은 다시 독립 국가 연합(CIS: Commonwealth of Independent States)이라는 국가 연합체로 재편되었다.

사회 문화적 특징

개인이 살아 남기 힘든 혹독한 기후와 광활한 자연환경을 가진 러시아는 집단 중심의 문화가 발달하였다. 18~19세기 러시아 농촌에는 '미르'라는 공동체적 자치 조직이 존재했고, 이를 통한 집단적 도덕 규율과 상호 의존이 강조되었다. 러시아 정교회는 공동체적 구원과 형제애를 중심으로 이러한 집단적 가치를 강화시켰다. 이들은 서로의 집에 초대받는 것을 감사히 여기고, 축하연일 경우 꽃을 홀수로 준비하며, 조문하는 자리일 경우 꽃을 짝수로 준비하는 특이점도 보인다. 또 사우나를 즐기는 문화도 있어 중요한 결정은 사우나 자리에서 이루어진다고 알려져 있다.

무엇보다도 역사적 체제 변화를 숱하게 겪었던 러시아는 여러 문화가 뒤섞여 독특한 정서가 발달되었다. 이는 특히 발레와 문학 분야에서 두각을 드러냈다. 고전 발레의 정수를 만든 차이콥스키, 인간 존재를 탐색한 톨스토이와 도스토옙스키 등은 러시아 예술을 세계적 반열로 끌어올렸다.

언어적 특징

러시아어는 언어 계통상 인도·유럽 어족 슬라브 어파에 속한 언어로, 모스크바 방언을 기반으로 발달하였다. 러시아어의 키릴 문자는 표트르 대제가 18세기에 서유럽화 정책과 함께 실시한 문자 개혁을 통해 사용이 편리하도록 형태가 간소화되었으며, 이후 러시아 근대 문학의 시조로 불리는 푸시킨을 비롯한 19세기 러시아 문학가들의 활약에 힘입어 좀 더 발전한 끝에 현재의 형태를 갖추게 되었다. 러시아어는 유엔이 지정한 6개의 공식 언어(러시아어·스페인어·아랍어·영어·중국어·프랑스어) 중 하나이기도 하다.

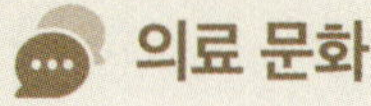 의료 문화

보건 의료 체계

러시아의 보건 의료 체계는 소련 시기에 만들어진 사회주의형 의료 체계를 계승하여 모든 국민에게 무상으로 의료 서비스를 제공하는 형태로 발전하였다. 이는 연방 정부·지역 정부·지자체 단위에서 세분화하여 국영으로 관리되며, 일부만 민영으로 운영되고 있다.

러시아 연방 보건부는 보건 의료 정책 및 제도를 국가적 차원에서 실시하며, 연방 의무 건강 보험 기금의 활동도 관리한다. 지역 정부에서는 지역 단위의 보건 의료 프로그램을 개발하고 실행하며, 의료 인력 및 예방 조치 등의 의료 서비스를 관리한다. 지자체는 기본적인 1차 의료 서비스를 지원하고 응급 치료와 출산 등의 과정에서 발생하는 의료 서비스를 담당한다.

건강 보험 제도

러시아의 건강 보험 제도는 나라에서 전 국민과 거주지를 대상으로 제공하는 의무 건강 보험과 민간 건강 보험의 두 가지로 나뉜다. 의무 건강 보험은 1996년부터 러시아 헌법에 명시된 권리로서 예방 접종, 질환의 검사 및 진료, 임산부와 신생아에 대한 치료 등을 보장한다. 러시아는 국가적 차원에서 의무 건강 보험 제도가 잘 이루어질 수 있도록 연방 의무 건강 보험 기금을 운용하여 자금을 조달하고 의료 서비스의 평준화를 지향하고 있다.

한편 민영 건강 보험은 임의적 선택 사항으로서 피보험자가 납입한 보험료에 따라 다양한 의료 서비스를 선택할 수 있고, 의무 건강 보험 제도보다 더 높은 수준의 의료 서비스를 받을 수 있다.

의료 문화의 특징

러시아의 의료 문화는 초대 보건부 장관인 세마슈코가 수립한 세마슈코 모델(Semashko Model)을 도입하여 중앙 집권적이고 위계적이라는 특징이 있다. 즉 러시아는 지역 병원에서 주립 병원, 그리고 중앙 연방 병원으로 연계되는 의료 체계를 갖추고 있는데, 국가가 모든 의료 기관을 소유함에 따라 원칙적으로는 무상 의료 정책을 펼치고 있다. 그런데 무상 의료 서비스의 규모가 축소되면서 러시아 국민들은 유료 서비스를 받기 원하는 경우가 많아졌고 해외 의료 관광에도 관심이 상당해졌다. 이에 따라 러시아의 국영 관할 의료 기관들은 민영 의료 기관들과 마찬가지로 점차 유료 서비스를 늘리고 있다.

러시아의 의료 문화에는 특유의 공동체 문화가 배어 있다. 이들은 가족 간 간병 및 이웃과의 상호 돌봄을 중시하고 의료인을 공동체 일원으로 보아, 러시아 환자들은 의사가 진찰할 때 질문을 많이 하고 정밀한 검사를 받고 싶어 하는 경향이 비교적 강하다. 특히 전통 치유 방식에 익숙한 러시아의 노년층은 현대 의학과 전통 의학이 혼합된 치료를 받기 원하는 경향이 있어서, 간혹 병원 치료를 마사지나 침술 혹은 사우나나 물리 치료로 대체하기도 한다. 이는 러시아의 정교회와 중세 수도원을 중심으로 약초학이 발달하였고, 그 기록과 전통을 이어 실천한 마을의 나이 든 여성 약사(바부슈카)에 대한 신뢰에 기반한 문화 때문이기도 하다.

Pediatrics

소아 청소년과

AI와 함께 Warm-Up with AI

STEP 1

Q 소아 청소년과의 진료 대상 연령은 몇 살까지인가요?

A 소아 청소년과의 진료 대상 연령은 ___________

STEP 2

Q

A

STEP 3

vaccination

예방 접종

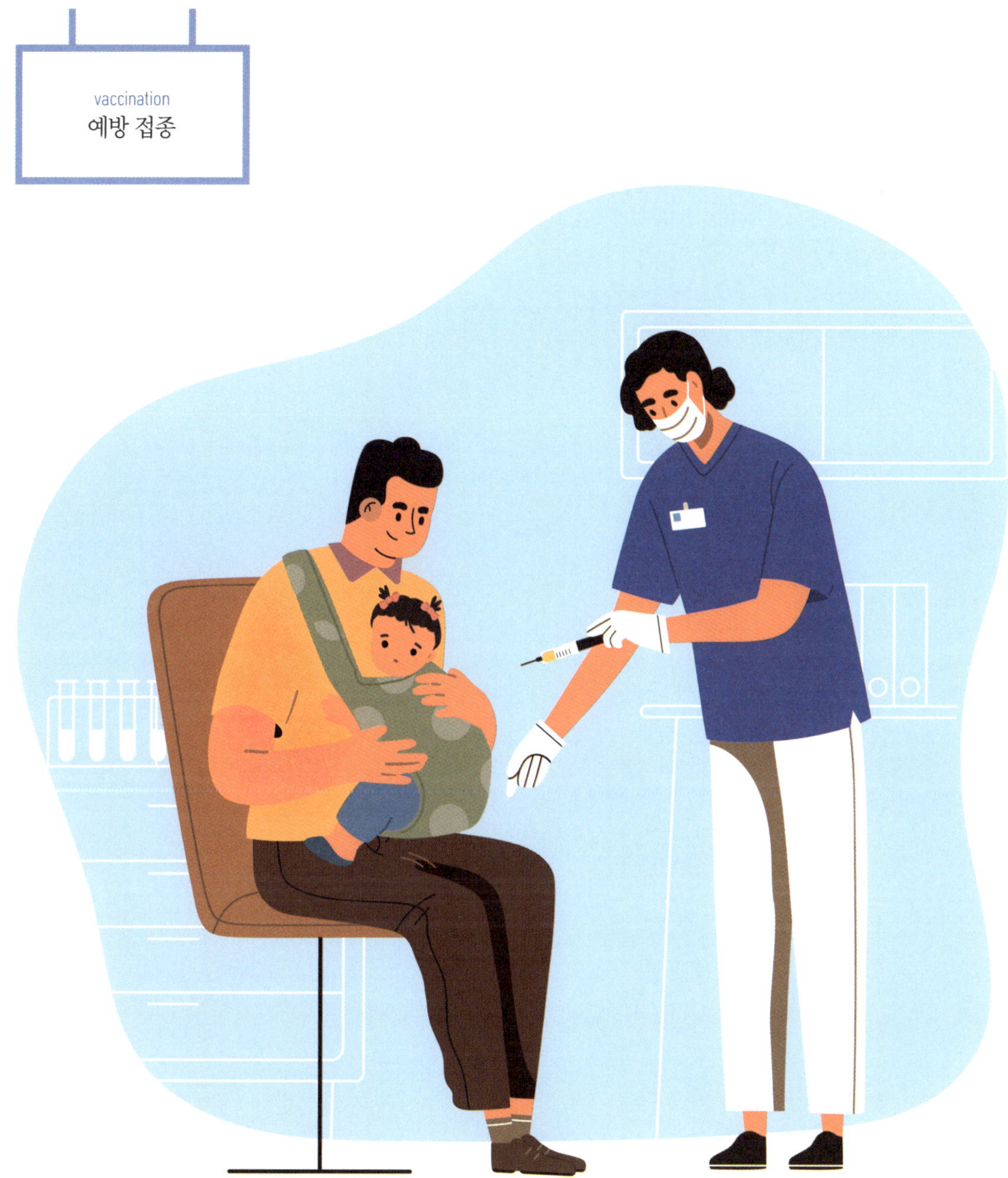

소아 청소년과는 신생아와 어린아이, 그리고 사춘기 청소년에게 발생하는 질환들을 다루는 곳입니다. 이 곳에서는 성장기 아이들에게 나타나는 전반적인 질환들을 발달 단계에 맞춰 진료하며, 만성 질환 및 응급 질환에 대한 치료도 실시합니다. 뿐만 아니라 아동기와 청소년기의 심리적 불안에 따른 증상들의 치유에도 힘써 아이들이 신체적·정신적으로 건강하게 자랄 수 있도록 도와줍니다.

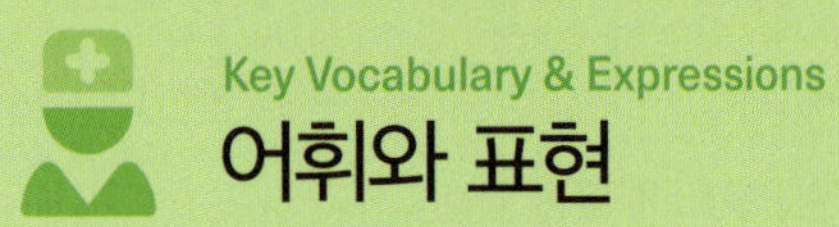

💬 전문 어휘

한국어	영어	한국어	영어
ADHD (주의력 결핍 과다 활동 장애)	attention deficit hyperactivity disorder	BCG 백신(결핵 백신)	BCG(bacille calmette-guerin) vaccine
MMR 백신 (홍역-볼거리-풍진 백신)	MMR(measles-mumps-rubella) vaccine	간염	hepatitis
결막염	conjunctivitis	결핵	TB/TBC(tuberculosis)
구토	vomiting	궤양성	ulcerative
노로바이러스	norovirus	대변 검사	fecal examination
대장균	E. coli(Escherichia coli)	디프테리아	diphtheria
로타바이러스	rotavirus	무력감	helplessness
무호흡	apnea	물집(수포)	bleb, blister, bulla
보조기	assist device, orthosis	사춘기	pubertas, puberty
설사	diarrhea	수막염	meningitis
수족구병	hand foot mouth disease	신경 발달 장애	neurodevelopmental disorder
신경 전달 물질	neurotransmitter	신생아	neonate, newborn
심리 검사	psychological test	아데노바이러스	adenovirus
약물 오남용	drug misuse and abuse	영유아	infant
유뇨증	enuresis	유행성 이하선염(볼거리)	epidemic parotitis, mumps
인지 행동 치료	CBT (cognitive behavioral therapy)	장 바이러스	enterovirus
장염	enteritis	장음	bowel sound

한국어	영어	한국어	영어
전기 체온계	electronic thermometer	전염성	contagiousness
중추 신경계	CNS(central nervous system)	지능 검사	intelligence test
지사제	antidiarrheal, antidiarrheic	청색증	cyanosis
충동성	impulsiveness	콜레라	cholera
특발성	idiopathic	파상풍	tetanus
폭식	binge eating	폴리오(소아마비)	polio, poliomyelitis
풍진	german measles, rubella	항구토제	antiemetic drug

💬 유용한 표현

한국어	영어	한국어	영어
개인 물건을 소독하다	to disinfect personal belongings	겨드랑이에 전기 체온계를 넣다	to place an electronic thermometer under the armpit
고열이 나다	to have a high fever	물집이 생기다	to have a blister
미열이 나다	to have a mild fever	미지근한 물을 먹이다	to feed lukewarm water
배에 청진기를 대다	to place a stethoscope on the abdomen	붉은 자국이 생기다	to have a red spot
설사가 가라앉다	to experience a reduction in diarrhea	수액을 놓다	to administer intravenous fluids
수족구병을 앓다	to suffer from hand foot mouth disease	예방 접종 문진표를 작성하다	to fill out an immunization screening questionnaire
예방 접종 부위가 부어오르다	to experience swelling at the vaccination site	예방 접종 일정을 안내받다	to receive guidance on the vaccination schedule
위생 관리를 하다	to maintain proper hygiene	자기 조절 능력을 기르다	to improve self-regulation ability
재감염되다	to be reinfected	전염성이 매우 강하다	to be highly contagious
접종 부위를 문지르다	to rub the injection site	주의를 기울이다	to pay attention
체온을 재다	to check the body temperature	충동적인 행동을 줄이다	to reduce impulsive behavior
칭찬과 보상을 주다	to give praise and rewards	행동이 산만하다	to be easily distracted

1) 발달 장애 developmental disability

발달 장애란 특정 질환을 의미한다기보다, 아이가 제 나이에 이루어야 할 발달이 선천적으로 혹은 후천적으로 지연되어 어려움을 겪는 경우를 뜻한다. 발달 장애를 겪는 아이는 운동·언어·인지·사회성 등에서 부족함을 보일 수 있어, 보호자는 소아 청소년과 전문의와의 상담을 통해 아이의 성장기 동안 지속적인 관찰과 그에 따른 검사 및 치료를 병행해 주어야 한다. 아이의 발달 장애에 대한 특별한 예방법은 없으나, 가급적 임신 계획이 있는 부부가 임신 전에 술·담배 및 약물 오남용에 주의하고 전염성 질환 또는 내분비 질환이 있는지 검사하기를 권장하고 있다.

2) 백일해 pertussis, whooping cough

백일해는 호흡기가 백일해균에 감염되어 발생하는 질환으로 전염성이 강하다. 백일해는 6~8주에 걸쳐서 증상이 길게 나타나는데, 발병 초기인 1~2주에는 환자가 발열·콧물·기침·결막염 등의 증상을 보이다가 중기인 2~4주에는 숨을 들이쉴 때 '흡' 하는 소리를 내며 발작성 기침·무호흡·청색증 등을 겪는다. 회복기에 이르러서야 점차 기침의 정도나 횟수가 감소된다. 보통은 항생제를 사용한 약물 치료를 하지만, 증상이 심하면 입원하여 치료를 진행한다. 영유아나 기저 질환이 있는 어린아이가 백일해에 걸릴 경우 심각한 합병증이 생길 수 있어 예방 접종이 필수이다. 예방 접종을 한 사람이라도 백일해 환자와 접촉했을 경우에는 항생제를 14일간 복용하는 것이 바람직하다.

3) 소아 비만 obesity in childhood and adolescence

소아 비만은 성장기 어린이나 청소년의 신체에 체지방이 과도하게 축적된 상태를 말한다. 이로 인해 과체중·활동력 감소·고혈압·고지질 혈증 등이 나타날 수 있으며, 심리적 문제까지 동반될 수 있다. 소아 비만은 다른 질환이 원인인 병적 비만과, 잘못된 식습관 및 운동 부족이 원인인 단순 비만으로 나뉜다. 병적 비만은 기저 질환을 찾아 치료하고, 단순 비만은 식이 요법과 규칙적인 운동을 통한 체중 감량이 필요하며 특히 가정에서의 건강한 생활 습관 형성이 치료에 효과적이다.

4) 척추 옆굽음증 scoliosis

척추 측만증으로 불렸던 척추 옆굽음증은 척추가 측면으로 비틀어져 S 또는 C 모양의 곡률을 형성하는 질환이다. 비구조성 측만증은 잘못된 자세 때문에 일시적으로 척추가 휜 상태를 말하고, 구조성 측만증은 대부분 원인을 일 수 없는 특별성으로 신경 질환에 의해서거나 척추뼈가 선천적으로 휘어 있는 경우에 생긴다. 이 질환은 정기적으로 환자의 척추를 관찰하여 곡률의 변화를 살피고, 필요에 따라 보조기 착용·물리 치료·수술 등의 방법으로 치료한다.

5) 홍역 measles

홍역은 호흡기가 홍역 바이러스에 의해 감염되어 발생하는 질환으로 전염성이 강하다. 먼저 고열·콧물·기침·결막염 등의 증상이 나타나고, 이후 얼굴을 시작으로 몸 전체에 붉은 발진이 생긴다. 특별한 치료법은 없으며, 해열제나 진통제 등으로 증상을 완화시킨다. MMR 백신을 접종하면 홍역을 비롯해 유행성 이하선염(볼거리)과 풍진까지 예방할 수 있다.

□ 보호자가 아이의 예방 접종을 위해 의사를 찾아왔습니다.
□ 통번역사는 보호자와 의사의 대화를 양방향으로 원활하게 통역합니다.

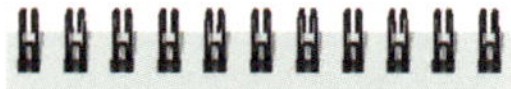

보호자	Hello. I'm here for my baby's vaccinations. He is now 4 weeks old. I checked the baby's health booklet I received at discharge, it seems like it's time for the vaccinations.
통역사	안녕하세요. 저희 아이의 예방 접종 때문에 왔어요. 지금 생후 4주 차인데, 산후 퇴원 때 받은 아기 수첩을 보니 예방 접종할 때가 된 것 같아서요.
의사	잘 오셨습니다. 아이들이 받아야 할 예방 접종의 종류가 상당하지만, 지금처럼 아기 수첩에 적힌 때에 맞춰 보호자님이 챙겨 주시면 됩니다. 보호자님의 아이는 태어나자마자 병원에서 B형 간염 1차 예방 주사를 맞았고, 생후 4주 차이니 결핵을 예방하는 BCG 백신을 접종하면 됩니다. 이후에도 B형 간염 2차, 디프테리아, 파상풍, 백일해, 폴리오, 수막염 등의 질환들을 예방하는 백신을 아기 수첩에 적힌 일정에 따라 접종하면 되고요. 혹시 예방 접종 문진표를 작성하실 때 휴대폰 문자 수신에 동의하셨나요? 동의란에 표시하시면 다음 예방 접종 일정을 안내받을 수 있어서 일일이 아기 수첩을 챙겨 보지 않아도 접종일을 놓치지 않아 편리하실 거예요.
통역사	Welcome. Babies need to receive various vaccinations. By following the schedule in the baby's health booklet, just as you are doing now, you'll be on track. Your baby received the first dose of the hepatitis B vaccine at the hospital immediately after birth. Now that your baby is 4 weeks old, it's time to administer the BCG vaccine to prevent tuberculosis. After that, the second dose of hepatitis B, along with vaccines to prevent diseases like diphtheria, tetanus, pertussis, poliomyelitis, and meningitis, should be given according to the schedule in the baby's health booklet. By the way, did you agree to receive text messages on your mobile phone when you filled out the immunization screening questionnaire? If you marked that you agree, you'll receive guidance on upcoming vaccination schedule, which can be helpful for you not to miss any dates, even if you don't check the baby's health booklet each time.
보호자	Yes, I agreed. I can now confirm the vaccination date via text. Besides that, is there anything else I need to prepare separately?
통역사	네, 동의했어요. 그럼 이제 문자로 예방 접종일을 확인할 수 있겠군요. 그 외 제가 별도로 준비해야 할 것들이 있을까요?
의사	접종 전에 아이의 건강 상태를 주의 깊게 살펴보시고, 혹시 아이가 열이 나거나 몸 상태가 좋지 않다면 접종을 미루어 예방 접종일을 조율하시면 됩니다.
통역사	Before the vaccination, carefully check your baby's health condition. If your baby has a fever or doesn't feel well, you may need to postpone the vaccination and reschedule the date.

보호자	Fortunately, it seems that today there are no symptoms of fever or pain.
통역사	다행히 오늘은 아이에게 열이 나거나 아픈 증상이 없는 것 같아요.
의사	네, 제가 아이의 체온과 건강 상태를 확인하겠습니다. (아이를 살펴본 후) 체온은 정상이고 전반적인 상태도 아주 좋아 보여 예방 접종을 해도 큰 문제가 없겠습니다. 오늘은 팔에 BCG 예방 접종을 진행할게요. 접종 후에는 팔에 작은 물집이나 붉은 자국이 생길 수 있는데, 시간이 지나면 자연스럽게 사라지니 걱정하지 마세요.
통역사	Yes, I will check your baby's temperature and overall health status. (After examining the baby) The temperature is normal, and the overall condition appears to be very good. So, there is no problem proceeding with the vaccination. Today, I will administer the BCG vaccination in the arm. After the injection, small blisters or red spots may appear on the arm, but they will naturally fade over time. Don't worry about that.
보호자	It seems that such a reaction can occur after the vaccination. Is there anything else I should take into consideration?
통역사	접종 후에 그런 반응이 생길 수 있군요. 또 어떤 걸 주의해야 할까요?
의사	보호자님께서는 아이가 예방 접종을 한 직후 20~30분 정도 병원에 머물며 아이의 상태를 지켜보고, 큰 이상이 없다면 함께 집으로 돌아가셔도 좋습니다. 그리고 오늘 하루는 아이가 접종 부위를 문지르거나 긁지 않도록 잘 지켜보셔야 합니다. 접종 후 아이에게 미열이 날 수 있는데, 보통 하루나 이틀 정도 지나면 사라져요. 하지만 고열이 나거나 예방 접종 부위가 심하게 부어오르면 바로 병원에 오셔야 합니다.
통역사	After the vaccination, please stay at the hospital for about 20 to 30 minutes to monitor your baby's condition. If there are no issues, you can go home. Be sure to keep an eye on your baby throughout the day to make sure not to rub or scratch the injection site. A mild fever may occur, but it will go away within a day or two. However, if a high fever develops or the vaccination site becomes severely swollen, please come back to the hospital right away.
보호자	Yes. If I move, can I get my baby's vaccination records from this hospital?
통역사	네. 혹시 이사하면 저희 아이의 예방 접종 기록을 이 병원에서 받아 가면 될까요?
의사	한국에서는 예방 접종 기록이 질병관리청의 '예방 접종 도우미' 사이트에 자동으로 입력되므로, 다른 지역으로 이사를 가거나 수첩을 잃어버려도 예방 접종 내역을 쉽게 조회해 볼 수 있습니다. 외국인의 경우 보호자 1명이 휴대폰 인증을 해서 회원 가입을 한 다음 아이의 외국인 등록 번호를 입력해 두면, 그다음부터는 아이의 예방 접종 기록을 원하는 때에 확인할 수 있어요.
통역사	In Korea, vaccination records are automatically recorded in the Korea Disease Control and Prevention Agency's 'Vaccination Assistant' website. So, even if you move to another region or lose the baby's health booklet, you can easily access your baby's vaccination history. For foreigners, if one guardian completes mobile phone verification to register as a member and enters the baby's foreign registration number, the baby's vaccination records can be checked at any time.

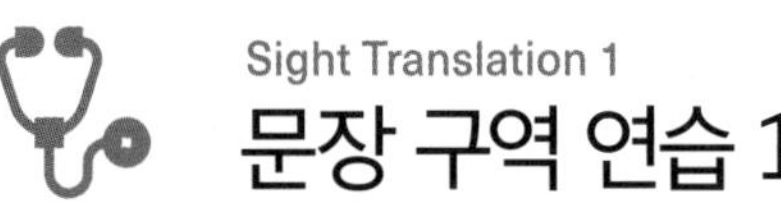

ADHD란?

신경 발달 장애의 하나인 주의력 결핍 과다 활동 장애, 즉 ADHD는 주로 환자의 어린 시절에 발병하지만 성인기까지 지속될 수 있습니다.

이 질환의 발병 원인으로 선천적·후천적 뇌 손상이나 가족력, 독성 물질에 대한 노출 등 여러 환경적 요인이 언급됩니다. 혹은 주의 집중 능력과 관련된 신경 전달 물질인 노르에피네프린이나 도파민의 부족이 꼽히기도 하지만, 지금까지 명확한 원인이 밝혀지지는 않았습니다.

ADHD 환자는 주로 주의력 결핍, 과잉 행동, 충동성 등의 증상을 보입니다. 주의력 결핍형 ADHD로 진단받은 아이는 쉽게 산만해지고 오랫동안 집중하기 어려워서 과제를 마무리하지 못하거나 세부 사항에 주의를 기울이지 못하는 경우가 많습니다. 과잉 행동형 ADHD로 진단받은 아이는 가만히 있지 못하고 끊임없이 움직이거나, 수업 시간에 자리를 이탈하곤 합니다. 충동성형 ADHD로 진단받은 아이는 생각하지 않고 행동하거나 다른 사람의 말을 끊고 자신의 말만 하는 등 참을성이 없는 성급한 모습을 주로 보입니다. 이런 증상들로 인해 ADHD를 앓는 아이는 사회적 관계에서 어려움을 겪곤 합니다.

ADHD의 치료는 약물 치료와 인지 행동 치료를 위주로 진행됩니다. 약물 치료는 중추 신경계 자극제를 사용하는데, 이는 아이의 주의력과 집중력을 향상시키는 데 효과적이지만 부작용을 고려하여 의사의 처방에 따라 신중하게 사용해야 합니다. 인지 행동 치료는 약물 치료보다 긴 시간이 필요하지만, 아이의 충동적인 행동을 줄이고 문제 해결 능력과 자기 조절 능력을 기르는 데 효과적입니다.

ADHD 치료에서 아이가 일관된 생활 습관을 유지하는 것도 중요합니다. 보호자는 아이가 일정한 일과에 따라 생활하고 규칙적인 수면과 식사 습관을 유지하게끔 도와야 합니다. 특히 규칙적인 운동은 아이의 집중력과 정서적 안정감을 높일 수 있으므로, 운동을 통해 아이가 에너지를 발산하고 스트레스를 해소할 수 있는 환경을 만들어 주는 것이 좋습니다. 또 아이가 긍정적인 행동을 보일 때 보호자가 즉각적인 칭찬과 보상을 주는 것도 중요합니다. 특히 교사와 보호자는 협력하여 아이의 학습 환경을 조정하고, 아이가 집중할 수 있는 방법을 함께 찾아야 합니다.

아이의 행동이 다소 산만하다고 해서 모두 ADHD는 아닙니다. 다만 아이에게 ADHD가 의심될 경우 소아 청소년과의 전문의에게 상담을 받고 지능 검사, 심리 검사, 주의력 검사 등을 통해 정확하게 진단할 수 있습니다. ADHD를 일찍 발견하고 지속적으로 관리하면 아이가 건강하게 성장할 수 있고 학업에서도 더 나은 성과를 거둘 수 있습니다.

Sight Translation 2
문장 구역 연습 2

| 한국어 ↔ 영어

□ 보호자가 수족구병 재감염에 대해 질문하고, 의사가 답합니다.
□ 통번역사는 보호자의 질문과 의사의 답변을 정확하게 통역합니다.

Q

Hello. I'm reaching out because my child has suffered from hand foot mouth disease again this year, after having it last year. The doctor has diagnosed it, and my child is resting at home. Right now, there's a mild fever, and blisters have appeared on his hands, feet, and mouth, which are causing discomfort when eating and even swallowing saliva.

Although my child had this illness before, it's unfortunate that he has been reinfected. If there's anything that can be done to prevent it, I'd appreciate your advice. He is also having trouble sleeping, which is quite distressing. I'd really appreciate a prompt response. Thank you.

A

안녕하세요. 아이가 다시 수족구병을 앓아 보호자님의 걱정이 크신 듯해 안타깝습니다. 수족구병은 장 바이러스에 감염되어 걸리는 질환으로, 특히 어린 아이들에게 자주 발생합니다. 수족구병을 유발하는 장 바이러스의 종류가 매우 다양하기 때문에 아이가 수족구병에 걸린 적이 있다고 해서 그에 대한 면역력이 완전하게 생기는 것은 아니고, 재감염될 가능성도 있습니다.

수족구병의 주요 증상은 손·발·입안 등에 발생하는 궤양성 병변, 발열, 인후통, 전신 무력감, 식욕 부진 등입니다. 이러한 증상은 대부분 3~7일 이내에 사라지지만, 물집이 생기는 등의 증상으로 인해 아이가 많이 힘들어할 때는 부드러운 음식을 주면서 수분을 충분히 섭취할 수 있도록 신경 써 주세요. 수족구병은 특별한 치료 없이 자연적으로 회복됩니다만, 만약 아이가 고열이 나는 경우 해열제를 먹어야 하고 탈수가 심한 경우에는 수액을 주사해야 할 수도 있습니다. 따라서 아이의 상태에 변화가 생기는지 보호자님이 옆에서 잘 지켜봐 주세요.

안타깝게도 수족구병에 대한 백신은 아직 개발되지 않아서 예방 접종을 할 수 없습니다. 그렇기 때문에 무엇보다도 철저하게 위생 관리를 해서 질환을 예방하는 것이 중요합니다. 보호자님은 아이가 손 씻는 습관을 잘 기를 수 있도록 도와주고, 아이가 자주 사용하는 장난감이나 개인 물건을 소독해 주어야 합니다. 수족구병은 전염성이 강해 특히 단체 생활을 할 때 재감염될 가능성이 많으니 아이가 다른 아이들과 식기나 물건을 공유하지 않도록 주의시켜 주세요.

BRIEF
- 보호자가 아이의 장염 관련 증상으로 의사를 찾아왔습니다.
- 통번역사는 대화 상황에 적절한 표현으로 통역을 완성합니다.

보호자 My child is 18 months old. He has been very fussy and crying in pain since yesterday. He had a fever, so I thought it might be a cold. However, he suddenly vomited at night and developed diarrhea. That's why I came in.

통역사

의사 말씀하신 증상으로 보아 감기보다는 다른 질환일 가능성도 있습니다. 아이의 겨드랑이에 전기 체온계를 넣어 체온을 재 볼게요. 아이의 체온이 38.5도로 고열이 나네요.

통역사

보호자 He has not eaten anything, but he has been continuously vomiting until this morning. Now, he has very watery diarrhea.

통역사

의사 아이의 가슴과 배에 청진기를 대고 소리를 들어 보겠습니다. 아이의 숨소리는 정상이에요. 그런데 배에서 장음이 과하게 들리는 것으로 보아, 정상적인 장의 움직임과 달라져 있는 상태입니다. 정확한 진단을 위해 대변 검사와 혈액 검사를 하시지요.

통역사

【 검사 후 】

의사 검사 결과 바이러스성 장염입니다. 대장균이나 콜레라 등의 세균에 의해 감염되는 세균성 장염과 달리 바이러스성 장염은 로타바이러스, 노로바이러스, 아데노바이러스 같은 바이러스에 의해 발생해요. 바이러스는 주로 오염된 물이나 음식·손을 통해서 전파되고, 감염되면 지금 아이에게서 나타나는 발열·구토·설사 등의 증상을 보입니다.

통역사

보호자 I see, Doctor. Then how is enteritis treated?

통역사

의사 세균성 장염은 항생제로 치료하지만, 바이러스성 장염은 사실상 의학적 치료를 하지 않아도 자연적으로 증상이 완화됩니다. 하지만 현재 아이가 고열과 구토로 힘들어하니 해열제와 항구토제를 처방하겠습니다. 설사를 멈추기 위해 지사제도 처방해 드릴 테니까, 설사가 멈추면 지사제는 먹이지 않아도 됩니다. 탈수가 계속될 수 있으니까요.

통역사

보호자 Yes, I understand. What kind of food would be best to feed?

통역사

의사 설사로 인해 체내 수분이 많이 손실되었을 테니, 아이에게 미지근한 물을 먹여서 수분을 보충해 주는 게 중요해요. 집에 가면 아이의 상태를 주의 깊게 살펴보시다가 물도 마시기 어려워한다거나 설사가 더 심해지면 병원으로 바로 오세요. 탈수 증상을 완화하기 위해 병원에서 수액을 놓아 수분을 보충해야 합니다. 구토와 설사가 가라앉을 때까지 우유나 유제품 및 기름진 음식을 삼가고, 미음이나 쌀죽같이 아이가 소화하기 쉬운 음식을 조금씩 먹이세요. 보호자님은 당분간 조리 도구들도 살균해서 사용하시기를 바랍니다.

통역사

보호자 I will do so. Is enteritis contagious? I'm worried about the other family members as well.

통역사

의사 네, 바이러스성 장염은 전염성이 매우 강하므로 가족들도 주의해야 합니다. 아이가 사용한 장난감·수건·식기 등을 잘 소독하고, 가족 모두 항상 손을 깨끗이 씻으세요. 되도록 아이가 회복할 때까지 다른 가족들과의 접촉은 최소화하는 것이 좋습니다.

통역사

Psychiatry

정신 건강 의학과

STEP 1

Q 정신 건강 의학과는 어떤 질환을 다루나요?

A 정신 건강 의학과는

STEP 2

Q

A

STEP 3

□ 통번역사로서 정신 건강 의학과에서 통용되는 어휘와 표현을 이해하고 통번역할 수 있다.

□ 통번역사로서 정신 건강 의학과에서 일어나는 상황을 의사와 환자 각각의 입장에서 원활하게 소통할 수 있다.

dyslexia
난독증

panic disorder
공황 장애

PTSD(post traumatic stress disorder)
외상 후 스트레스 장애

anthropophobia
대인 공포증

정신 건강 의학과는 상담과 검사를 통해 정신 질환을 진단하고 치료하는 의학의 한 분야로, 성별과 연령에 상관없이 누구든지 심리적인 고통이나 고민에 대한 진료가 필요할 때 찾아가는 곳입니다. 정신 건강 의학과 전문의들은 현대 사회의 스트레스로 인한 우울증이나 공황 장애 같은 정신적 질환과 특정 분야나 약물에 대한 중독 질환뿐만 아니라, 알코올 의존증·조현병·치매 등의 중증 정신 질환 등을 치료하여 환자의 정신 건강 증진을 돕습니다.

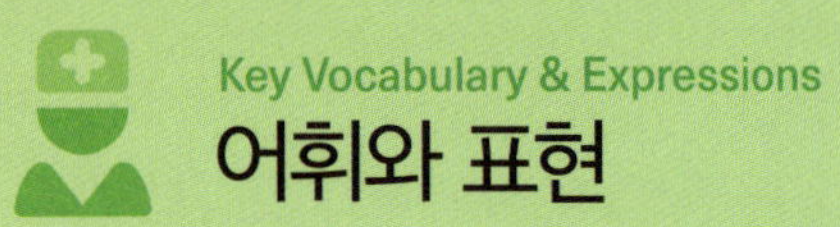

어휘와 표현

💬 전문 어휘

한국어	영어	한국어	영어
각성	stimulation	건망증	forgetfulness
공격적 성격	aggressive personality	공포(두려움)	fear
광장 공포증	agoraphobia, agyiophobia	뇌파 검사	EEG(electroencephalography)
떨림	shivering, shudder, thrill, tremor	만성 통증	chronic pain
망상	delusion	면담	interview
무감각	insensibility	불면증	insomnia
불안 장애	anxiety disorder	섭식 장애	eating disorder
수면 장애	sleep disorder, somnipathy	시상 하부-뇌하수체-부신 축	hypothalamic pituitary adrenal axis
식은땀	clammy sweat, cold sweat	신경 전달 물질	neurotransmitter
신경성 식욕 부진증(거식증)	anorexia nervosa	신경성 폭식증	bulimia nervosa
심리 검사	psychological test	심혈관 질환	cardiovascular disease
알코올 남용	alcohol abuse	알코올 의존증	alcohol intoxication, alcoholism
언어 치료	logopedics, speech therapy	우울증	blues, depression
이완	relaxation	인지 장애	cognitive disorder
인지 행동 치료	CBT (cognitive behavioral therapy)	임상 치매 평가 척도	clinical dementia rating scale
자가 면역 질환	autoimmune disease	자율 신경계	ANS (autonomic nervous system)
정신 건강	mental health	정신 치료	psychotherapy

조울증(양극성 기분 장애)	bipolar disorder	충동 조절 장애	impulse control disorder
치매	dementia	판단력	judgement
학습 장애	learning disability	항불안제	antianxiety drug, anxiolytic
항우울제	antidepressant	항정신병 약물	antipsychotic
해리 현상	dissociative phenomenon	행동 치료	behavioral therapy
호흡 곤란	SOB(shortness of breath)	환각	hallucination
환청	auditory hallucination	흉통	chest pain

💬 유용한 표현

한국어	영어	한국어	영어
가슴이 조이다	to experience chest tightness	갑자기 심장이 빨리 뛰다	to experience a sudden rapid heartbeat
공격적 성격으로 변하다	to become aggressive personality	극도의 두려움을 느끼다	to feel extreme fear
뇌에 자극을 주다	to stimulate the brain	뇌의 구조와 모양을 살피다	to examine the structure and shape of the brain
메모하는 습관을 들이다	to develop the habit of taking notes	목소리가 떨리다	to have a trembling voice
몸이 떨리다	to experience body tremors	불법 약물을 투여하다	to administer illicit drugs
속이 메스껍다	to experience nausea, to feel nauseous	스트레스와 피로가 누적되다	to experience accumulated stress and fatigue
식은땀이 나다	to have cold sweats	심리적 충격이 해결되다	to recover from psychological shock
어지럽다	to feel dizzy	우울증에 빠지다	to develop depression
인지 기능 검사를 하다	to perform a cognitive function test	자율 신경계가 각성되다	to stimulate ANS
접촉에 쉽게 놀라다	to be easily startled by physical contact	정상적인 사회생활이 어렵다	to have impaired social interaction
정서적으로 지지해 주다	to provide emotional support	주위 사람들을 피하다	to avoid contact with others
집중력이 저하되다	to experience a decrease in concentration	현실을 기피하다	to avoid reality

1) 강박 장애 obsessive compulsive disorder

강박 장애는 자신의 의지와 상관없이 때와 장소를 가리지 않고 반복적으로 행동하거나 생각하게 되는 불안 장애의 한 형태이다. 이는 자주 손 씻기, 계속해서 문단속하기, 물건 배치 순서 지키기 같은 강박적 행동과 가치관·종교적 신념 등을 끝없이 생각하는 강박적 사고로 나눌 수 있다. 강박 장애는 보통 약물 치료와 행동 치료로 증상이 완화되지만, 그렇지 않을 경우 강박 증상을 유발한다고 알려진 뇌의 연결 회로를 차단하는 수술적 치료를 하기도 한다.

2) 과대망상증 megalomania

과대망상증은 판단력에 장애가 생겨 지나치게 자신만을 중요시하고, 사실과 다른 잘못된 믿음을 가지거나 권력과 통제에 대한 강한 욕구를 드러내는 심리적 장애이다. 이 질환을 앓는 환자는 자신이 특별한 대우나 특권을 누려야 한다고 믿고, 다른 사람들을 지배하거나 통제하려 들면서 자신의 뜻대로 되지 않을 때 화를 내거나 공격적으로 변하는 경향이 있다. 과대망상증 환자 대부분은 자신의 병을 인지하지 못하기 때문에 병원 진료를 받게 하는 데 어려움이 있다. 이 질환은 항정신병 약물로 치료하며, 증상이 심한 경우 입원 치료가 필요할 수 있다.

3) 난독증 dyslexia

난독증은 의사소통의 필수 기능 중 하나인 읽기 능력에 나타나는 학습 장애이다. 철자를 인식하여 의미를 파악하는 독해력과 단어를 말소리로 바꾸는 해독 능력에 문제가 발생하지만, 지능 저하가 원인인 학습 장애와는 다르다. 난독증은 보통 초등학교 저학년 시기에 처음 발견되며, 난독증 환자는 소리 내어 읽기가 힘들어 말을 더듬고 베껴 쓰기는 가능하지만 받아쓰기는 하지 못한다. 난독증은 완치가 어려워 청소년기와 성인기에도 철자를 틀리거나 작문 능력에 부족함을 보인다. 시각·청각 훈련, 단어 인식 및 발음 교정 교육, 언어 치료 등의 치료 방법들을 사용해 환자가 효과적으로 학습할 수 있게 돕는다.

4) 인터넷 중독 internet addiction

인터넷 중독은 인터넷 사용에 지나친 집착을 보여 스스로가 통제하기 불가능한 상태를 말한다. 인터넷 중독자는 인터넷 사용에 과도한 시간을 쏟으면서 대인 관계에 소홀해지고, 집중력이 떨어져 사회생활이 어려우며, 증상이 심해지면 사회적 고립·우울증·충동 조절 장애·약물 남용 등 여러 문제를 겪는다. 환자에게 약물 치료와 정신 치료를 할 수 있지만, 그전에 다른 취미 활동을 찾거나 새로운 교우 관계를 형성할 수 있도록 돕는 것이 중요하다.

5) 조현병 schizophrenia

전에는 정신 분열증이라고 불렸던 조현병은 현실과 비현실을 구별하는 능력이 저하되는 정신 질환으로, 보통 20대 전후에 발병하여 만성적으로 증상이 나타난다. 정확한 원인은 밝혀지지 않았으나 도파민계 신경 전달 물질에 이상이 생기거나 유전적·환경적 요인이 복합적으로 작용하여 발병한다고 알려져 있다. 조현병 환자는 환각과 망상 증상을 보이고 횡설수설하는 등의 이상 행동을 하며, 정상적인 감정 표현을 어려워한다. 환자에게는 보통 항정신병 약물 치료와 정신 치료를 병행하고, 환자를 돌보는 보호자들에게도 대응 방법에 대한 교육을 실시한다.

대화 통역 연습

□ 환자가 공황 장애 의심 증상으로 의사를 찾아왔습니다.
□ 통번역사는 환자와 의사의 대화를 양방향으로 원활하게 통역합니다.

환자	Doctor, for the past about two months, my heart has suddenly started beating rapidly. I often feel like I can't breathe, and I become so worried that I might die. That's why I decided to come in.
통역사	선생님, 제가 약 두어 달 전부터 갑자기 심장이 빨리 뛰고 숨이 막히는 듯한 느낌도 자주 들어서 이러다가 죽을 것 같다는 생각에 너무 걱정되어서 왔어요.
의사	네, 그러셨군요. 어지럽거나 손발이 떨리는 등 다른 증상은 없나요?
통역사	I see. Have you experienced any other symptoms, such as dizziness or trembling in your hands or feet?
환자	That's right. I feel dizzy and sweaty, and sometimes I experience body tremors. I also experience chest tightness, nausea, and a sensation of heat spreading through my body. I feel afraid and anxious, wondering when it will happen again.
통역사	맞아요. 어지럽고 땀이 나면서 몸이 떨리기도 해요. 가슴이 조이면서 속이 메스껍기도 하고 몸이 뜨거워지는 느낌이 들 때도 있어요. 언제 또 이럴까 싶어 두렵고 불안해요.
의사	그런 증상이 나타나면 얼마나 오래 지속되나요?
통역사	When such symptoms appear, how long do they last?
환자	The symptoms appear suddenly, peak about 10 minutes after onset, and gradually subside within approximately 30 minutes.
통역사	갑자기 증상들이 나타나서 10분쯤 되었을 때 제일 힘들고 30분 정도 지나면 잠잠해져요.
의사	검사를 해 봐야겠지만 일단 말씀하신 증상들로 보아 갑자기 극도의 두려움을 느끼는 불안 장애의 일종인 공황 장애가 의심되네요. 공황 장애는 심장이 두근거리고 호흡 곤란을 동반하는 흉통과 열감·어지러움·손발 떨림 등의 이상 증상을 보이거든요.
통역사	I think further examination is needed. However, based on the symptoms you've described, panic disorder one type of anxiety disorder, in which one suddenly feels extreme fear, may be suspected. Panic disorder can also cause abnormal symptoms such as chest pain accompanied by heart palpitations and shortness of breath, sensations of heat, dizziness, and trembling in the hands or feet.
환자	What causes the sudden appearance of panic disorder symptoms?
통역사	갑자기 공황 장애 증상이 나타나는 이유가 뭘까요?
의사	공황 장애의 발병 원인에는 심리적 요인과 생물학적 요인 등이 있습니다. 그중에서도 특히 극심한 스트레스와 피로 누적으로 발병하는 경우가 많아요. 환자분은 대중교통

을 이용하거나 사람이 많은 곳에 가면 힘들지 않으세요?

통역사 Panic disorder can be triggered by a combination of psychological and biological factors. Often, it first develops when extreme stress and fatigue accumulate over time. Do you find it challenging to be in crowded places or use public transportation?

환자 Yes, that's right. I'm finding it more and more scary to go outside, and I just want to stay home. Because of that, I've also been feeling really down.

통역사 네, 맞아요. 그래서 밖에 나가는 게 점점 두려워지고, 집에만 있고 싶어져요. 그러다 보니 우울하기도 해요.

의사 네, 공황 장애는 광장 공포증을 동반할 수 있어 질문드렸습니다. 광장 공포증은 광장 같은 넓은 장소나 도움을 받기 어려운 장소에 혼자 있을 때, 대중교통을 이용하거나 밀폐된 공간에 있을 때 불안을 느끼는 증상이에요. 공황 장애나 광장 공포증이 지속되면 불안과 공포 때문에 일상생활이 제한되면서 우울증도 동반될 수 있습니다.

통역사 Yes, panic disorder can be accompanied by agoraphobia, which is why I asked. Agoraphobia involves feeling anxious in open spaces, such as squares, or in places where help might not be readily available, like public transportation or confined spaces. If panic disorder or agoraphobia continues, it can limit daily activities and may even lead to depression.

환자 Then, what should I do now?

통역사 그럼 저는 이제 어떻게 해야 할까요?

의사 먼저 기본적인 심리 검사를 실시하여 환자분의 심리 상태를 알아보고, 혹시나 지금 겪고 계신 증상들이 다른 질환 때문인지를 확인하기 위해 혈액 검사와 뇌 검사 등 추가적인 신체 검사도 실시하겠습니다.

통역사 First, I'll conduct a basic psychological test to evaluate your psychological state. Additionally, to rule out other potential causes for your current symptoms, I'll perform further physical tests, including blood tests and brain scans.

환자 If diagnosed with panic disorder, what treatment options are available?

통역사 만약 공황 장애로 판명되면 어떤 방법으로 치료하나요?

의사 공황 장애는 주로 항우울제와 항불안제 등을 이용한 약물 치료를 합니다. 이와 함께 불안한 생각을 교정하는 인지 행동 치료도 하는데, 이에는 긴장을 완화시키는 근육 이완 훈련과 호흡 조절 훈련 등도 포함됩니다. 많은 사람이 적절한 치료로 스스로 불안감을 떨치고 일상생활로 복귀하니 너무 걱정하지 마세요.

통역사 Panic disorder is typically treated with medications like antidepressants and anxiolytics. Along with this, cognitive behavioral therapy, which focuses on correcting anxious thoughts, is also used. This may include muscle relaxation techniques to reduce tension and breathing exercises for better control. With the right treatment, many people are able to manage their anxiety and return to their daily lives. Don't worry too much.

□ 의사가 환자에게 외상 후 스트레스 장애에 대해 구체적으로 설명합니다.
□ 통번역사는 환자가 의학적·전문적 개념을 잘 이해할 수 있게 통역합니다.

외상 후 스트레스 장애란?

외상 후 스트레스 장애, 즉 PTSD는 사고·자연재해·폭력·범죄·전쟁 같은 충격적인 사건을 경험한 사람이 극심한 공포감을 느껴서 그 후에 정신과 신체에 이상 증상이 나타나는 질환입니다. 이 질환은 정상적인 사회생활이 어려울 정도로 불안과 공포를 느끼는 것이 특징입니다.

외상 후 스트레스 장애는 환자에게 충격을 준 특정 사건이 실질적인 발병 원인이지만, 환자가 사건을 겪기 전 가지고 있던 심리적·생물학적 사전 요인이 발병 원인이 되기도 합니다. 즉, 어렸을 때 경험한 심리적 충격이 해결되지 않고 잠재되어 있다가 현재 사건을 통해 드러나 외상 후 스트레스 장애의 심리적 원인으로 작용하기도 합니다. 그밖에 이 질환의 생물학적 위험 요인으로 도파민 등 신경 전달 물질 이상이나, 스트레스에 대한 신체 반응을 조절하는 시상 하부-뇌하수체-부신 축의 기능 이상 등이 알려져 있습니다. 기타 부적절한 가족 관계, 스트레스가 많은 생활 환경, 음주, 유전적 특성 등도 이 질환을 일으키는 위험 요인으로 언급됩니다.

외상 후 스트레스 장애를 겪는 환자는 충격적인 사건을 꿈이나 반복되는 생각을 통해 재경험하게 되어, 이와 연관되는 상황을 회피하려고 하거나 무감각해지는 행동을 보입니다. 자율 신경계가 과도하게 각성되면서 작은 소리나 접촉에 쉽게 놀라거나 분노를 보이기도 하며, 수면 장애 등을 겪기도 합니다. 경우에 따라 공황 장애·해리 현상·환청 등을 경험할 수 있고, 우울증에 빠지거나 공격적 성격으로 변하기도 합니다. 또 기억력과 집중력 저하 등 인지 장애가 일어나기도 합니다. 이런 증상들은 사건 발생 이후 몇 년이 지나서 나타날 수도 있습니다.

외상 후 스트레스 장애를 진단하는 검사는 면담과 심리 검사 등을 통해 이루어집니다. 보통 관련 증상들이 1개월 이상 지속되는 경우 외상 후 스트레스 장애를 의심하게 됩니다. 한편 환자가 다른 질환을 앓고 있는지를 확인하기 위해 MRI 검사와 뇌파 검사 등을 해서 뇌 손상 정도와 기저 질환에 대한 감별을 실시하기도 합니다.

치료 방법으로는 우선적으로 대화를 통해 환자가 상황을 이겨 낼 수 있도록 용기를 주고, 환자를 정서적으로 지지해 주는 것이 필요합니다. 또한 약물 치료와 함께 인지 행동 치료 등의 정신 치료 요법이 활용됩니다.

외상 후 스트레스 장애는 환자에게 약물이나 알코올 남용 또는 우울증 같은 다른 정신 질환을 유발시킬 위험이 있고, 최악의 경우 환자가 자살 시도를 할 수도 있어 주위 사람들이 함께 관심을 가지고 살펴보는 것이 필요합니다. 또한 환자에게 만성 통증, 심혈관 질환, 자가 면역 질환, 근골격계 이상과 같은 질환도 생길 수 있으니 이에도 대비해야 합니다.

30% 정도의 환자는 외상 후 스트레스 장애를 치료하지 않아도 정상화되지만, 지속적으로 증상이 나타나거나 악화되는 환자도 많습니다. 따라서 이 질환을 앓는 환자는 전문의와 상담하고 꾸준히 치료받는 것이 바람직합니다.

Sight Translation 2
문장 구역 연습 2

| 한국어 ↔ 영어

BRIEF
☐ 환자가 대인 공포증 관련 증상에 대해 질문하고, 의사가 답합니다.
☐ 통번역사는 환자의 증상과 의사의 진단을 정확하게 통역합니다.

Q Doctor, lately, I've been so afraid of meeting people that I can't even bring myself to get out of bed in the morning. I'm also anxious that my coworkers might talk behind my back when I'm not around. As a result, even when I try to have conversations with others about everyday, pleasant topics, I become extremely nervous, my face turns red, and my voice trembles. This has led me to stop engaging in the hobbies I once enjoyed. Although I often feel lonely, I no longer want to socialize. Sometimes, not being able to interact with others makes me feel like a failure, and I've lost confidence in my future.

None of my family members experience these symptoms, so why is this happening only to me? Is there a way to treat this?

A 안녕하세요. 환자분께서 현재 사람들을 만나는 데 두려움을 느끼신다니 안타깝습니다. 환자분처럼 주위 사람들을 대하는 데 두려움과 불안을 느끼는 경우, 대인 공포증일 가능성이 있습니다. 이는 '사회 공포증'이라고도 하며, 특정한 사회적 상황을 두려워해서 지속적으로 주위 사람들을 피하거나 피할 수 없는 경우 극도의 불안을 느끼는 질환입니다. 예를 들어 많은 사람 앞에서 발표해야 하는 상황이라든가 처음 만나는 사람들과의 모임 등 특정 상황에서 식은땀이 나고 목소리가 떨리며 얼굴이 붉어지는 등의 증상이 나타나곤 합니다. 더욱이 이런 신체적 반응을 남이 볼까 두려워하기도 합니다.

대인 기피증은 유전적인 영향과 주위 사람들의 영향 등이 발병 원인이 되어 떨림 공포, 연단 공포, 낭독 공포, 자기 냄새 공포, 시선 공포 등 다양한 형태로 나타납니다. 대인 공포증이 심해지면 우울증이나 조울증으로 이어질 수 있으므로 가까운 시일 내 내원하셔서 심리 검사와 면담을 받아 보시기 바랍니다. 대인 공포증으로 진단될 경우 항불안제 등 약물 치료와 인지 행동 치료 등을 합니다. 현실을 기피하려고 술을 마시거나 불법 약물을 투여하면 심리 상태가 더욱 불안정해질 뿐 증상 완화에 전혀 도움이 되지 않습니다. 충분한 수면과 적당한 운동, 규칙적인 식사 등 생활 습관을 개선하고 의료인에 의한 전문적인 치료를 받으시길 권합니다.

□ 환자가 치매를 걱정하며 의사를 찾아왔습니다.
□ 통번역사는 대화 상황에 적절한 표현으로 통역을 완성합니다.

환자   Doctor, I've been really worried lately because my memory seems to be getting worse. Even when I'm just sitting down, standing up, or turning around, I immediately forget what I was about to do.

통역사

의사   환자분의 증상은 언제부터 시작되었고, 최근에는 얼마나 자주 그러한가요?

통역사

환자   I've been forgetting things I used to do and tasks I need to complete for about six months now. At first, I thought it wasn't a big deal, but it seems to have gotten considerably worse lately. I'm worried it might be dementia. Sometimes, I make simple calculation mistakes, and there are times when I can't recall words I used to use.

통역사

의사   기억력 감퇴 현상의 원인은 다양합니다. 나이가 들면서 생기는 자연스러운 인지 기능 저하일 수도 있고, 과도한 스트레스로 인해 집중력이 저하되는 건망증일 수도 있어요. 물론 경우에 따라서는 경미한 인지 장애나 치매 초기 증상일 수도 있지만요.

통역사

환자   What are the differences between forgetfulness, cognitive disorders, and dementia?

통역사

의사   우선 건망증은 기억이 나지 않는 일시적인 증상으로, 반응 속도가 느릴 뿐 힌트와 시간을 주면 기억을 떠올릴 수 있는 상태입니다. 경미한 인지 장애는 기억력 저하와 함께 시공간 능력과 언어 능력 등도 저하되지만 일상생활을 하는 데는 문제가 없는 상태이고요. 하지만 치매는 다양한 인지 기능들이 떨어지면서 간단한 일도 처리하기 어려워지고 성격이 변하기도 해요. 그러니까 인지 장애가 곧 치매는 아니니, 너무 걱정하지 마세요.

통역사

환자 So, in my case, how can it be determined which disease I have? And is there a test to confirm if it's dementia?

통역사

의사 정확한 진단을 위해 먼저 몇 가지 검사를 해야 합니다. 심층 면담과 인지 기능 검사로 환자분의 기억력, 집중력, 언어 능력 등을 알아보겠습니다. 임상 치매 평가 척도 검사도 진행하여 인지 기능 감퇴가 치매로 판단할 수 있는 정도인지 알아보고, MRI 검사와 CT 검사 등으로 뇌의 구조와 모양을 살펴 정상 뇌와 다른 점이 있는지 확인하겠습니다.

통역사

환자 I'm really worried. Could you please let me know what I should do to improve my memory and restore my cognitive function?

통역사

의사 환자분께서 말씀하신 증상들은 일시적인 기억력 감퇴로 진단되는 경우가 많아요. 이런 경우 평소에 메모하는 습관을 들이고, 독서나 바둑·퍼즐·카드놀이 등을 해서 뇌에 적당한 자극을 줌으로써 기억력이 향상되도록 애쓰시면 됩니다. 물론 충분한 휴식과 규칙적인 식사, 꾸준한 운동도 중요하고 잠도 푹 자야 하죠. 술과 담배는 멀리하는 게 좋아요. 치매가 아니라면, 대부분의 환자분들이 생활 습관을 개선하고 주기적으로 인지 기능 검사를 하면 인지 기능 회복에 큰 도움을 받으실 수 있습니다.

통역사

 **문화 개요**

국가 정보 및 지리·기후 특징

북아프리카에서 서아시아의 아라비아반도에 이르는 지역 가운데 이슬람교를 국교로 하고 아랍어를 사용하는 나라들을 통칭하여 '아랍'이라고 부르곤 한다. 이 지역은 연중 고온 다습하여 5월에서 10월 사이에는 평균 기온이 영상 35℃에서 45℃에 이르기도 한다.

아랍 국가 중 사우디아라비아는 정교일치의 국왕 중심제 국가로, 공식 명칭은 사우디아라비아 왕국(Kingdom of Saudi Arabia)이며 수도는 리야드이다. 사우디아라비아와 국경을 접하고 있는 아랍 에미리트는 아부다비·두바이·앗샤리카·아지만·움알카이와인·라스알카이마·알푸자이라의 7개 토후국이 모인 대통령 중심의 연방제 국가로, 공식 명칭은 아랍 에미리트 연합국(United Arab Emirates)이며 수도는 아부다비이다. 두 나라 모두 (영어도 사용하지만) 공식 언어는 아랍어이다.

역사적 배경

아랍은 7세기 마호메트가 이슬람교를 창시한 이후 부족들이 통합되면서 지역 사회화되었다. 이후 이 지역에서 진주 및 향신료 거래 등 해상 무역이 활발해지자 16세기부터 유럽 열강들의 개입이 시작되었으며, 19세기에는 영국이 군사적 개입을 행사하였다.

1930년대부터 영국과 국제 석유 회사들이 아랍 지역의 석유 탐사를 시작한 이래 1938년 사우디아라비아, 1958년 아랍 에미리트 등지에서 상업적 규모의 유전이 발견되며 아랍 지역의 도시화와 경제 발전이 가속화되었다. 1927년 사우디아라비아가 영국의 보호령에서 벗어나 독립한 이후

1971년에는 아랍 에미리트도 영국에서 독립하여 연방제 국가를 이루면서, 사우디아라비아와 아랍 에미리트는 현재 세계적 도시 국가이자 중동의 허브 국가로 성장하였다.

사회 문화적 특징

아랍은 동일 문화권으로서 유목 문화와 이슬람 문화가 발달하였다. 오늘날에는 유목 생활을 하는 아랍인의 비율이 높지 않지만 여전히 유목 문화가 강하게 남아 있어 법률이나 제도보다 부족 내의 규율과 명예를 더 중시하며, 지역 공동체로서 순혈주의를 강조하는 까닭에 족내혼이 많이 이루어진다. 아랍의 이슬람교 신자인 무슬림은 돼지고기를 먹지 않는다. 그 이유는 이슬람교 율법인 샤리아에서 돼지고기를 금했기 때문이고, 잡식성인 돼지가 비위생적이라는 인식 때문이기도 하다.

언어적 특징

아랍어는 유엔이 지정한 6개의 공식 언어 중 하나로, 아랍어 사용 국가는 전 세계적으로 20여 개국이 넘는다. 이슬람교 경전인 《코란》의 종교어이기도 한 아랍어는 표현력이 매우 뛰어난 언어이며, 오른쪽에서 왼쪽으로 표기하는 점이 특징적이다. 자음과 모음으로 구성되어 있지만 대부분의 단어는 자음으로 이루어지며, 모음은 대체로 문장 내에서 생략된다. 또 아랍어는 문어체와 구어체의 차이가 크고, 각 지역마다 방언도 발달해 있다.

💬 종교 문화

정교일치의 이슬람교

아랍 국가들의 국교는 《코란》을 경전으로 삼아 유일신 알라를 따르는 이슬람교이다. 이슬람교는 610년 마호메트가 창시한 종교로 정치와 종교가 하나로 통합된 정교일치를 추구한다. 사우디아라비아는 국왕이 나라의 군주이자 종교의 수장을 겸하고 있으며, 아랍 에미리트는 종교와 정치가 긴밀히 연결되어 있어 지도자들은 이슬람교의 교리를 기반으로 통치하고 있다. 이들 국가에서 이슬람 문화와 역사는 교육 과정에도 포함되어, 공립 학교에서 이슬람 교육은 필수 과목으로 지정되어 있다.

수니파와 시아파

이슬람교의 대표적인 2대 종파는 수니파와 시아파로, 무슬림의 90% 이상이 수니파이며 나머지 대부분은 시아파이다. 그중에 극히 일부가 기타 종파로 분리되었다.

수니파는 가족 중심의 사회관을 강조하고 공동체적 삶을 중시하며 질서와 통합 및 절제와 명예 등을 중요하게 여긴다. 사우디아라비아와 아랍 에미리트 국민 대부분은 이러한 수니파를 따르고 있으며, 이에 따라 국가의 정치·행정·종교 제도는 수니파의 교리와 전통을 중심으로 구성되어 있다. 한편 수니파의 종주국으로서 그 교리를 엄격하게 따르는 사우디아라비아와 달리, 아랍 에미리트는 종교적 관용 정책에 따라 시아파의 활동(사원 건축과 종교 행사 등)을 제한적으로나마 허용하고 있다. 더욱이 시아파 일부 가문이 경제와 상업 부문에서 중요한 역할을 담당하고 있어 아랍 에미리트는 그들의 사회적 위상도 인정하는 편이다.

라마단

이슬람교를 신봉하는 무슬림은 음력을 기준으로 하는 이슬람력의 아홉 번째 달인 라마단 기간을 신성한 달로 여긴다. 이 시기에 무슬림은 자기 성찰로 신앙적 깊이를 더하며 공동체적 연대를 다지고자 한다. 나아가 이 시기에는 해가 뜰 때부터 질 때까지 원칙적으로 먹거나 마시는 행위를 하지 않으며, 음주와 흡연은 물론 성관계도 맺지 않는 금욕적 생활을 지낸다. 다만 노약자(임산부나 생리 중인 여성과 환자) 및 여행자는 이를 강요받지 않으며, 금식 중인 무슬림도 일몰 직후부터는 본격적인 식사를 할 수 있다. 특히 아랍 에미리트에서는 금식을 가난한 이들의 고통에 공감하는 계기로 삼아, 일몰 직후 첫 식사인 이프타르를 근로자·저소득층·외국인 거주자 등에게 무료로 제공하는 전통을 활성화하고 있다.

할랄과 하람

아랍 국가에서는 이슬람교 율법인 샤리아에 따라 허용하는 것을 '할랄', 금지하는 것을 '하람'이라고 구분한다. 특히 할랄에 따라 무슬림은 이슬람식 도축법인 다비하 방식으로 도축된 소·양·닭 등의 고기만 먹을 수 있다. 행위 규범으로서의 할랄도 있어서, 무슬림은 신성하게 여기는 오른손으로만 식사하고 《코란》을 만질 수 있다.

하람에 따라 무슬림은 술과 돼지고기를 삼가야 한다. 또 알라·마호메트·《코란》에 대한 모욕은 절대 안 되며, 예금에 대한 이자를 받는 것도 허용되지 않는다. 여성의 경우 노출 규제가 있어서 머리와 목에 두르는 스카프 형태의 히잡, 얼굴만 드러내고 전신을 가리는 아바야(차도르), 눈을 제외한 얼굴 부위와 전신을 가리는 니캅, 얼굴과 전신을 모두 가리면서 눈 부위만 망사를 덧대어 볼 수 있는 부르카 등을 착용해야 한다. 최근에는 관련 규제에 대한 변화를 요구하는 목소리가 높아지고 있다.

남녀의 구별

이슬람 문화권은 남성 중심주의적 특징이 있어서 남녀를 엄격하게 구별하여 대우하고, 남녀가 밀폐된 공간에 단둘이 있는 '칼와'를 금지하고 있으며, 부부나 가족이 아닌 남녀는 공개된 장소에서 여러 사람과 함께 만나야 한다. 또 무슬림 여성은 이슬람교 사원인 모스크 안에서 남성과 함께 예배를 드릴 수 없으며, 식당이나 카페 등 공공장소에서도 구분된 공간에 있어야 한다.

그러나 2015년 사우디아라비아에서 여성의 선거 참여를 허용하면서부터 아랍의 남녀 구별 문화에 변화가 생겼다. 최근 아랍 에미리트 정부는 내각 구성원의 30% 이상이 여성일 만큼 여성들의 정치적 활약이 두드러지고 있다. 나아가 가정 폭력 처벌을 강화하기 위해 결혼 및 이혼과 관련한 일부 법을 개정하여 평등 조항을 도입하는 등 여성의 사회적 지위를 향상시키는 정책적 노력과 함께 사회 전반에서 관련한 인식의 변화가 일어나고 있다.

결혼

이슬람 문화권에서 결혼이란 공동체 사이의 계약으로서 종교적·사회적 의무에 속한다. 즉, 무슬림의 결혼이 유효하게 성립하려면 신랑·신부는 가족이 지정해 주는 사람을 배우자로 맞이해야 하고, 쌍방의 합의가 성사되면 증인의 참석 하에 성혼식을 열어야 한다.

결혼 상대의 경우 무슬림 여성은 무슬림이 아닌 남성과 결혼할 수 없지만, 무슬림 남성은 다른 종교를 가진 여성과 결혼할 수 있다. 예를 들어 기독교나 유대교 등 성서가 있는 종교를 따르는 신자를 '성전의 백성'이라는 뜻의 '아흘 알 키탑'이라고 칭하는데, 무슬림 남성은 아흘 알 키탑에 해당되는 여성과도 결혼이 가능하다. 다만, 무슬림이 아닌 아내가 무슬림 남편의 사후에 상속을 받기 위해서는 이슬람교로 개종해야 한다.

마흐르

무슬림이 결혼할 때는 신랑이 신부에게 반드시 마흐르라고 불리는 지참금을 주어야 한다. 이 마흐르는 신부의 재산으로 주어진다기보다 신랑에게 복종해야 하는 대가적 성격이 강하다. 마흐르는 현금뿐만 아니라 부동산·가축·귀금속 등 현물이나 거주권 등 다양한 형태로 지불이 가능하며, 원칙적으로 결혼 계약을 맺을 때 신랑이 신부에게 주어야 하지만 상황에 따라 결혼 후에 줄 수도 있다. 남성의 교육 수준이나 건강 상태, 집안이나 거주 지역에 따라 마흐르의 액수에 차이가 있어 특히 빈곤층이나 서민층 무슬림 남성들은 마흐르를 지불하는 것에 부담을 느끼기도 한다.

마흐람

마흐람이란 이슬람 사회에서 여성이 결혼할 수 없는 관계로서 무슬림 여성의 남성 후견인을 지칭한다. 무슬림 여성의 입장에서 할아버지·아버지·남자 형제·삼촌 등의 남성 가족과 남성 친척이 마흐람에 해당되며, 결혼 후에는 남편도 마흐람이 된다. 무슬림 여성은 결혼, 취업, 교육, 여행, 질환의 치료 등 다방면에서 결정을 내려야 할 때 마흐람의 허락을 받아야 한다. 또 마흐람이 아닌 남성이 운전하는 차에 혼자 타면 안 되고, 마흐람과 단 둘이 한 공간에 있는 것도 금지된다.

💬 **의료 문화**

보건 의료 체계

아랍 주요 국가들의 보건 의료 체계는 대개 총 3단계로 구성되어 있다. 우선 사우디아라비아의 경우 1차 의료 서비스를 제공하는 보건 센터가 전국의 각 지역에 분포되어 있으며, 이곳에서 치료뿐만 아니라 질병의 예방·관리·보건 교육 등도 담당하고 있다. 2차·3차 의료 서비스는 1차 의료 서비스와 연계되어 종합 병원과 그 상위의 전문 병원에서 제공된다.

아랍 에미리트의 보건 의료 체계 역시 3단계로 나뉘어 제공되며, 다양한 질환에 대한 포괄적인 의료 서비스가 실시될 수 있도록 1차 의료 서비스에 중점을 두고 있다. 2차·3차 단계에서는 1차 의료 기관의 추천 시스템을 바탕으로 더 통합적이고 지속적인 의료 서비스를 제공한다.

건강 보험 제도

아랍의 건강 보험 제도는 국가들마다 나앙한 형태로 운영되고 있다. 그중 사우디아라비아는 보편적 의료 보장(UHC: Universal Health Coverage) 원칙에 따라 전 국민을 대상으로 무상 의료 서비스를 제공하는 공공 건강 보험 제도를 운영하고 있다. 이는 건강 보험 위원회가 담당하며, 그 재원 대부분은 국가의 일반 예산으로 이루어진다. 이때 공공 건강 보험 제도의 대상이 아닌 외국인은 협동 건강 보험 위원회에서 관리하는 협동 건강 보험에 의무적으로 가입해야 한다. 한편 사우디아라비아 국민이 민간 의료 시설을 이용하려면 민간 건강 보험에 가입해야 한다.

아랍 에미리트도 UHC 제공 원칙을 세웠으나, 아부다비와 두바이에서만 근로자 및 그 피부양자에 한하여 직장 의무 건강 보험 제도를 시행하고 있었다. 그러나 2025년 1월부터 의무 건강 보험에 가입하지 않은 모든 민간 부문 근로자와 가사 근로자를 대상으로 아랍 에미리트 전역에서 기본 건강 보험을 실시하는 등 혜택 범위를 넓혀 나가고 있다.

의료 문화의 특징

아랍 환자들은 정적인 활동을 선호하는 생활 습관과 운동 부족으로 인해 비만·고지질 혈증·고혈압·당뇨병 등을 많이 앓고, 먼지와 고온에 수시로 노출되는 탓에 알레르기 및 피부 질환으로 고생하는 경우도 상당하다. 흡연자도 많아서 호흡기 질환과 암 질환의 발생률도 높은 편이다. 이슬람 문화의 특성상 돼지는 기피 대상이지만, 돼지 조직으로 만든 심장 판막 등은 성분이 변화된 물질로 간주하기 때문에 치료·장기 기증·장기 이식에 사용 가능하다.

한국의 부항 치료와 닮은 '히자마'는 무슬림에게 각광받는 민간요법이다. 하지만 아랍 에미리트는 히자마에 대한 법적 규제를 강화하여 아랍어와 영어 사용이 가능하고 전문 시험을 통과한 사람만 이 시술을 할 수 있도록 규정하였다.

의료인은 아랍 환자를 대할 때 아랍 남성 환자에게는 여성 가족의 안부나 급여 등 재산과 관련된 질문을 삼가야 한다. 아랍 여성 환자는 보호자와 함께 있는 상황에서만 진료가 가능하며, 의료인이 남성이라면 여성 환자의 얼굴을 똑바로 쳐디뵈서는 안 된다. 아랍 여성이 출산을 위해 산부인과를 찾았을 때는 남성 의사가 진료할 수 없고, 여성 의사가 없는 경우나 환자의 상태가 급박한 경우 등 특수한 상황에서만 남성 의사가 출산 과정에 참여할 수 있다. 또한 낙태 시술은 일수에 따라 단계가 엄격하게 나뉘어 있어 허용 가능한 단계일 때만 가능하다.

그 외에도 아랍 부부가 체외 수정 등의 보조 생식 기술을 통해 임신을 시도하는 경우에는 난자와 정자를 모두 부부 자신들에게서 채취해야만 하며, 부인 외 여성에게 그 수정란을 이식하는 것은 금지되어 있다.

어휘

1차 병원 primary hospital 19, 21, 22
24시간 식도 산도 검사
　24hr esophageal pH monitoring
　tests 48, 54
2차 병원 secondary hospital 19, 21, 22
2차 성징 secondary sex characteristic
　74, 77
3차 병원 tertiary hospital 19, 21, 22, 125
ADHD(주의력 결핍 과다 활동 장애)
　attention deficit hyperactivity
　disorder 154, 160
AFP(알파 태아 단백질) alpha-fetoprotein
　32, 40
ALT(알라닌 아미노기 전달 효소)
　alanine aminotransferase 48, 57
BCG 백신(결핵 백신) BCG(bacille
　calmette-guerin) vaccine 154, 158
CEA(암 배아 항원) carcinoembryonic
　antigen 32, 40
CT(컴퓨터 단층 촬영) 검사
　CT(computerized tomography) scan
　32, 40, 45, 51, 106, 134, 146, 175
HDL(고밀도 지단백질) high density
　lipoprotein 74, 82
LDL(저밀도 지단백질) low density
　lipoprotein 74, 82
MMR 백신(홍역-볼거리-풍진 백신)
　MMR(measles-mumps-rubella)
　vaccine 154, 157
MRI(핵자기 공명 장치) 검사
　MRI (magnetic resonance imaging)
　scan 32, 40, 45, 172, 175
PCR(중합 효소 사슬 반응) 검사
　PCR(polymerase chain reaction) test
　86, 88
PSA(전립샘 특이 항원) prostate-specific
　antigen 32, 40
X-ray 검사 X-ray examination 31, 34,
　36, 38, 92, 116, 117, 118, 119, 134, 135

가래 sputum 60, 62, 63, 66, 68, 69, 86,
　88, 92
가슴샘 thymus 73
가족력 family history 60, 66, 80, 81, 160
각성 stimulation 166, 172
간 liver 34, 35, 47, 51, 57, 92, 95, 99,
　102, 108
간 경화증 hepatic cirrhosis, liver
　cirrhosis 47, 48

간병인 caregiver 20, 27, 122
간암 liver cancer 32, 40, 47
간염 hepatitis 32, 43, 47, 56, 57, 154, 158
감각 장애 dysesthesia, sensory
　disturbance 128
감염자 격리·분리, 방역·검역·건강 격리
　isolation, quarantine 48, 57, 86, 90
갑상샘 thyroid gland 73, 76
갑상샘 결절 thyroid nodule 74
갑상샘 저하증 hypothyroidism 76
갑상샘 항진증 hyperthyroidism 76
갑상샘 호르몬제 thyroid hormone
　drug 74, 76
강박 장애 obsessive compulsive
　disorder 168
강직성 척추염 ankylosing
　spondylitis 112
개복 수술 laparotomy 99, 102, 106
객담 도말 검사 sputum smear test
　86, 92
객담 배양 검사 sputum culture test
　86, 92
객혈 hemoptysis 60, 62
거부 반응 rejection 100, 103
거북목 증후군 forward head
　posture 128, 134
건강 보험 health insurance 20, 22,
　23, 45, 71, 96, 97, 122, 123, 124, 125,
　151, 179
건망증 forgetfulness 166, 174
견갑골(어깨뼈) scapula 111
결막염 conjunctivitis 154, 156, 157
결핵 TB/TBC(tuberculosis) 85, 86, 92,
　154, 158
경골(정강뼈) tibia 111
경구 혈당 강하제 oral hypoglycemic
　agent 74, 80
경구개 hard palate 59
경련 convulsion 60, 62, 89
경직 spasticity 86, 89, 128, 134
경추(목뼈) cervical spine, cervical
　vertebra 111, 128, 134
경화 치료 sclerotherapy 140, 143
고관절 coxal articulation, hip joint
　112, 114, 118
고관절염 coxarthria, coxitis 114
고름 pus 100, 105, 106
고열 high fever 60, 64, 69, 88, 89, 93,
　95, 157, 159, 161, 162, 163
고지질 혈증 hyperlipidemia 48, 51, 73,
　74, 79, 82, 83, 157, 179

고혈압 hypertension 25, 48, 52, 63, 78,
　79, 157, 179
고환 testis 73, 77
골 형성 bone healing, osteogenesis
　112, 117
골격 skeleton 111, 112
골다공증 osteoporosis 73, 74, 81
골대사 bone metabolism 73, 74
골밀도 검사 BMD(bone mineral density)
　test 74, 81
골반(골반뼈) pelvis 111, 114
골수 bone marrow 112
골수 흡인 농축물 BMAC(bone marrow
　aspirate concentrate) 112, 118
골연화증 osteomalacia 73, 74
골절 fracture 32, 34, 81, 100, 103, 111,
　114, 116, 118, 143
공간 지각력 spatial perception
　128, 131
공격적 성격 aggressive personality
　166, 172
공복 혈당 FBS(fasting blood sugar)
　74, 78, 80
공적 부조형 Public Assistance 71
공포(두려움) fear 166, 171, 172, 173, (170)
공황 장애 panic disorder 165, 170,
　171, 172
과다 호흡 증후군 hyperventilation
　syndrome 62
과대망상증 megalomania 168
과민 대장 증후군 irritable bowel
　syndrome 50
관절 joint 40, 111, 112, 114, 115, 117,
　118, 119, 128, 130, 132, 133
관절강 articular cavity 112, 118
광대뼈 cheekbone, malar bone,
　zygomatic bone 140, 143
광장 공포증 agoraphobia,
　agyiophobia 166, 171
괴사 necrosis 86, 89
구강 mouth, oral cavity 140, 146
구순 구개열 cleft lip and cleft palate
　139, 146
구축 contracture 124, 140, 144
구토 vomiting 48, 50, 52, 77, 85, 106,
　154, 162, 163
국민 건강 보험 NHI(National Health
　Insurance) 45, 96, 97
국민 보건 서비스형 NHS(National
　Health Service) 71, 122
국제 진료 센터 international
　healthcare center 20, 22, 24
궤양 ulcer 32, 34
궤양성 ulcerative 154, 161
귓바퀴 auricle, pinna 140, 142
균형 감각 sense of balance 128, 130,
　131, 137
그레이브스병 Graves disease 74
근골격계 musculoskeletal system
　111, 112, 127, 130, 172

근력 운동 muscle strength training
　74, 80, 81, 121
근막 fascia 128, 135
근육 muscle 74, 89, 106, 111, 112, 115,
　116, 117, 118, 130, 132, 133, 134, 137,
　146, 147, 148, 149, 171
근육통 muscle pain, myalgia 60, 64,
　88, 93, 94
근전도 검사 EMG
　(electromyography) 128, 135
금식 NPO(nil per os/non per os) 32, 36,
　41, 78, 109, 177
급성 acute 48, 50, 59, 77, 106, 118
급성 기관지염 acute bronchitis
　60, 68, 69
기관지 bronchus 41, 59, 62, 66, 68, 69
기관지 확장증 bronchiectasis 62
기능성 소화 불량 functional
　dyspepsia 48, 52
기도 airway 59, 63, 66, 103
기도 폐쇄 airway obstruction 60, 66
기생충 parasite 85, 86, 106
기증자 donor 100, 103
기침 cough 59, 60, 62, 63, 65, 66, 68,
　69, 85, 88, 89, 92, 156, 157
기포 제거제 antifoaming agent 32, 39
기흉(공기가슴증) pneumothorax 59, 60
꽃가루 pollen 60, 66

난독증 dyslexia 165, 168, 169
난소 ovary 73
내분비샘 endocrine gland 99, 100
내시경 검사 endoscopy 31, 34, 35, 36,
　38, 39, 41, 50, 51, 52, 54, 55
내원 visit to a hospital 20, 28, 29, 39,
　44, 65, 109, 119, 135, 173
냉찜질 cold compress 112, 115, 135
노로바이러스 norovirus 154, 162
노화 aging 112, 114, 119
뇌경색증 cerebral infarction 60, 63
뇌신경 cranial nerve 127, 128
뇌졸중 CVA(cerebrovascular accident),
　stroke 25, 74, 80, 83, 128, 131, 136, 137
뇌파 검사 EEG(electroencephalography)
　166, 172
뇌하수체 pituitary gland 73, 76
뇌하수체 종양 pituitary tumor 74, 77
뇌혈관 cerebral blood vessel 128, 136
눈꺼풀 eyelid 140
눈꺼풀 올림근 levator palpebrae
　superioris muscle 140, 148
눈꺼풀 처짐 blepharoptosis 140, 148
늑골(갈비뼈) costa, rib 111

다발 골절 multiple fracture 112, 117
다지증 polydactyly 139, 142

담낭 gallbladder 47, 99, 108
담낭 용종 gallbladder polyp 100, 108
담낭암 gallbladder cancer 100, 108
담낭염 cholecystitis 48
담즙 bile 100, 108
당 부하 시험 GTT(glucose tolerance test) 74, 80
당뇨병 DM(diabetes mellitus) 25, 32, 42, 48, 51, 73, 74, 79, 80, 179
당뇨병 망막증 diabetic retinopathy 74
대변 검사 fecal examination 86, 90, 154, 162
대사 증후군 metabolic syndrome 74, 78, 79
대인 공포증 anthropophobia 165, 173
대장 large intestine 32, 34, 41, 47, 50, 51, 52, 99, 100, 106
대장 용종 colon polyp 50
대장균 E. coli(Escherichia coli) 154, 162
대증 요법 symptomatic therapy 86, 93
대퇴골(넙다리뼈) femur 111, 114
뎅기 쇼크 증후군 dengue shock syndrome 86, 93
뎅기 출혈열 dengue haemorrhagic fever 86, 93
뎅기열 dengue fever 86, 93
도수 정복 manual reduction 100, 103, 117
도수 치료 manual therapy 112, 119, 127, 130, 134
독감(인플루엔자) flu, influenza 60, 63, 64, 65, 67, 86
돌출 protrusion 100, 103
돌출 귀 prominent ear 139, 142
동맥 경화증 arteriosclerosis 74, 83
동의서 consent form 20, 45, 116
두개골(머리뼈) cranium 111
두드러기 hives, urticaria 60, 65
디스크(추간판) discus, disk, intervertebral disc 111, 112, 120, 121, 134
디프테리아 diphtheria 154, 158
딱지 scab 86, 94
떨림 shivering, shudder, thrill, tremor 166, 170, 173

레이저 치료 laser therapy 100, 105, 128, 130, 140, 143, 144
로머 M. Roemer 71
로봇 보조 보행 치료 robot-assisted walking therapy 128, 130, 137
로타바이러스 rotavirus 154, 162
류머티즘성 관절염 rheumatoid arthritis 114, 115

마른기침 dry cough 60, 67

마비 paralysis 60, 62, 89, 128, 134, 137
마취 anesthesia 32, 41, 104
만성 chronic 48, 50, 51, 54, 59, 62, 66, 69, 77, 80, 114, 153, 169, 172
만성 불안정증 chronic instability 112, 117
만성 통증 chronic pain 128, 134, 166, 172
만성 폐쇄 폐 질환 COPD(chronic obstructive pulmonary disease) 59, 63
말단 비대증 acromegaly 76, 77
말라리아 malaria 85, 88
말초 신경 peripheral nerve 74, 80
망상 delusion 166, 169
매개체 vehicle 86
매독 lues, syphilis 140, 146
맹장 caecum, cecum 47, 100, 106
메스꺼움 nausea 48, 52, 65, 106
멜라닌 세포 melanocyte 140, 142
면담 interview 166, 172, 173, 175
면역 억제제 immunosuppressant 100, 103
면역 체계 immune system 86, 88, 103, 114, 115
면역력 immunity 32, 37, 88, 92, 103, 161
면역학적 검사 immunologic test 100, 103
면회 visit, visitation 20, 27
모세 혈관 capillary 140, 143
목 디스크(경추 추간판 탈출증) cervical disc hernation 128, 134
목발 crutches 112, 114, 115
무감각 insensibility 166, 172
무력감 helplessness 154, 161
무릎 knee 100, 104, 118, 128, 132, 133
무혈성 괴사 avascular necrosis 112, 118
무호흡 apnea 154, 156
문진 inquiry 32
물리 치료 physical therapy 112, 114, 119, 121, 124, 127, 130, 133, 134, 136, 137, 151, 157
물집(수포) bleb, blister, bulla 154, 159, 161
물혹(낭종) cyst 100
미생물 microorganism 60, 63, 86, 89
미열 mild fever 60, 64, 92, 159
민첩성 agility, alacrity 128, 131

바렛 식도 Barrett esophagus 48, 54
반점(점) macule, spot 86, 90, 142, 143
발달 장애 developmental disability 156
발뒤꿈치 heel 128, 133
발성 훈련 voice training 128, 137
발진 rash 60, 65, 85, 88, 93, 94, 95, 157
방사선 치료 radiotherapy 74, 77

방사성 요오드 radioactive iodine 74, 76
방사통 radiating pain 112, 120, 121
배변 bowel movement, defecation 48, 50, 100, 107
백일해 pertussis, whooping cough 156, 158
법정 전염병 legal communicable disease 48, 86
변비 constipation 32, 41, 50, 100
병변 lesion 140, 143, 161
병원체 pathogen 85, 86
보조기 assist device, orthosis 112, 121, 154, 157
보편적 의료 보장 UHC(Universal Health Coverage) 179
보행 ambulation, gait, walking 128, 130, 137
보험 개혁법 ACA(Affordable Care Act) 123
복강 abdominal cavity 100, 106
복강경 수술 laparoscopic surgery 99, 102, 106, 108
복대 binder 112, 121
복막염 peritonitis 48
복벽 abdominal wall 100, 102, 103, 108
복압 intra-abdominal pressure 48, 54
복통 abdominal pain 48, 50, 51, 77, 90, 106, 109
본인 부담 상한제 reimbursement based on the co-payment ceiling system 96, 97
봉합 suture 28, 100, 104, 105, 146
부갑상샘 parathyroid gland 73
부기(부종) swelling 32, 43, 112, 115, 135, 140, 148, (117)
부력 buoyancy, buoyant force 128, 131, 133
부신 adrenal gland 73, 77
부신 부전 adrenal insufficiency 77
부정맥 arrhythmia 60, 63
불면증 insomnia 76, 166
불명열 FUO(fever of unknown origin) 86
불안 장애 anxiety disorder 166, 168, 170
비골(종아리뼈) fibula 111
비만 obesity 48, 51, 54, 73, 79, 80, 118, 123, 157, 179
비말 droplet 86, 89
비상 벨 emergency bell 20, 26
비스테로이드 소염제 NSAID (nonsteroidal anti-inflammatory drug) 60, 67, 118
빈혈 anemia 48, 51

사람 면역 결핍 바이러스 HIV(human immunodeficiency virus) 86, 88
사춘기 pubertas, puberty 153, 154

사회 보험형 SHI(Social Health Insurance) 71
살로웨이 J. C. Salloway 71
상악골(위턱뼈) maxilla 111
상완골(위팔뼈) humerus 111
색소 침착 pigmentation 74, 77, 140, 145
색전술 embolization 140, 143
생리 주기 menstrual cycle 74, 76
석고 붕대 plaster cast 112, 114
선천 고관절 탈구 congenital dislocation of hip, congenital hip dislocation 112
선천성 기형 congenital deformity 139, 140, 146
설사 diarrhea 32, 41, 50, 90, 91, 109, 154, 162, 163
섭식 장애 eating disorder 166
성대 vocal cord 59
성장 호르몬 GH(growth hormone) 74, 76
성조숙증 precocious puberty 77
성호르몬 sex hormone 74, 77
세마슈코 모델 Semashko Model 151
소독제 antiseptic drug, disinfectant 100, 105
소변 검사 UA(urinalysis) 31, 36, 38, 86, 90
소아 비만 obesity in childhood and adolescence 157
소염 진통제 anti-inflammatory analgesic drug, anti-inflammatory pain reliever 86, 93, 104, 112, 114, 119, 157
소장 small intestine 47, 51, 100, 106
소화제 digestant 48, 52
속발성 secondary 112, 118
손목굴 증후군 carpal tunnel syndrome 115
송과체 pineal gland 73
쇄골(빗장뼈) clavicle 111
수근골(손목뼈) carpal bone 111, (117)
수근관 carpal tunnel 112, 115
수납 payment 19, 23, 29, 45
수막염 meningitis 154, 158
수면 무호흡 증후군 sleep apnea syndrome 63
수면 장애 sleep disorder, somnipathy 166, 172
수술 확인서 confirmation of surgery 20, 29
수유 장애 disturbance of lactation 140, 146
수족구병 hand foot mouth disease 154, 161
수중 치료 hydrotherapy 127, 131, 132, 133
수지골(손가락뼈) phalanx bone 111
수포음 crackle, rale 60, 68
수혜자 donee 100, 103
슬개골(무릎뼈) patella 111

시력 검사 vision test 31, 36, 37
시상 하부 hypothalamus 73
시상 하부-뇌하수체-부신 축
    hypothalamic pituitary adrenal axis
    166, 172
식도 esophagus 34, 41, 47, 54
식도 궤양 esophageal ulcer 48, 54
식도 협착증 esophageal stenosis
    48, 54
식도암 esophageal cancer 48, 54
식욕 부진 anorexia, inappetence
    74, 77, 106, 161
식은땀 clammy sweat, cold sweat
    166, 173
식이 요법 diet therapy 32, 42, 51,
    83, 157
식이성 섬유 dietary fiber 48, 50, 83,
    100, 107, 108
식중독 bromatotoxism, food
    poisoning 48
신경 발달 장애 neurodevelopmental
    disorder 154, 160
신경 전달 물질 neurotransmitter
    154, 160, 166, 169, 172
신경성 식욕 부진증(거식증) anorexia
    nervosa 166
신경성 폭식증 bulimia nervosa 166
신생아 neonate, newborn 92, 151,
    153, 154
신체 계측 physical measurement
    31, 36, 37
심근 경색증 MI(myocardial infarction)
    74, 83
심리 검사 psychological test 154, 160,
    166, 171, 172, 173
심리 치료 psychotherapy 127, 128, 137
심박수 heart rate 86, 89
심부전 heart failure 40, 60, 63
심장병 cardiopathy, heart disease
    25, 74, 80
심전도 검사 ECG/EKG
    (electrocardiography) 100, 109
심혈관 질환 cardiovascular disease
    74, 79, 166, 172
십이지장 duodenum 47, 51, 100, 108
십이지장염 duodenitis 48
십자 인대 cruciate ligament 128, 132
쌕쌕거림(천명) wheezing 60, 66
쓰쓰가무시병 scrub typhus 85, 86,
    94, 95

아데노바이러스 adenovirus 154, 162
악성 malignant 32, 41, 88, 142
악성 흑색종 malignant melanoma,
    melanocarcinoma 142, 143
안검 하수 lid ptosis 140, 148, 149
안구 eyeball, eyeglobe 140, 149
안대 eye patch 140, 148, 149

안면 골절 facial fracture 143
안연고 eye ointment, eye salve,
    oculentum 140, 149
안와 골절 orbital fracture 140, 143
알레르기 검사 allergy test 60, 66
알마아타 선언 Alma Ata Declaration 70
알코올 남용 alcohol abuse 166, 172
알코올 의존증 alcohol intoxication,
    alcoholism 165, 166
압통 tenderness 100, 106
야간 발한 night sweat 86, 92
약국 pharmacy 19, 23, 29, 124
약물 오남용 drug misuse and abuse
    154, 156
약물 치료 drug therapy, medication
    23, 25, 74, 77, 83, 88, 91, 92, 99, 107,
    114, 115, 121, 143, 156, 160, 168, 169,
    171, 172, 173
양성(良性) benign 48, 50
양성(陽性) positive 48, 57
양압 보조기 positive pressure aid
    60, 63
어깨 shoulder 112, 115, 118, 119, 130,
    133, 134, 137
어린이 건강 보험 프로그램 CHIP
    (Children's Health Insurance
    Program) 123
언어 장애 dysphasia, language
    disorder 128, 136
언어 치료 logopedics, speech therapy
    128, 136, 137, 146, 166, 169
얼굴뼈 facial bone 140, 143
에이즈 AIDS(acquired immune
    deficiency syndrome) 85, 88
역류 식도염 gastroesophageal reflux
    disease 48, 54
연고 ointment 23, 100, 105, 144
연골 cartilage 112, 118, 119, 128, 130,
    142, 143
연구개 soft palate 59
연조직 soft tissue 32, 35, 99, 100, 114,
    116, 118
연하 장애(삼킴곤란) dysphagia 128, 136
염색체 이상 chromosomal aberration
    32, 35, 140, 146
염좌 sprain 115, 130
염증 inflammation 32, 34, 40, 41, 50,
    51, 54, 63, 66, 67, 68, 89, 99, 106, 107,
    114, 118, 135, 149
엽산 folic acid 140, 146
영유아 infant 154, 156
예방 접종 vaccination 32, 43, 57, 63,
    64, 70, 86, 92, 125, 151, 153, 156, 158,
    159, 161
예약 appointment 19, 22, 23, 24, 39,
    44, 78
예약 확인서 appointment
    confirmation 20, 22
예진 preliminary medical examination
    20, 24, 25

예후 prognosis 100, 106
오십견(동결견) frozen shoulder
    112, 118, (119)
오한 chill 60, 64, 88, 89, 94
온열 치료 thermal therapy 128, 130
온찜질 hot compress 112, 115
외래 진료 outpatient treatment
    19, 20, 21
외상 후 스트레스 장애 PTSD(post
    traumatic stress disorder) 165, 172
요골(노뼈) radius 111, 117
요추(허리뼈) lumbar vertebra 111, 120
요통 back pain, backache, lumbago
    112, 120
우울증 blues, depression 127, 128,
    137, 165, 166, 169, 171, 172, 173
운동 검사 exercise test 112, 119
운동 장애 dyskinesia, motor
    abnormality 128, 136
운동 치료 kinesiatrics, kinesitherapy
    128, 130, 132, 133, 136
원무과 department of administration
    19, 20, 22, 23, 24, 29, 44, 45
원충 strongylus 86, 88
위경련 gastric cramp, stomach
    cramp 48
위궤양 gastric ulcer 48, 55
위산 분비 억제제 gastric acid
    secretion inhibitor 48, 51, 54, 55
위산 역류 acid reflux 49
위염 gastritis 47, 50, 51, 55
위장 stomach 34, 36, 38, 39, 41, 47, 51,
    52, 54, 55, 99
위장 점막 보호제 gastric mucosal
    protective drug 49, 51, 55
위장관 gastrointestinal 32, 51, 114
위장관 출혈 gastrointestinal
    hemorrhage 51
윗몸 일으키기 sit-up 75, 81
유뇨증 enuresis 154
유두 nipple, papilla 140, 147
유륜 areola 140, 147
유방 절제 후 유방 재건 postmastectomy
    breast reconstruction 140, 147
유방암 breast cancer 32, 40, 140, 147
유산소 운동 aerobic exercise 32, 42,
    75, 79, 80
유연성 flexibility 128, 131, 132
유전자 검사 genetic test 35
유충 larva 86, 94
유행성 이하선염(볼거리) epidemic
    parotitis, mumps 154, 157
음성 negative 86, 90
응급 수술 emergency surgery 44, 99,
    100, 106
응급 처치 emergency care, first aid
    60, 103
의료 영상 저장 전송 시스템 PACS
    (Picture Archiving and Communication
    System) 45

의료용 문신술 medical tattooing
    140, 147
의사 소견서 medical opinion 20, 23
이마근 frontalis muscle 140, 148
이식 수술 transplant surgery
    102, 103, 145
이완 relaxation 166, 171
인공 관절 수술 artificial joint surgery
    113, 114
인공 눈물 artificial tears 140, 149
인대 ligament 111, 113, 115, 116, 117,
    118, 129, 130, 134
인두 pharynx 59
인슐린 저항성 insulin resistance 75, 80
인중 philtrum 140, 146
인지 장애 cognitive disorder 129, 136,
    166, 172, 174
인지 치료 cognitive therapy 127, 131,
    136, 137
인지 행동 치료 CBT
    (cognitive behavioral therapy) 154, 160,
    166, 171, 172, 173
인터넷 중독 internet addiction 169
인터페론 감마 방출 검사 interferon
    gamma-releasing assay 87, 92
인후통 sore throat 59, 60, 64, 88, 161
임상 치매 평가 척도 clinical dementia
    rating scale 166, 175
임플란트(보형물) implant 141, (147)
입 인두 oropharynx 59
입원 hospitalization 19, 23, 26, 27, 29,
    44, 57, 90, 108, 109, 122, 125, 156, 168
입천장 palate 141, 146

자가 면역 질환 autoimmune disease
    166, 172
자가 조직(자가 이식편) autograft
    141, 147
자가 혈당 측정법 self blood sugar test
    75, 80
자세 교정 posture correction 129, 134
자율 신경 반사 기능 장애 autonomic
    dysreflexia 129
자율 신경계 ANS(autonomic nervous
    system) 166, 172
작업 치료 occupational therapy
    127, 131
잠복 결핵 latent tuberculosis 87, 92
잠복기(잠재기) incubation period,
    latent period 49, 56, 57, 87, 88, 89, 94
장 바이러스 enterovirus 154, 161
장 세척제 bowel preparation drug
    32, 41
장미진 rose spot, roseola 87, 90
장염 enteritis 47, 49, 154, 162, 163
장음 bowel sound 154, 162
장티푸스 typhoid fever 85, 87, 90, 91
잦은맥박(빈맥) tachycardia 49, 51

재발 recurrence 32, 40, 54, 95, 134, 149
재채기 sneeze 60, 65, 92
재활 rehabilitation 60, 62, 63, 96, 113, 115, 117, 124, 126, 127, 130, 132, 133, 134, 135, 136, 137, 142, 147
저산소증 hypoxia 60, 63, 66
저체온증 hypothermia 87, 89
저혈당증 hypoglycemia 75
저혈량 쇼크 hypovolemic shock 100, 103
적외선 infrared, ultrared 129, 130
전기 자극 electric stimulus 129, 137
전기 체온계 electronic thermometer 155, 162
전기 치료 electrotherapy 129, 130
전염성 contagiousness 44, 60, 65, 88, 89, 91, 92, 155, 156, 157, 161, 163
전이 metastasis 60, 69, 102, 143
전자 의무 기록 EMR(Electronic Medical Record) 45
접수 registration 19, 22, 24, 36, 39, 44, 45
정맥 혈액 venous blood 32
정신 건강 mental health 125, 164, 165, 166
정신 치료 psychotherapy 166, 169, 172
정중 신경 median nerve 113, 115
제균 치료 eradication treatment 49, 55
제증명 신청서 application form 20, 29, 45
조영제 contrast agent 32, 40, 116
조울증(양극성 기분 장애) bipolar disorder 167, 173
조직 검사(생검) biopsy 32, 35, 41, 55, 103, 143
조현병 schizophrenia 165, 169
족근골(발목뼈) tarsal bone 111
족욕 foot bath 129, 135
족저 근막염 plantar fasciitis 129, 135
족지골(발가락뼈) phalanx bone 111
종골(발꿈치뼈) calcaneus 111
종양 tumor 32, 34, 40, 50, 77, 88, 99, 102, 142, 143
종양 표지자 검사 tumor marker test 33, 40
좌골(궁둥뼈) ischium 111
주름 fold, pucker, wrinkle 141, 142
주의력 attention 129, 131, 137, 160
주치의(외래 환자 주치의, 입원 환자 주치의) doctor, physician(primary care ~, attending ~) 20, 26, 27, 28, 29, 44, 78, 122, 123
줄기세포 stem cell 113, 118
중성 지방 neutral fat, triglyceride 75, 78, 82, 83
중수골(손허리뼈) metacarpal bone 111
중이염(가운데귀염) otitis media 141, 146
중족골(발허리뼈) metatarsal bone 111
중증 외상 major trauma 99, 103

중추 신경계 CNS(central nervous system) 155, 160
중환자실 ICU(intensive care unit) 101, 103
지능 검사 intelligence test 155, 160
지방간 fatty liver 51, 79
지사제 antidiarrheal, antidiarrheic 155, 163
직장 rectum 47, 51
직장 손가락 검사 DRE(digital rectal examination) 101, 107
진단서 medical note 20, 29, 45
진료비 영수증 medical bill receipt 20, 29
진정제 sedative 33, 35, 39
진찰 examination 19, 23, 36, 66, 151

찰과상 abrasion 101
채혈 blood collection 33, 38
처방 전달 시스템 OCS(Order Communication System) 45
처방전 Rx(prescription) 20, 23, 29, 44, 45
척골(자뼈) ulna 111, 117
척수 spinal cord 33, 40
척추 vertebra 113, 118, 121, 131, 157
척추 옆굽음증 scoliosis 157
척추관 협착증 spinal stenosis 113
천공 perforation 33, 41, 101, 106
천식 asthma 59, 61, 66
천추(엉치뼈) sacral vertebra 111
청력 검사 hearing test 31, 36, 37
청색증 cyanosis 155, 156
체외 충격파 요법 ESWT(extracorporeal shock wave therapy) 113, 119
초음파 검사 ultrasonography 31, 35, 51, 101, 106, 119, 146
초음파 치료 ultrasonic therapy 129, 130
출혈 bleeding, hemorrhage 33, 41, 51, 101, 107, 109, 143, 149
충동 조절 장애 impulse control disorder 167, 169
충동성 impulsiveness 155, 160
충수 appendix 47, 106
충수 돌기 vermiform appendix 101, 106
충수염 appendicitis 101, 106
췌장 pancreas 47, 73, 80, 99, 102
췌장염 pancreatitis 47, 49
치골(두덩뼈) pubis 111
치매 dementia 129, 131, 165, 167, 174, 175
치석 tartar 33, 37
치아 검사 dental examination 31, 36, 37
치아우식증(충치) cavity, dental caries 33, (37)

치질(치핵) hemorrhoid, pile 99, 101, 107
치핵 절제술 hemorrhoidectomy 101, 107

코 인두(비인두) nasopharynx 59
코로나-19 COVID-19(coronavirus disease 2019) 88, 89
코뼈 nasal bone 141, 143
코안(비강) nasal cavity 59
콜레라 cholera 155, 162
콜레스테롤 cholesterol 42, 75, 78, 82, 83

탈구 dislocation 113, 119
탈장 hernia 99, 103
턱뼈 jawbone 141, 143
털진드기 trombiculid mites 87, 94
테리스 M. Terris 71
통풍 gout 113
퇴원 discharge 19, 20, 27, 28, 29, 44, 45, 108, 158
퇴행성 관절염 OA(osteoarthritis) 113, 118
투베르쿨린 검사 tuberculin test 87, 92
특발성 idiopathic 113, 118, 155, 157

파라핀 치료 paraffin therapy 129, 130
파상풍 tetanus 85, 89, 155, 158
판단력 judgement 167, 168
팔 굽혀 펴기 push-up 75, 81
패혈증 sepsis 85, 89, 106, 114
폐 lung 34, 59, 62, 63, 67, 69, 89, 92, 114
폐 공기증(폐기종) emphysema 61
폐 기능 검사 PFT(pulmonary function test) 61, 66
폐 섬유증 pulmonary fibrosis 59, 61
폐결핵 pulmonary tuberculosis 25, 87, 92
폐렴 pneumonia 59, 63, 67, 68, 69
폐렴 구균 백신 pneumococcal vaccine 61, 63
폐암 lung cancer 33, 40
폐활량 VC(vital capacity) 61, 66
포도당 glucose 75, 80
포화 지방산 saturated fatty acid 75, 78, 83
폭식 binge eating 155
폴리오(소아마비) polio, poliomyelitis 155, 158
풍진 german measles, rubella 155, 157
프라이 J. Fry 71
피부 이식 skin graft 141, 144, 145

하악골(아래턱뼈) mandible 111
학습 장애 learning disability 167, 168
합병증 complication 49, 54, 63, 69, 80, 83, 93, 103, 106, 114, 134, 156
합지증 syndactyly 139, 142
항갑상샘제 antithyroid drug 75, 76
항결핵제 antituberculosis drug 87, 92
항구토제 antiemetic drug 155, 163
항문 anus 35, 99, 101, 107
항바이러스제 antiviral medication 61, 63, 65, 85, 87, 89
항불안제 antianxiety drug, anxiolytic 62, 167, 171, 173
항생제 antibiotic 61, 62, 63, 67, 85, 89, 90, 91, 94, 95, 104, 106, 156, 163
항우울제 antidepressant 167, 171
항응고제 anticoagulant 101, 109
항정신병 약물 antipsychotic 167, 168, 169
항진균제 antimycotic 85, 87, 89
항체 antibody 33, 43, 57, 87
해리 현상 dissociative phenomenon 167, 172
해열제 antifebrile, fever reducer 87, 93, 157, 161, 163
해외 거주 외국인 환자 foreign patients residing abroad 23
행동 치료 behavioral therapy 167, 168
허리 디스크(요추 추간판 탈출증) lumbar disc herniation 113, 120, 121
헬리코박터 파일로리 Helicobacter pylori 49, 55
혈관 조영술 angiography 49, 51
혈관종 angioma, hemangioma 143
혈당 blood sugar 33, 42, 77, 78, 80
혈당 검사 BST(blood sugar test) 75, 80
혈류 blood flow 113, 134
혈변 bloody stool 49, 50, 51
혈압 BP(blood pressure) 33, 38, 42, 51, 77, 78, 89
혈압 측정 blood pressure measurement 31, 36, 38
혈액 검사 blood test 23, 31, 34, 36, 38, 43, 51, 57, 66, 78, 82, 83, 88, 92, 93, 94, 103, 106, 109, 118, 162, 171
혈액 순환 blood circulation 115, 129, 130, 149
혈종 hematoma 141, 149
형성 이상 dysplasia 113, 118
호흡 곤란 SOB(shortness of breath) 59, 61, 62, 63, 66, 67, 89, 101, 103, 167, 170
호흡기 질환 respiratory disease 59, 61, 66, 88, 130, 179
홍역 measles 157
화상 burn 141, 144
환각 hallucination 61, 65, 167, 169
환청 auditory hallucination 167, 172

황달 jaundice 49, 56, 57, 92
회진 rounds 20, 26, 28
횡격막 diaphragm 59
후두 larynx 59
후두개 epiglottis 59
흉골(복장뼈) sternum 111
흉막 pleura 59, 67
흉막염 pleurisy 59, 61, 67

흉터 scar 101, 102, 104, 105, 106, 141, 144, 145, 147
흉터 절제술 cicatrectomy, scar removal surgery 141, 144
흉통 chest pain 61, 167, 170
흡인기 aspirator 61, 62, 63
힘줄(건) tendon 111, 113, 115, 142

표현

8시간 이상 금식하다 to fast for more than eight hours 33, 34, 35, 40, 80
MRI 촬영대 위로 올라가 눕다 to lie down on the MRI table 113, 117

ㄱ

가래 색이 녹색으로 변하다 to have a color change in the sputum to green 61, 69
가슴이 답답하다 to have heavy feeling in one's chest 61, 66
가슴이 조이다 to experience chest tightness 167, 170
가족력이 있다 to have a family history 75, 80
간병 서비스를 신청하다 to apply for caregiving services 20, 27
간염에 걸리다 to contract hepatitis 49, 57
감각에 이상이 발생하다 to experience abnormal sensation 129, 134
감염 여부를 확인하다 to check for the presence of infection 87, 90
감염 위험이 있다 to be at risk of infection 20, 26, 27
갑자기 심장이 빨리 뛰다 to experience a sudden rapid heartbeat 167, 170
개인 물건을 소독하다 to disinfect personal belongings 155, 161
건강 검진 결과를 확인하다 to review the medical checkup results 33, 42
건강 검진을 받다 to undergo a medical checkup 33, 36, 43, 52
검사복으로 갈아입다 to change into the examination gown 33, 36, 116
겨드랑이에 전기 체온계를 넣다 to place an electronic thermometer under the armpit 155, 162
격리가 필요하다 to require isolation 87, 90
격리가 해제되다 to lift the isolation 87, 90
경추가 기울어지다 to have cervical spine malalignment 129, 134
고열이 나다 to have a high fever 155, 161, 162
고열이 동반되다 to be accompanied by high fever 87, 93
고지질 혈증 '경계' 진단을 받다 to be diagnosed with 'borderline' hyperlipidemia 75, 83
고혈당 상태가 지속되다 to have persistent hyperglycemia 75, 80
골다공증 유무를 판단하다 to determine the presence or absence of osteoporosis 75, 81
골절을 방지하다 to prevent fractures 75, 81
공격적 성격으로 변하다 to become aggressive personality 167, 172
공복 중이다 to be currently fasting 75, 78
과식하다 to overeat 49, 54
관리와 운동을 병행하다 to combine exercise with the treatment 33, 42
관절 안으로 약물을 주입하다 to inject medication into the joint 113, 118
관절을 지지해 주다 to support joints 129, 133
관절의 기능을 되살리다 to restore joint function 113, 115, 117
관절의 부담을 최소화하다 to reduce strain on the joints, to minimize strain on the joints 129, 133
구강 조직이 불완전하다 to have unstable oral tissues 141, 146
국소 마취를 하다 to administer local anesthesia, to do under local anesthesia 101, 104
규칙적으로 식사하다 to eat meals regularly 49, 50, 53, 55
극도의 두려움을 느끼다 to feel extreme fear 167, 170
근막에 염증이 생기다 to experience fascial inflammation 129, 135
근육을 강화하다 to strengthen muscles 129, 131, 132, 133, 135
근육의 긴장을 완화하다 to relax muscle tension 129, 134
근육의 힘을 키우다 to enhance muscle strength 75, 81
근육통을 호소하다 to complain of muscle pain 61, 64
기관지에 염증이 생기다 to have bronchial inflammation 61, 66, 68
기도를 넓히다 to widen the airway 61, 63, 66
기력이 떨어지다 to be decline in vitality 87, 92
기침이 가라앉다 to have a diminishing cough 61, 69
긴급 상황이 발생하다 to be in a medical emergency 20, 26
꿰맨 부위가 부어오르다 to experience swelling at the suture site 101, 105

뇌에 자극을 주다 to stimulate the brain 167
뇌의 구조와 모양을 살피다 to examine the structure and shape of the brain 167, 175
눈을 비비다 to rub one's eyes 141, 148
눈이 가렵다 to experience eye itchiness, to have itchy eyes 141, 148

다리가 저리다 to feel numbness in one's leg(s) 113, 120
다리를 꼬다 to cross one's legs 113, 121
다발 골절이 발생하다 to have multiple fractures 113, 117
담낭 전체를 제거하다 to remove the entire gallbladder 101, 108
담즙을 배출하다 to discharge bile 101, 108
대사 증후군 검사를 하다 to undergo a metabolic syndrome test 75, 78
뎅기열에 걸리다 to contract dengue fever 87, 93
독감이 유행하다 to be experiencing an influenza epidemic 61, 64
동의서를 받다 to receive the consent form 20, 29, 116
드레싱을 하다 to perform dressing 20, 28, 104, 105
등이 구부정하다 to be slouched 129, 134
디스크가 삐져나오다 to experience disc herniation 113, 120, 134
딱지가 앉다 to have a scab 87, 94

마른기침이 동반되다 to be accompanied by dry cough 61, 67
만성 호흡기 질환이 있다 to have chronic respiratory disease 61, 66
메모하는 습관을 들이다 to develop the habit of taking notes 167, 175
목과 어깨가 경직되다 to have stiff neck and shoulders 129, 134
목구멍이 붓다 to have a swollen throat 61, 64
목소리가 떨리다 to have a trembling voice 167, 173
몸의 움직임이 둔감해지다 to experience slowed body movements 129, 137
몸이 떨리다 to experience body tremors 167, 170
몸이 으슬으슬하다 to feel chilly 61, 64
무릎이 따끔거리다 to have stinging knee pain 129, 132
문진표를 작성하다 to fill out the medical questionnaire 33, 36
물집이 생기다 to have a blister 155, 159, 161
미열이 나다 to have a mild fever 155, 159
미지근한 물을 먹이다 to feed lukewarm water 155, 163

바이러스에 감염되다 to be infected with a virus 87, 161
발가락으로만 몸을 지탱하다 to stand on one's toes 129, 133
발병에 영향을 주다 to affect the onset 113, 118, 141, 146
발이 뻣뻣하다 to have stiff foot 129, 135
발진이 나타나다 to show skin rash 87, 157
배꼽 주위에서 통증이 느껴지다 to feel pain around the umbilicus 101, 106
배변 때 출혈을 보이다 to exhibit rectal bleeding during defecation 101, 107
배변 습관을 기르다 to regulate bowel habits 101, 107
배에 가스가 차다 to be full of gas in one's stomach 49, 52
배에 청진기를 대다 to place a stethoscope on the abdomen 155, 162
백혈구의 상태를 확인하다 to check the white blood cells 101, 106
병원 안내 책자를 참고하다 to refer to the hospital guidebook 20, 27, 29
보형물을 삽입하다 to place an implant 141, 147
복강 내 감염이 발생하다 to lead to an intra-abdominal infection 101, 106
복벽을 절개하다 to make an incision in the abdominal wall 101, 102, 108
복압을 줄이다 to reduce intra-abdominal pressure 49, 54
본인 확인을 하다 to verify one's identity 20, 26
부기가 가라앉다 to experience subsiding swelling 113, 115, 141, 148

부기가 생기다 to have swelling 33, 43
불법 약물을 투여하다 to administer illicit drugs 167, 173
붉은 자국이 생기다 to have a red spot 155, 159
비상 벨을 누르다 to press the emergency bell 20, 26
뼈와 뼈마디가 불안정하다 to experience bone and joint instability 113, 116
뼈의 밀도 저하를 억제하다 to inhibit bone mineral density loss 75, 81

사람 간에 전염되다 to be transmitted from person to person 87, 95
상처 부위를 봉합하다 to suture the wound 101, 104
상처 위에 소독된 거즈를 올리다 to cover the wound with disinfected gauze 101, 105
상처 주변이 붓거나 빨개지다 to develop swelling and redness around the wound 101, 106
상처가 곪다 to have abscess formation 101, 105
상처가 아물다 to have a healed wound 20, 28, 104
색소 침착을 방지하다 to prevent pigmentation 141, 145
설사가 가라앉다 to experience a reduction in diarrhea 155, 163
세균이 증식하다 to have bacterial proliferation 101
세포가 저항성을 보이다 to exhibit cellular resistance 75
소화가 되다 to be digested 49
속이 더부룩하다 to feel bloated 49, 52
속이 메스껍다 to experience nausea, to feel nauseous 167, 170
속이 쓰리다 to have burning sensation, to have heartburn in one's stomach 49, 52, 55, 65
속이 울렁거리다 to feel nauseous 49, 52
손목이 붓다 to have a swollen wrist 113, 116
수분을 섭취하다 to stay hydrated 87
수술을 받다 to undergo operation, to undergo surgery 20, 28, 103, 132
수액 치료를 병행하다 to administer intravenous fluid therapy concurrently 87, 91
수액을 놓다 to administer intravenous fluids 155, 163
수액을 맞다 to receive intravenous fluids 49, 57
수족구병을 앓다 to suffer from hand foot mouth disease 155, 161
숨쉬기가 힘들어지다 to have difficulty breathing 61, 62
숨을 들이마시고 내쉬다 to inhale and exhale 61, 62, 66, 68
숨을 들이마시다 to inhale, to take a breath 33
숨을 잠깐 멈추다 to hold one's breath for a moment 33, 38
숨이 차다 to experience shortness of breath, to get short of breath 75
스트레스를 줄이다 to reduce stress 49, 54
스트레스와 피로가 누적되다 to experience accumulated stress and fatigue 167, 170
식단에 신경 쓰다 to maintain a proper diet 75, 83
식도 내압 검사를 시행하다 to perform esophageal manometry 49, 54
식사 일지를 작성하다 to keep a meal diary 49, 53
식습관을 개선하다 to improve dietary habits 75, 78
식욕이 떨어지다 to be decreased appetite 87, 92
식은땀이 나다 to have cold sweats 167, 173
신경을 압박하다 to put pressure on a nerve 129, 134
신분증을 확인하다 to check the identification card 21, 24
신체 기능이 돌아오다 to restore physical function 129, 137
신트림이 나오다 to experience eructation 49, 54
실밥을 풀다 to remove sutures 21, 28, 101, 105
심리적 충격이 해결되다 to recover from psychological shock 167, 172

안구 근육을 조절하다 to control ocular muscles 141, 149
안구에 압박감이 느껴지다 to feel pressure in eyeball 141, 149
안대를 착용하다 to wear an eye patch 141, 149
안전장치를 설치하다 to install a safety device 75, 81
알레르기 물질에 노출되다 to be exposed to allergens 61, 66

암을 진단받다 to be diagnosed with cancer 21, 25
암의 진행 상태를 관찰하다 to observe the progression of the cancer 33, 40
약물 치료를 시작하다 to commence drug therapy, to commence medication 75, 83
약을 임의로 중단하다 to stop taking the medication without proper guidance 87, 91
양반다리를 하다 to sit cross-legged 113, 121
어깨 관절을 풀다 to loosen the shoulder joint 113, 119
어깨와 가슴을 펴다 to keep the shoulders and chest straight 129, 134
어지럽다 to feel dizzy 167, 170
언어 구사 능력이 향상되다 to improve language proficiency 129, 137
연골이 닳다 to experience cartilage deterioration 113, 118
열과 오한이 있다 to have a fever and chills 61, 64, 89
염색체 이상이 발생하다 to have chromosomal aberration 141, 146
염증이 있는지 확인하다 to check for the presence of inflammation 49, 54
예방 접종 문진표를 작성하다 to fill out an immunization screening questionnaire 155, 158
예방 접종 부위가 부어오르다 to experience swelling at the vaccination site 155, 159
예방 접종 일정을 안내받다 to receive guidance on the vaccination schedule 155, 158
예방 접종을 하다 to get a vaccination 43, 49, 57, 63, 64, 156, 159, 161
예약 번호를 입력하다 to enter the reservation number 21, 24
외상이 반복되다 to be repeated trauma 113, 118
외형을 복구하다 to restore appearance 141, 146
우울증에 빠지다 to develop depression 167, 172
운동 능력을 향상시키다 to enhance motor function, to improve motor function 129, 132
위산이 과다하게 분비되다 to have excessive gastric acid secretion 49, 54
위산이 역류하다 to have gastric acid reflux 49, 54
위생 관리를 하다 to maintain proper hygiene 103, 155, 161
위염이 악화되다 to have worsening gastritis 49, 55
유방 모양 재건 수술을 시행하다 to perform breast reconstruction surgery 141, 147
유전적 영향이 있다 to be genetically influenced 141, 146
유전적 요인으로 발병하다 to develop as a result of genetic factors 75, 80, 83
의료용 문신술을 시행하다 to perform medical tattooing 141, 147
의식이 저하되다 to have an altered level of consciousness 61, 66
이상 증상이 생기다 to develop abnormal symptoms 22, 91, 101, 105, 172
이식할 피부 조각을 떼다 to harvest skin tissue for skin grafting 141, 145
인대의 손상 정도를 확인하다 to assess the degree of ligament injury 113, 116
인슐린 주사 치료를 병행하다 to administer insulin injection therapy concurrently 75, 80
인슐린이 생성되다 to produce insulin 75, 80
인지 기능 검사를 하다 to perform a cognitive function test 167, 175
인지 능력이 회복되다 to restore cognitive function 129, 137
인후통이 있다 to have a sore throat 61, 64
입술부터 코 사이가 갈라지다 to have a fissure in the upper lip extending toward the nose 141, 146
입원 생활에 대해 안내하다 to provide guidance regarding the hospital stay 21, 26
입원 수속을 하다 to complete hospital admission process 21, 29
(입원 환자가) 주치의와 상담하다 to consult the attending physician 21, 27

자기 조절 능력을 기르다 to improve self-regulation ability 155, 160
자율 신경계가 각성되다 to stimulate ANS 167, 172
잘못된 자세를 하다 to adopt an improper posture 129, 134, 157
잠복 결핵 상태를 유지하다 to maintain latent tuberculosis status 87, 92
잠복기가 이어지다 to experience a prolonged incubation period 49, 56
재감염되다 to be reinfected 57, 95, 155, 161
재건 성형 수술을 고려하다 to consider reconstructive plastic surgery 141, 144
재검사를 하다(재검사 일정을 잡다) to be scheduled for a reexamination 75, 79
재발 여부를 알아보다 to determine whether there is recurrence 33, 40
재발할 위험이 있다 to be at risk of recurrence 87, 95

재수술을 고려하다 to consider a reoperation, to consider a revision surgery 141, 149
재활 치료 계획을 세우다 to establish a rehabilitation therapy plan 129, 133
저린 느낌이 들다 to feel numbness 129, 134
저산소증이 발생하다 to suffer from hypoxia 61, 63, 66
적정 체중을 유지하다 to maintain a healthy body weight 33, 42, 75, 78
전신을 스트레칭하다 to perform a full-body stretch 129, 137
전염성이 매우 강하다 to be highly contagious 49, 65, 57, 89, 155, 156, 157, 161, 163
접종 부위를 문지르다 to rub the injection site 155, 159
접촉에 쉽게 놀라다 to be easily startled by physical contact 167, 172
정상 체중을 유지하다 to maintain a normal body weight 113, 118
정상적인 사회생활이 어렵다 to have impaired social interaction 167, 172
정서적으로 지지해 주다 to provide emotional support 167, 172
제균 치료를 하다 to perform eradication treatment 49, 55
(제증명 신청서에) 필요 서류를 표시하다 to check off the required documents (on the application form) 21, 29
조영제를 사용하다 to use a contrast agent 33, 40
조직 검사를 실시하다 to perform a biopsy 33, 41, 55, 103, 143
종양 표지자의 수치가 높아지다 to show an increase in tumor marker levels 33, 40
주먹을 쥐었다 폈다 하다 to clench and open one's fist 33, 38
주위 사람들을 피하다 to avoid contact with others 167, 173
주의를 기울이다 to pay attention 54, 80, 114, 146, 155, 160
줄기세포를 주사하다 to inject stem cells 113, 118
중성 지방이 쌓이다 to experience excessive neutral fat accumulation 75, 83
증상이 경미하다 to experience mild symptoms 61, 64, 107
진드기 기피제를 뿌리다 to spray mite repellent 87, 95
질병을 조기에 발견하다 to detect the disease early 33, 34, 43
집중력이 저하되다 to experience a decrease in concentration 63, 167, 169, 174
찌릿한 통증이 느껴지다 to feel a tingling sensation 129, 135

처방전을 받다 to receive a prescription 21, 23, 29
천식 발작이 일어나다 to experience an asthma attack 61, 66
천식을 유발하다 to induce asthma 61, 66
체내 저항력이 떨어지다 to experience a weakened immune system 87, 92
체액을 통해 전염되다 to be transmitted through bodily fluids 33, 43
체온을 재다 to check the body temperature 64, 155, 162
체중이 감소하다 to experience unintentional weight loss 87, 92
추적 검사를 하다 to perform follow-up examinations 87, 92
추적 관찰을 하다 to conduct follow-up observation 101, 108
출혈된 혈액이 고이다 to experience hemorrhagic blood pooling 141, 149
출혈이 발생하다 to have bleeding 33, 41, 51
충동적인 행동을 줄이다 to reduce impulsive behavior 155, 160
충수 돌기에 염증이 발생하다 to develop an inflammation in the vermiform appendix 101, 106
치료 계획을 세우다 to establish a treatment plan 33, 40, 81
칭찬과 보상을 주다 to give praise and rewards 155, 160

탈수 증상이 발생하다 to have dehydration symptoms 87, 91, 93
털진드기 유충에 물리다 to be bitten by trombiculid mites larva 87, 94
토하다 to vomit 49, 52, 55
통역 서비스를 예약하다 to reserve an interpretation service 21, 22, 24
통증과 부종이 반복되다 to experience recurrent pain and swelling 113, 117
통증이 다른 부위로 퍼지다 to experience pain radiating to other areas 113, 120

팔을 MRI 촬영대에 고정해 놓다 to secure the arm on the MRI table 113, 117
폐로 전이되다 to metastasize to the lungs 61, 69
폐활량을 측정하다 to measure the vital capacity 61, 66
포도당이 세포 안으로 흡수되다 to undergo cellular glucose absorption 75, 80
포도당이 소변으로 배출되다 to show urinary glucose excretion 75, 80
피로를 느끼다 to feel fatigue 87, 92
피부가 당기다 to feel tightness in the skin 141, 144
피부를 이식하다 to graft skin, to perform skin grafting 141, 145
피부에 구축이 없다 to exhibit no signs of skin contracture 141, 144

하복부로 통증이 국한되다 to experience localized lower abdominal pain 101, 106
합병증의 유무를 알아보다 to check for the presence of complications 49, 54
항문이 가렵다 to experience anal itching 101, 107
항체 생성 여부를 확인하다 to check whether antibody production has occurred 33, 43
행동이 산만하다 to be easily distracted 155, 160
허리둘레를 재다 to measure one's waist circumference 33, 36, 37

허리를 구부리다 to bend at the waist 113, 120
헬리코박터균의 유무를 확인하다 to confirm the presence or absence of Helicobacter bacteria 49, 55
현실을 기피하다 to avoid reality 167, 173
혈관이 부풀어 오르다 to have dilated blood vessels 101, 107
혈관이 점차 좁아지다 to experience progressive vascular constriction 75, 82
혈당을 관리하다 to manage blood sugar level 33, 42
혈당을 측정하다 to measure blood sugar 75, 80
혈당이 높아지다 to experience high blood sugar levels 75, 80
혈압을 측정하다 to check one's blood pressure 33, 38
혈종이 생기다 to develop a hematoma 141, 149
황달이 생기다 to develop jaundice 49, 56
회복실로 이동되다 to be moved to the recovery room 33, 39
휴식을 취하다 to take a rest 50, 87, 91, 149
흉부를 청진하다 to auscultate the chest 61, 67, 68
흉부를 촬영하다 to perform a chest X-ray 33, 38
흉터 연고를 바르다 to apply scar ointment 101, 105, 145
흉터 절제술을 시행하다 to perform scar removal surgery 141, 144
흉터가 남다 to leave scars 101, 102, 104, 105, 144
흉터의 면적이 넓다 to experience extensive scar formation 141, 144

 **Memo